职业教育工业软件开发技术专业系列教材

MES开发与应用

主　编　韩　祎　廖永红
参　编　张国杰　文茂景　郭　伟　李　超　翟鸿燕

机械工业出版社

本书共包括5个模块：MES及其基础概念，介绍MES的基本概念、功能和特点，包括MES的整体架构、核心模块和应用领域；班组成员管理模块，深入讲解MES在班组成员管理方面的应用，包括工作计划的制订、工人的排班和岗位分配、工人出勤和请假等方面的内容；车间配送管理模块，介绍MES在车间物料管理和配送方面的应用，包括物料申领、物料配送、物料库存管理和物料追溯等方面的内容；生产执行模块，详细介绍MES在生产流程中的作用，包括如何采集生产数据、跟踪生产进度和监测设备状态等；MES综合开发实践，包括MES软件的需求分析、功能设计、部署与调试等方面的内容。

通过学习，学生将掌握MES的基本概念和原理，学会使用MES软件进行系统开发和应用，并通过实践案例深入了解MES的实施和优势，使学生具有较强的MES开发和应用能力，为企业的数字化转型和升级提供支持和帮助。

本书既可作为职业院校计算机类、智能制造类、工业工程类、自动化类等相关专业的教材，又可作为工业软件技术岗位培训教材，也可供从事相关工业软件技术相关人员参考。

为便于教学，本书配有电子教案、教学视频、习题答案等教学资源，选择本书作为教材的教师可登录www.cmpedu.com网站，注册、免费下载。

图书在版编目（CIP）数据

MES开发与应用 / 韩祎，廖永红主编. -- 北京：机械工业出版社，2024.7. -- (职业教育工业软件开发技术专业系列教材). -- ISBN 978-7-111-76205-8

Ⅰ. F407.406.14

中国国家版本馆 CIP 数据核字第 2024M6V549 号

机械工业出版社（北京市百万庄大街22号　邮政编码100037）
策划编辑：黎　艳　　　　　责任编辑：黎　艳　舒　宜
责任校对：樊钟英　宋　安　　封面设计：鞠　杨
责任印制：张　博
北京华宇信诺印刷有限公司印刷
2024年9月第1版第1次印刷
184mm×260mm・17.75印张・448千字
标准书号：ISBN 978-7-111-76205-8
定价：49.00元

电话服务	网络服务
客服电话：010-88361066	机 工 官 网：www.cmpbook.com
010-88379833	机 工 官 博：weibo.com/cmp1952
010-68326294	金 书 网：www.golden-book.com
封底无防伪标均为盗版	机工教育服务网：www.cmpedu.com

前言

MES 是制造业数字化转型和升级的一项重要技术和管理手段。在制造业的发展历程中，MES 逐渐成为制造企业不可或缺的工具，它的发展也经历了从简单数据收集和监控到功能完善、数据化程度高和精细化管理的不断升级和演变。

MES 的发展背景可以从三个方面来看：

1. 市场需求

在竞争激烈的市场环境下，制造企业需要不断提高自身的竞争力和实现生产率的优化。管理信息化和数字化转型已成为当今企业发展的必然趋势，无论是大型制造企业还是中小型的企业，都希望通过应用 MES 来实现生产流程的数字化和自动化。MES 的应用能够帮助企业实现生产计划、调度、物料管理、生产数据采集和优化、人力资源管理等多方面的工作，使企业在市场竞争中更具有优势。

2. 技术进步

随着智能制造技术和物联网技术的不断发展，MES 技术也得到了很大的提升。这些技术为 MES 提供了更加强大的数据处理能力、更高的精确度和更强的适应性。同时，通过云计算技术和大数据技术的应用，MES 能够更好地实现数据的共享和碎片化管理，为制造企业提供了更多的服务选择和支援。

3. 政策支持

近年来，我国出台了一系列政策来促进数字化转型和制造业升级。其中，《中国制造 2025》便是具有代表性的政策之一，提出了"智能制造"和"工业互联网"等概念，并明确要求加快推广智能化生产设备和 MES 的应用。党的二十大报告提出推进新型工业化，建设现代化产业体系，各级政府相继设立"工业互联网试点示范项目"，促进制造业数字化转型，为 MES 的应用提供了有力的政策支持。

在这样的背景之下，MES 的应用已成为制造企业战略的一部分。本书旨在为学生提供 MES 开发与应用的基础知识和实践技能，帮助学生了解 MES 的应用、开发方法及应用案例，以促进提高企业数字化转型和升级的能力和竞争力。

本书具有以下特点：

1. 理论涵盖范围广

本书内容由浅入深，从知识准备到任务实施，涵盖了 MES 各个主要功能模块的业务知识以及开发技术，可自主安排学习内容。

2. 课程模块化设计

区别于传统课程知识内容的连贯性，本书采用模块化结构，依据 MES 不同业务场景进行内容设计。各模块设计不同的知识点内容，从基础业务知识到实际功能的开发，课程整体难度由易到难，可根据学生的水平高低进行自由组合学习，满足不同阶段学生的学习需求。

3. 贴近工业场景，课程内容丰富

本书内容贴近实际 MES 的场景应用，针对实际 MES 的应用需求进行内容设计，从基础理论到实际应用介绍了 MES 场景化的业务知识，使学生对 MES 实际应用的业务场景有清晰的认识，着重讲解与任务实施对应功能模块的技术开发，使学生在掌握 MES 的业务知识之外，还掌握具体的开发技术。

4. 搭配综合案例

使用真实的综合案例，通过理论与实训教学相结合的教学方式，使学生提前进行实战练习，培养学生的实践能力，并在实践过程中加深对理论知识的理解，提高学生对 MES 模块化场景的认识及对应用功能的开发能力。

本书由韩祎、廖永红主编，张国杰、文茂景、郭伟、李超、翟鸿燕参与编写。

由于编者水平有限，书中难免有疏漏和不妥之处，恳请广大读者不吝指正。

编　者

二维码索引

序号	名称	二维码	页码	序号	名称	二维码	页码
1	生产计划管理		2	8	MES 的功能		10
2	生产过程控制		2	9	MES 软件介绍		12
3	车间库存管理		4	10	MES 软件的组成		14
4	产品质量管理		4	11	流程制造行业介绍		18
5	项目看板管理		5	12	MES 在流程制造行业中的应用		18
6	MES 的介绍		8	13	离散制造行业介绍		21
7	MES 的架构		8	14	MES 在离散制造行业中的应用		22

（续）

序号	名称	二维码	页码	序号	名称	二维码	页码
15	班组成员配置		31	23	物料管理		87
16	班组成员职能管理		34	24	物料叫料管理		91
17	人员工时统计		37	25	物料配送管理		95
18	生产日历管理		40	26	车间配送管理需求分析		98
19	班组成员管理需求分析		48	27	车间配送管理模块功能设计		100
20	班组成员管理模块功能设计		51	28	车间配送管理模块数据库设计		105
21	班组成员管理模块数据库设计		59	29	车间配送管理模块开发：周转箱模块的开发		108
22	班组成员管理模块开发		63	30	车间配送管理模块开发：配送管理与配送单模块的开发		108

二维码索引

（续）

序号	名称	二维码	页码	序号	名称	二维码	页码
31	生产排产管理		111	39	单体生产功能		145
32	工位管理		119	40	多批次生产功能		151
33	工序管理		121	41	生产执行模块数据库设计		189
34	工艺路线绘制		127	42	生产执行模块开发：过站采集核心逻辑		197
35	工艺路线管理		129	43	物料管理模块功能开发：数据库设计		223
36	生产订单的基本操作		131	44	物料管理模块功能开发：基本开发与视图配置		225
37	生产线数据的采集		135	45	物料管理模块功能开发：子标签与扩展视图		226
38	生产过程跟踪管理		138	46	物料管理模块功能开发：按钮文件格式及重写		226

VII

（续）

序号	名称	二维码	页码	序号	名称	二维码	页码
47	工艺路线模块开发步骤:工艺路线		229	50	MES 部署		270
48	单体采集模块开发步骤		254	51	MES 调试:启用代理和 Api 接口调试		270
49	多批次采集模块开发步骤:批次过站采集		255	52	MES 调试:直连数据库调试		270

目录

前言
二维码索引

模块1　MES及其基础概念 ... 1
任务1.1　认识生产管理活动 ... 2
1.1.1　生产计划管理 ... 2
1.1.2　生产过程控制 ... 2
1.1.3　车间库存管理 ... 4
1.1.4　产品质量管理 ... 4
1.1.5　项目看板管理 ... 5
练习与思考 ... 7
任务1.2　认识MES的功能结构 ... 8
1.2.1　MES的介绍 ... 8
1.2.2　MES的架构 ... 8
1.2.3　MES的功能 ... 10
练习与思考 ... 11
任务1.3　认识MES软件及其组成 ... 12
1.3.1　MES软件介绍 ... 12
1.3.2　MES软件的组成 ... 14
练习与思考 ... 17
任务1.4　认识MES在制造行业中的应用 ... 17
1.4.1　流程制造行业介绍 ... 18
1.4.2　MES在流程制造行业中的应用 ... 18
1.4.3　离散制造行业介绍 ... 21
1.4.4　MES在离散制造行业中的应用 ... 22
练习与思考 ... 25
任务1.5　认识MES与其他系统业务接口 ... 26
1.5.1　MES与ERP系统接口 ... 26
1.5.2　MES与APS系统接口 ... 28
练习与思考 ... 29

模块2　班组成员管理模块 ... 30
任务2.1　认识班组成员配置与职能管理 ... 30
2.1.1　班组成员配置 ... 31
2.1.2　班组成员职能管理 ... 34
2.1.3　人员工时统计 ... 37
练习与思考 ... 40
任务2.2　认识生产日历管理 ... 40
练习与思考 ... 42
任务2.3　认识班组成员管理模块与其他模块业务交互 ... 42
2.3.1　班组成员管理模块与车间配送模块交互 ... 43
2.3.2　班组成员管理模块与生产执行模块交互 ... 45
练习与思考 ... 47
任务2.4　班组成员管理模块开发实践 ... 48
2.4.1　班组成员管理需求分析 ... 48
2.4.2　班组成员管理模块功能设计 ... 51
2.4.3　班组成员管理模块数据库设计 ... 59
2.4.4　班组成员管理模块开发 ... 63
练习与思考 ... 84

模块3　车间配送管理模块 ... 86
任务3.1　认识车间物料配送组织方式 ... 86
3.1.1　物料管理 ... 87
3.1.2　推式与拉动式物料配送模式 ... 87
练习与思考 ... 90
任务3.2　认识现场物料叫料及配送管理 ... 90
3.2.1　物料叫料管理 ... 91

3.2.2　物料配送管理 …………… 95
　　练习与思考 ……………………… 97
任务 3.3　认识车间配送管理模块开发
　　　　　实践 ……………………… 97
　　3.3.1　车间配送管理需求分析 …… 98
　　3.3.2　车间配送管理模块功能设计 …… 100
　　3.3.3　车间配送管理模块数据库
　　　　　设计 ……………………… 105
　　3.3.4　车间配送管理模块开发 …… 106
　　练习与思考 ……………………… 109

模块 4　生产执行模块 …………………… 110

任务 4.1　认识生产过程中的排产和任务
　　　　　调度 ……………………… 111
　　4.1.1　生产排产管理 ……………… 111
　　4.1.2　任务调度执行管理 ………… 117
　　练习与思考 ……………………… 119
任务 4.2　认识生产线的工位和工序
　　　　　管理 ……………………… 119
　　4.2.1　工位管理 …………………… 119
　　4.2.2　工序管理 …………………… 121
　　4.2.3　生产单元管理 ……………… 123
　　练习与思考 ……………………… 126
任务 4.3　认识生产工艺路线管理 …… 126
　　4.3.1　工艺路线绘制 ……………… 127
　　4.3.2　工艺路线管理 ……………… 129
　　练习与思考 ……………………… 130
任务 4.4　认识生产订单的输入和指示 …… 131
　　4.4.1　生产订单的基本操作 ……… 131
　　4.4.2　生产订单的修改跟踪 ……… 134
　　练习与思考 ……………………… 134
任务 4.5　认识生产线数据的采集 …… 135
　　4.5.1　生产线数据来源 …………… 135
　　4.5.2　数据收集策略 ……………… 136
　　练习与思考 ……………………… 137
任务 4.6　认识生产过程跟踪与控制 …… 137
　　4.6.1　生产过程跟踪管理 ………… 138

　　4.6.2　生产过程控制管理 ………… 142
　　练习与思考 ……………………… 144
任务 4.7　认识单体生产和多批次生产
　　　　　功能 ……………………… 144
　　4.7.1　单体生产功能 ……………… 145
　　4.7.2　多批次生产功能 …………… 151
　　练习与思考 ……………………… 154
任务 4.8　认识生产执行模块开发实践 …… 155
　　4.8.1　生产执行模块的需求分析 …… 155
　　4.8.2　生产执行模块的功能设计 …… 158
　　4.8.3　生产执行模块数据库设计 …… 189
　　4.8.4　生产执行模块开发 ………… 189
　　练习与思考 ……………………… 205

模块 5　MES 综合开发实践 …………… 207

任务 5.1　认识 MES 需求分析 ………… 207
　　练习与思考 ……………………… 215
任务 5.2　认识 MES 功能设计 ………… 216
　　练习与思考 ……………………… 221
任务 5.3　认识 MES 物料管理模块开发 …… 222
　　5.3.1　物料管理模块介绍 ………… 222
　　5.3.2　物料管理模块开发步骤 …… 223
　　练习与思考 ……………………… 227
任务 5.4　认识 MES 工艺路线模块开发 …… 227
　　5.4.1　工艺路线模块介绍 ………… 228
　　5.4.2　工艺路线模块开发步骤 …… 229
　　练习与思考 ……………………… 251
任务 5.5　认识 MES 单体采集模块开发 …… 252
　　5.5.1　单体采集模块介绍 ………… 252
　　5.5.2　单体采集模块开发步骤 …… 254
　　练习与思考 ……………………… 270
任务 5.6　认识 MES 的部署与调试 …… 270
　　5.6.1　MES 部署 …………………… 270
　　5.6.2　MES 调试 …………………… 270
　　练习与思考 ……………………… 271

参考文献 …………………………………… 272

模块1　MES及其基础概念

模块导读

随着智能制造推动产业升级、快速发展，以及工业互联网的兴起，本是企业资源计划（ERP）辅助工具的制造执行系统（MES），逐渐被重新认识并被赋予了新的重要地位。MES作为工业管控软件，经过近30年的发展与演变，在理论、标准、应用等方面已经相当成熟。

在本模块中，我们将了解生产管理活动、MES的功能架构、MES软件及其组成、MES在制造行业中的应用、MES与其他系统业务接口等基础概念知识，熟悉MES的基础框架结构，为后续MES模块开发等内容的学习打下理论基础。

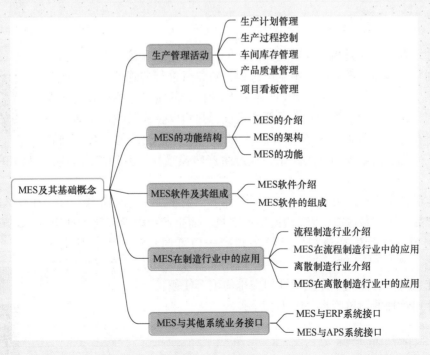

任务 1.1　认识生产管理活动

任务目标

1. 了解生产计划管理的相关知识。
2. 了解生产过程控制的相关知识。
3. 了解车间库存管理的相关知识。
4. 了解产品质量管理的相关知识。
5. 了解项目看板管理的相关知识。

任务描述

生产管理是对企业生产系统设置和运行的各项管理工作的总称。本任务主要介绍生产管理中的五种活动：生产计划管理、生产过程控制、车间库存管理、产品质量管理、项目看板管理，以及了解这五种活动在实际生产中的作用，为后续学习 MES 提供理论知识支撑。

任务分析

在本任务中，需要了解生产计划管理、生产过程控制、车间库存管理、产品质量管理、项目看板管理的基础知识，能够对生产管理有较深层次的理解。

知识准备

1.1.1　生产计划管理

生产计划管理一般是指企业对生产活动的计划、组织和控制工作。狭义的生产计划管理是指以产品的基本生产过程为对象所进行的管理，包括生产过程组织、生产能力核定、生产计划与生产作业计划的制订、执行及生产调度工作。广义的生产计划管理则有了新的发展，是指以企业的生产系统为对象，包括所有与产品的制造密切相关的各方面工作的管理，也就是从原材料、设备、人力、资金等的输入开始，经过生产转换系统，直到产品的输出为止的一系列管理工作。

通俗地讲，生产计划就是在可用资源条件下，企业在一定时间内，对"在什么时间生产？生产什么产品？生产数量多少？"做的生产安排。而生产计划管理就是利用有计划安排的生产方式去控制现场实际生产流程，目的是调动一切可调动的资源，从人员（人）、设备（机）、原材料（料）、方法（法）、环境（环）五个层次出发，高效、精准、优质、低成本地完成计划安排的生产任务。

生产计划管理的简单流程如图 1-1 所示。

生产过程控制

1.1.2　生产过程控制

生产过程控制是指为确保生产过程处于受控状态，对直接或间接影响产品质量的生产、安装和服务过程所采取的作业技术和生产过程的分析、诊断和监控。它的作

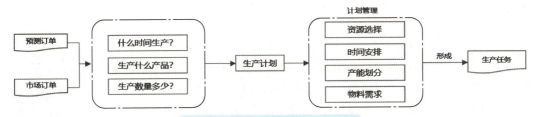

图 1-1 生产计划管理的简单流程

用在于对生产过程的质量控制进行系统安排，对直接或间接影响过程质量的因素进行重点控制并制订实施控制计划，确保过程质量。

对企业而言，生产过程控制是为了让产品从原料投入到成品产出整个生产环节的生产质量得到控制，保证生产出符合质量要求的产品。

生产过程控制的内容如图 1-2 所示。

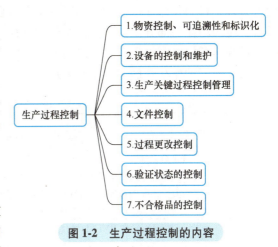

图 1-2 生产过程控制的内容

1. 物资控制、可追溯性和标识化

对于生产过程所需材料和零件的类型、数目及要求，应制订相应规定，使过程中物资的质量得到保证，以达到保持过程中产品的适用性、适应性要求；把过程中的物资进行标识化，以保证物资标识和验证状态是可追溯的。

2. 设备的控制和维护

对于设备工具、计量器具等可能影响产品质量特性的设备，需要制订相应规则，使用前都应该验证其精确度，不需使用期间仍要合理存放与防护，做到定期验证及再校准；制订预防性设备维修计划，保证设备的精度和生产能力，使持续的过程能力得到保证。

3. 生产关键过程控制管理

对于不易测量的产品特性，应对有关设备保养和操作所需特殊技能及特殊过程进行重点控制；及时改善和纠正过程中的不足，在生产过程中，以适当的频率监测、控制和验证过程参数，以把握所有设备及操作人员是否能满足产品质量的需要。

4. 文件控制

保证过程策划的要求得以实现，并保证在过程中使用的与过程有关的文件都是有效版本。

5. 过程更改控制

确保过程更改的正确性及其实施，明确规定更改职责和权限，更改后对产品进行评价，验证更改的预期效果。

6. 验证状态的控制

采用适当的方法对过程的验证状态进行标识，通过标识区别未经验证、合格或不合格的产品，并通过标识识别验证的责任。

7. 不合格品的控制

制订和执行不合格品控制程序，及时发现不合格品，对不合格品加以明确的标识并隔离存放，确定对不合格品的处理方法并加以监督，防止客户收到不合格品及不合格品的非预期使用，避免进一步加工不合格品而发生不必要的费用。

1.1.3 车间库存管理

过去，仓库里的商品多表明企业发达、资本雄厚，但现代管理学认为零库存是更好的库存管理；因为库存多，占用资金多，利息负担加重，就会影响企业发展，但也不能因此过分降低库存，造成断档，影响企业的持续发展。

车间库存管理是指保证持续生产所需物资能够及时供应的一种车间物资库存管理，目的是保证持续生产的同时减少不必要的库存积压，库存部分就是将要生产消耗的部分。大部分的车间生产所拥有的物资储存空间有限，所以对于不同的物资会选择不同的库存管理方式，以达到符合持续生产的目的。

常见的三种库存管理方式见表 1-1。

表 1-1 常见的三种库存管理方式

管理方式	内容
供应商管理库存（VMI）	VMI 是一种以用户和供应商双方都获得最低成本为目的，在一个共同的协议下由供应商管理库存，并不断监督协议执行情况和修正协议内容，使库存管理得到持续改进的合作性策略。它的核心思想是供应商通过共享用户企业的当前库存和实际消耗数据，按照实际的消耗模型、消耗趋势和补货策略进行符合实际的补货。这种库存管理策略打破了传统的各自为政的库存管理模式，体现了供应链的集成化管理思想，适应市场变化的要求，是一种新的、有代表性的库存管理思想
客户管理库存（CMI）	CMI 是一种和 VMI 相对的库存控制方式。很多人认为，按照和消费市场的接近程度来说，零售商在配送系统中最接近消费者，故在消费者的消费习惯方面最具发言权，因此被认为是最核心的一环，库存自然应归零售商管理。持这种观点的人认为"配送系统中离消费市场越远的成员就越不能准确地预测消费者需求的变化"
联合库存管理（JMI）	JMI 是介于 VMI 和 CMI 之间的一种库存管理方式，是由供应商与客户同时参与、共同制订库存计划，实现利益共享与风险分担的供应链库存管理策略。它的目的是解决供应链系统中由于各企业相互独立运作库存模式所导致的需求放大现象，提高供应链的效率。在 JMI 环境下，零售商可以从供应商那里得到最新的商品信息以及相关库存控制各种参数的指导或建议，但由于是独立的组织，零售商同样需要制订自己的库存决策

1.1.4 产品质量管理

产品质量管理

产品质量管理是指在一定技术经济条件下，应用科学的方法，对产品质量进行直接或间接的测定或事先加以控制，保证为用户提供所要求的产品质量而进行的一系列活动。

随着现代化生产的发展，产品质量管理一直不断演变，大致经历了质量检验阶段、统计质量控制阶段、全面质量管理阶段这三个发展阶段。产品质量管理发展历程见表 1-2。

表 1-2 产品质量管理发展历程

发展阶段	发展时期	内容	代表方法
质量检验（QE）阶段	1920—1940 年	质量检验阶段是根据泰勒的科学管理方法，把质量检验从直接生产工序中独立出来，专门设立质量检验人员和机构，对产品按预定的标准进行测定或检验，剔除废品，保证出厂产品合格率。这一方法只局限于单纯的事后检验	泰勒的科学管理方法

(续)

发展阶段	发展时期	内容	代表方法
统计质量控制（SQC）阶段	1940—1950 年	美国的统计学家休哈特提出了预防缺陷的概念，做到防患于未然，并发展成为控制图法，又称管理图法。它是统计质量管理的萌芽阶段。统计质量控制阶段主要采取统计控制图对生产过程中的产品质量事前加以控制	休哈特的预防缺陷概念，后续发展成为控制图法
全面质量管理（TQC）阶段	1951 年至今	由企业的全体人员参加，运用现代化的管理思想和科学方法，预先把整个生产过程中影响产品质量的各种因素加以控制，从而保证和提高产品质量，使用户得到最满意的产品。全面质量管理并不是全面否定前面两个阶段的传统质量管理，而是继承了传统质量管理方法，并从深度和广度方面向前发展。这个发展主要表现在"全"上，故称全面质量管理	阿曼德·费根堡姆首先提出全面质量管理

产品质量管理每个阶段的参与者也会随之改变。质量检验阶段的参与者，从生产者即为质量控制者，逐渐演变为由操作者上级保证，再到有了专门的质量检验员。统计质量控制阶段，改变的不再是质量管理者的身份，而是采用数理统计方法，指定质量标准与规则。全面质量管理阶段，更是把质量的参与者扩充到了全生产过程中的每位成员。产品质量管理参与者演变如图 1-3 所示。

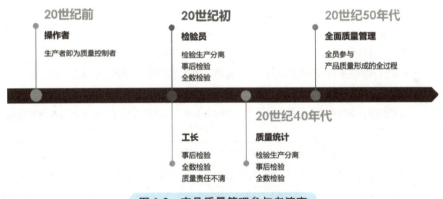

图 1-3 产品质量管理参与者演变

产品质量管理并非一成不变，随着社会不断发展，质量管理观念也在与时俱进，特别是 WTO（世界贸易组织）的出现，许多外资企业涌入国内市场，而优秀的国内企业也纷纷走出国门开拓国际市场，所以，企业必须一直保持对质量管理的前沿认知，才能从"活下去"转变为"走出去"。

1.1.5 项目看板管理

看板管理也称看板方式、视板管理，是指在工业企业的工序管理中，以卡片为凭证，定时定点交货的管理制度。看板是一种类似通知单的卡片，主要传递零部件名称、生产量、生产时间、生产方法、运送量、运送时间、运

项目看板管理

送目的地、存放地点、运送工具和容器等方面的信息和指令。看板一般分为：在制品看板，它用于固定的相邻车间或生产线；信号看板，主要用于固定的车间或生产线内部；订货看板（又称外协看板），主要用于固定的协作厂之间。

看板管理对生产而言意义重大，主要体现在：

1）传递现场的生产信息，统一思想。生产现场人员众多，而且分工的不同导致信息传递不及时的现象时有发生，实施看板管理后，任何人都可从看板中及时了解现场的生产信息，并从中掌握自己的作业任务信息，避免了信息传递中出现遗漏。

2）杜绝现场管理中的漏洞。通过看板，生产现场管理人员可以直接掌握生产进度、质量等现状，为其进行管控决策提供直接依据。

3）绩效考核的公平化、透明化。通过看板，生产现场的工作业绩一目了然，使得对生产的绩效考核公开化、透明化，同时起到了激励先进、督促后进的作用。

4）保证生产现场作业秩序，提升公司形象。现场看板既可提示作业人员根据看板信息进行作业，对现场物料、产品进行科学、合理的处理，也可使生产现场作业有条不紊地进行，给参观公司现场的客户留下良好的印象，提升公司的形象。

看板管理的类型多种多样，对于生产而言常用的有七种看板类型，见表1-3。

表1-3 七种看板类型

看板类型	内容
三角形看板	三角形看板主要为5S管理服务。看板内容主要是标示各种物品的名称，如成品区、半成品区、原材料区等，将看板统一放置在现场划分好的区域内固定位置
设备看板	设备看板可粘贴于设备上，也可在不影响人流、物流及作业的情况下放置于设备周边合适的位置。设备看板的内容包括设备的基本情况、点检情况、点检部位示意图、主要故障处理程序、管理职责等内容
品质看板	品质看板的主要内容有生产现场每日、每周、每月的品质状况分析、品质趋势图、品质事故的件数及说明、员工的技能状况、部门方针等
生产管理看板	生产管理看板的内容包括作业计划、计划的完成率、生产作业进度、设备运行与维护状况、车间的组织结构等内容
工序管理看板	工序管理看板主要是指车间内在工序之间使用的看板，如取料看板、下料看板、发货看板等
在制品看板	包括工序内看板、信号看板，用于记载后工序必须生产和订购的零件、组件的种类和数量
领取看板	包括工序间看板、对外订货看板，用于记载后工序应该向前工序领取的零件、组件种类和数量

使用看板作为管理工具时，应遵循以下五个原则：

1）后工序只有在必要的时候，才向前工序领取必要数量的零部件。这需要彻底改变现有流程和方法。

2）前工序应该只生产足够数量的零件，以能补充被后工序领取的零件数量为宜。在这条原则下，生产系统自然结合为输送带式系统，生产时间达到平衡。

3）不合格（不良）品不送往后工序。后工序没有库存，后工序一旦发现次品必须停止生产，找到次品送回前工序。

4）看板的使用数目应该尽量减少。看板的数量代表零件的最大库存量。

5）应该使用看板以适应小幅度需求变动。计划的变更经由市场的需求和生产的紧急状况，依照看板取下的数目自然产生。

图1-4和图1-5为两个实际生产中的看板示例。

模块1 MES及其基础概念

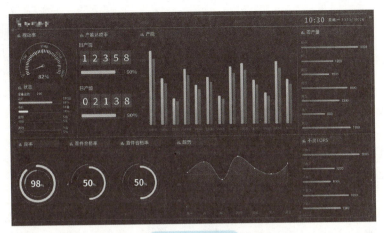

图1-4 看板1

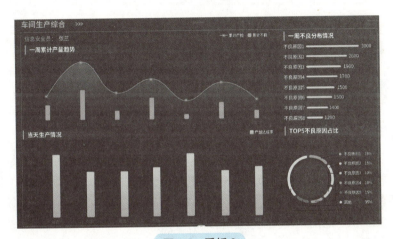

图1-5 看板2

练习与思考

选择题

1. 以下（　　）不是生产计划需要考虑的。
   A. 什么时间生产　　B. 生产什么产品　　C. 生产数量多少　　D. 销售价格多少
2. 以下（　　）不是生产过程控制的内容。
   A. 设备的控制和维护　B. 合格品的控制　　C. 过程更改控制　　D. 文件控制
3. 对于不合格品的控制描述不正确的是（　　）。
   A. 严格执行不合格品控制程序
   B. 对不合格品进行标识
   C. 对不合格品进行隔离
   D. 不合格品可以混放在合格品区

任务 1.2　认识 MES 的功能结构

 任务目标

1. 了解什么是 MES。
2. 了解 MES 的架构。
3. 了解 MES 的相关功能。

 任务描述

在深入了解 MES 之前，需要清楚地知道什么是 MES，MES 架构的组成部分有哪些，以及 MES 的功能有哪些。

 任务分析

在本任务中，需要了解 MES 的概念、MES 的架构、MES 的功能等基础知识，学生全局了解 MES 后，才能针对功能进行模块化开发的学习。

知识准备

1.2.1　MES 的介绍

MES 的介绍

制造执行系统（MES）是美国 AMR 公司在 20 世纪 90 年代初提出的，旨在加强物资需求计划（MRP）的执行功能，把 MRP 同车间作业现场控制通过执行系统联系起来。目前，企业智能制造的应用焦点已经由 ERP 转向 MES，MES 已经由 ERP 的配角转变为生产管理的主角。

MES 能通过信息传递对从下达订单到完成产品的整个生产过程进行优化管理。当工厂发生实时事件时，MES 能对此及时做出反应、报告，并用当前的准确数据对它们进行指导和处理。这种对状态变化的迅速响应使 MES 能够减少企业内部没有附加值的活动，有效地指导工厂的生产运作过程，从而使其既能提高工厂及时交货的能力，改善物料的流通性能，又能提高生产回报率。MES 还通过双向的直接通信在企业内部和整个产品供应链中提供有关产品行为的关键任务信息。

MES 是以实时协同思想为主导、以动态调度为核心、对制造执行的过程进行闭环管理为目标，解决企业制造过程中的盲点和痛点，实现信息可视化的目的。它的核心价值由"人、机、料、法、环、测"六个方面实现。MES 的核心价值如图 1-6 所示。

1.2.2　MES 的架构

MES 的架构

MES 作为车间信息管理技术的载体，在实现生产过程的智能化、自动化和信息互通方面发挥着重大作用。

1. 系统分层

要进一步理解 MES 的技术架构，可将 MES 从整体架构上分为几个层次，如可分为应用前端层、API 接口层、业务实现层、基础平台层、数据库存储等。

图 1-6 MES 的核心价值

分层架构是将软件模块按照水平切分的方式分成多个层，一个系统由多层组成，每层由多个模块组成。同时，每层有自己独立的职责，多个层次协同提供完整的功能。

如果系统没有分层，当业务规模增加或流量增大时，则只能针对整体系统来做扩展。分层之后可以很方便地把一些模块抽离出来，独立成一个系统，并且有如下特点（好处）。

高内聚：分层的设计可以简化系统设计，让不同的层专注做某一模块的工作。

低耦合：层与层之间通过接口或 API 来交互，依赖方不用知道被依赖方的细节。

复用：分层之后可以做到很高的复用。

扩展性：分层架构可以更容易做横向扩展。

分层设计的本质其实就是将复杂问题简单化，基于单一职责原则让每层代码各司其职，基于"高内聚、低耦合"的设计思想实现相关层对象之间的交互，从而提升代码的可维护性和可扩展性。

MES 的主要层次如图 1-7 所示。

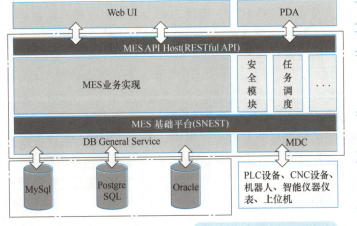

图 1-7 MES 的主要层次

2. MVC 模型

在 MES 的开发过程中,还会用到 MVC 模型。MVC 架构图如图 1-8 所示。

M 即 Model(模型),是指模型表示业务规则。

V 即 View(视图),是指用户看到并与之交互的界面。MVC 的好处之一在于它能为应用程序处理很多不同的视图。在视图中其实没有真正的处理发生,它只是作为一种输出数据并允许用户操作的方式。

C 即 Controller(控制器),是指控制器接收用户的输入指令并调用模型和视图去完成用户的需求,控制器接收请求并决定调用哪个模型构件去处理请求,再确定用哪个视图来显示返回的数据。

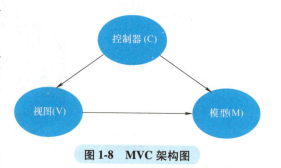

图 1-8 MVC 架构图

1.2.3 MES 的功能

MES 的功能非常强大,包括企业建模、工艺建模、基础信息三大基础数据模块,以及人员管理、物流配送、生产管理、设备数据运营四大主要功能模块。

企业建模是将企业生产实体按实际的层级关系建立数字化的企业模型,为相关的业务提供基础数据来源。其中包含企业层级、企业模型等功能。

工艺建模是将企业产品生产过程用可视化的路线进行描述并记录下来,可用于生产顺序的控制,以及数据收集记录,其中最核心的就是工艺路线的绘制。工艺路线是指产品生产过程中以一定的连续工作步骤顺序来完成生产流程形成的路线。其中包含产品族、工段、工序、工位、工位货区、产线工艺路线设置和产品工艺路线设置等功能。

基础信息是服务于 MES 各大功能模块的一些基础数据集合体,其中包含人员主数据、物料主数据、编码规则、模板管理、包装规则、日历方案等功能。

人员管理一共分为四个小模块。模块一是班组人员管理:通过提供与 HR 系统对接的人员档案与考勤记录,保证人员数据的有效性,并建立班组成员关系。模块二是人员绩效管理:通过建立评分管理机制,实时量化人员在岗工作状况。模块三是人员上岗资质:通过建立工序与技能的对照关系,灵活配置工序人员上岗资格验证。模块四是班组综合管理:通过班组人员借调功能灵活实现班组之间人员的借调与审批。

物流配送有两种模式。一是推式配送:适用于在 MES 中进行简单物料追溯管理,不与仓库的库存标签联动;是否配送、配送多少由生产实际情况确定。二是拉动式配送:适用于产品生产过程中物料种类多、生产消耗量较大、需要不断补充生产物料的行业,例如适用于表面安装、电子、装配、家电等行业。物流配送的原则是除非需要,否则就不配送物料。系统根据工位的物料水位,自动生成叫料单发送给仓库或线边仓分拣、发料及时配送到产线或工位。

生产管理一共分为三个小模块,分别是单体生产采集、批次生产采集以及任务管理。单体生产采集主要适用于离散组装行业中单体价值较大、装配工艺复杂、需要按单件进行追溯和管理的情况。单体采集管理按各行业应用经验总结分为上料、检验、过站、包装、维修共五种工序采集类型。批次生产采集不以单个产品作为追溯对象,而是适用于以多件产品作为一个整体在各工序间流转并追溯物料、质量信息的离散制造行业，如机加工、装备制造。任务管理使用的背景是在制品以经济批量作为整体在车间进行流转；它是将一定数量的在制品定义成一个批次，批次作为一个批量在制品加工和流转的载体，记录在制品的整个加工周期，为过程追溯提供了完整的信息；具体使用的功能是派工（任务分派）管理与报工管理。

设备数据运营是将生产管理所收集到生产信息，包括生产质量数据、设备运行数据、物料配送数据、人员绩效数据等全面生产的信息，进行数据化、可视化处理，常见的形式是数据分析报表与可视化看板。如图 1-9 所示是 MES 的功能架构图。

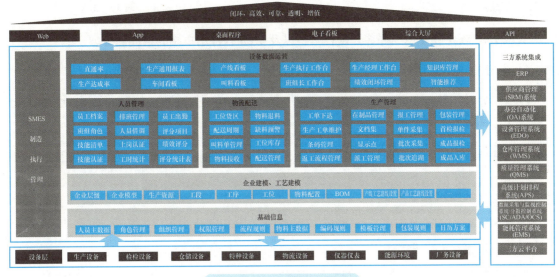

图 1-9　MES 的功能架构图

练习与思考

选择题

1. MES 的全称是（　　）。
   A. 制造执行系统　　　　　　　　B. 执行运营系统
   C. 生产制造系统　　　　　　　　D. 生产质量 IT

2. MES 是由美国 AMR 公司在（　　）提出的。
   A. 20 世纪 70 年代初　　　　　　B. 20 世纪 80 年代初
   C. 20 世纪 90 年代初　　　　　　D. 21 世纪初

3. 以下对 MES 描述错误的是（　　）。
   A. 目前，企业智能制造的应用焦点已经由 ERP 转向 MES，MES 已经由 ERP 的配角转变为生产管理的主角
   B. 当工厂发生实时事件时，MES 能对此及时做出反应、报告，并用当前的准确数据对它们进行指导和处理
   C. MES 是 ERP 的附属系统，为 ERP 服务
   D. MES 能够减少企业内部没有附加值的活动，有效地指导工厂的生产运作

任务 1.3 认识 MES 软件及其组成

任务目标

1. 了解 MES 软件会使用到的开发技术。
2. 了解 MES 软件的组成部分。

任务描述

认识 MES 软件会使用到哪些开发技术，以及 MES 软件用户端的组成部分。

任务分析

在本任务中，需要认识到 MES 软件所使用到的开发技术，以及 MES 软件在用户端区分的三种模式：Web 端、客户端、移动端。

知识准备

1.3.1 MES 软件介绍

MES 作为车间信息管理技术的载体，在实现生产过程的智能化、自动化和信息互通方面发挥着重大作用。

1. MES 开发所应用的主要技术栈

MES 开发所应用的主要技术栈层次如图 1-10 所示。

（1）.NET 技术介绍　流程制造执行系统 SIE MES 主要的基础平台和业务功能模块都是基于 .NET 框架和相关系列技术栈实现的。

.NET 是一个可以用来构建现代、可伸缩和高性能的跨平台软件应用程

MES 软件介绍

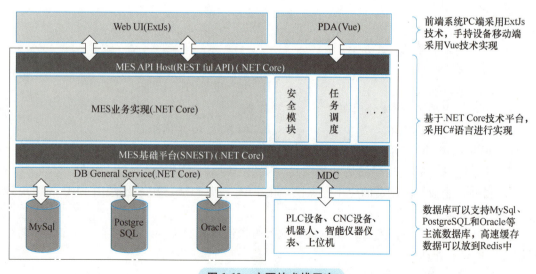

图 1-10　主要技术栈层次

序的通用开发框架，可用于为 Windows、Linux 和 macOS 操作系统构建软件应用程序。

.NET 提供了先进、成熟和广泛的类库、公共 API、多语言支持和工具。借助于 Visual Studio 和 Visual Studio Code 这些先进和现代的开发工具，.NET Core 成为开发人员最高效的平台之一。

.NET 是免费和开源的。

（2）C# C#又称 C Sharp，是 Microsoft 发布的一种简单、安全、稳定、通用的面向对象的编程语言。

C#是从 C/C++衍生出来的，它在继承 C/C++强大功能的同时，抛弃了 C/C++的一些复杂特性。C#还和 Java 非常类似，仅在一些细节上有差别。借助 C#，我们可以开发不同类型的应用程序，如桌面应用程序、网络应用程序、分布式应用程序、Web 服务应用程序、数据库应用程序等。

SIE MES 的主要基础架构和业务代码都是基于 C#在.NET 框架平台上实现的。

（3）Vue 技术介绍 Vue 在 SIE MES 中的应用主要在于移动端的 UI 界面展示，可跨平台支持 Linux、macOS 和 Windows 操作系统的设备。

Vue（发音为/vjuː/，同"view"的发音）是一款用于构建用户界面的 JavaScript 框架。Vue 基于标准 HTML、CSS 和 JavaScript 构建，并提供了一套声明式、组件化的编程模型，帮助用户高效地开发用户界面。无论是简单还是复杂的界面，Vue 都可以胜任。

（4）Ext JS 技术介绍 Ext JS 在 SIE MES 中的应用主要在于 PC 端的 Web 界面展示。

Ext JS 是一个流行的 JavaScript 框架，它为使用跨浏览器功能构建 Web 应用程序提供了丰富的 UI。Ext JS 基本上用于创建桌面应用程序，它支持所有现代浏览器，如 IE6 +、FF、Chrome、Safari 6+等。

对于没有美术功底的程序员来说，EXT JS 为他们解决了一大难题，因为它天生拥有绚丽的外表。同时，有很多用其他技术无法实现或极难实现的功能，却能用 EXT JS 轻易实现，例如 EXT JS 中的表格、树形、布局等控件能为日常开发工作节约大量的时间和精力。

2. Microsoft Visual Studio 开发工具和环境介绍

Microsoft Visual Studio（VS）是 Microsoft 的开发工具包系列产品。VS 是一个基本完整的开发工具集，它包括了整个软件生命周期中所需要的大部分工具，如 UML 工具、代码管控工具、集成开发环境（IDE）等。

SIE MES 的主要功能都通过 Microsoft Visual Studio 开发工具来进行开发。目前 SIE MES 开发主要使用版本是 2019 或者以上版本。

Microsoft Visual Studio 开发界面如图 1-11 所示。

3. MES 在 VS 环境中的项目结构

MES 在 VS 环境中的项目结构如图 1-12 所示。

1）Modules 目录主要存放用户业务和基础框架项目。

2）SIE.WebApiHost 项目是一个 Api 服务层，用于与前端交互和后端服务应用的执行。

3）WebClient 项目运行一个自动的 Web 前端，面向 Web 的前端代码在这里执行和解析，并最终送到浏览器展示。

4）WpfClient 项目是一个自动化的 Wpf 前端项目，主要面向 WinForm 平台，使用 Wpf 技术显示前端界面。

对于 WebClient 项目和 WpfClient 项目，在业务开发过程中不需要过多改动，直接使用即可。

MES开发与应用

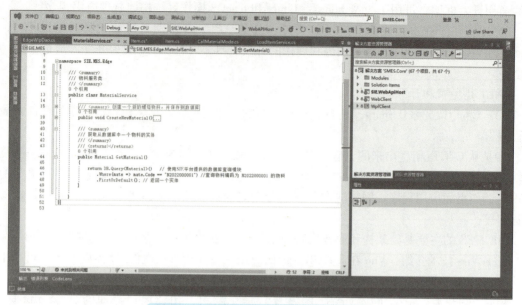

图 1-11　Microsoft Visual Studio 开发界面

4．VS code+Vue 开发工具和环境介绍

Visual Studio Code（VS Code）是 Microsoft 开发的一个运行于 macOS X、Windows 和 Linux 之上，适用于编写现代 Web 和云应用的跨平台源代码编辑器。它具有对 JavaScript、TypeScript 和 Node.js 的内置支持，并具有丰富的其他语言（例如 C++、C#、Java、Python、PHP、Go）和运行时（例如 .NET 和 Unity）扩展的生态系统。

SIE MES 的移动端主要使用 VS Code 开发工具结合 Vue 框架进行开发。

基于 Vue 的前端开发环境界面如图 1-13 所示。

代码的目录结构中：

1）src 目录用于存放业务代码，如常用的脚本、组件和 View 模块等。

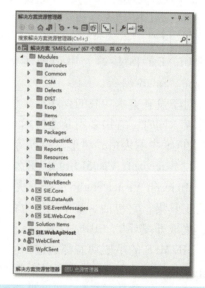

2）js 目录分类存放常用、公共的脚本代码。

图 1-12　MES 在 VS 环境中的项目结构

3）components 公共组件目录里面的内容主要是 UI 层的基础组件，例如通用的几个小功能组合，甚至几个基本模块的界面和功能的组合等。

4）views 目录（如图 1-14 所示），将视图层的界面代码都放在这里，是最直接的界面实现方式。

1.3.2　MES 软件的组成

MES 是一套面向制造企业车间执行层的生产信息化管理系统。随着 MES 的成熟，MES 软件的形态也不断变化。MES 发展的初期，用户所使用

MES软件
的组成

14

到的 MES 软件为 C/S 结构的客户端软件；随着互联网技术的不断发展，MES 软件逐渐增加了 B/S 结构的 Web 端，以及可以在移动设备操作系统中使用的移动端功能。MES 用户使用的软件组成部分，就包含了上述这三种使用模式。下面介绍这三种使用模式的使用环境及代表性功能。

图 1-13　基于 Vue 的前端开发环境界面

C/S 结构的客户端软件的优点是客户端和服务器直接相连，由于只有一层交互，因此响应速度较快；界面和操作可以很丰富，安全性能很容易保证，实现多层认证也不太难。所以它一般部署在生产环境比较恶劣、安全性要求高、数据处理快速的生产现场，它的代表性功能是生产执行中所使用到的采集功能。如图 1-15 所示为现场客户端的生产采集界面。

B/S 结构的 Web 端软件的优点是无须安装，有 Web 浏览器即可；B/S 架构可以直接放在广域网上，通过一定的权限控制实现多客户访问的目的，交互性较强；B/S 架构无须升级多个客户端，升级服务器即可，所以一般使用在多用户访问、操作频繁、对安全性要求较弱的办公室生产环境。其代表性功能是班组管理。班组管理界面如图 1-16 所示。

图 1-14　views 目录

移动端软件最大的优点是使用在移动设备上，方便了用户随时随地操作，大大提高了业务的处理速度。其代表性功能是人员绩效评分管理。人员绩效评分界面如图 1-17 所示。

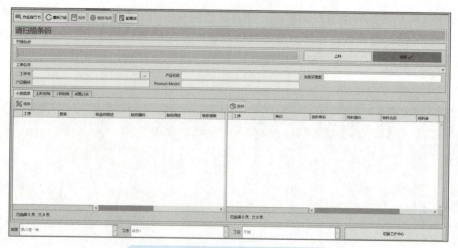

图 1-15　现场客户端的生产采集界面

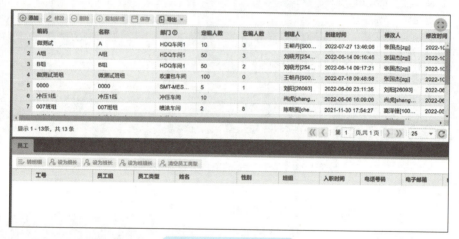

图 1-16　班组管理界面

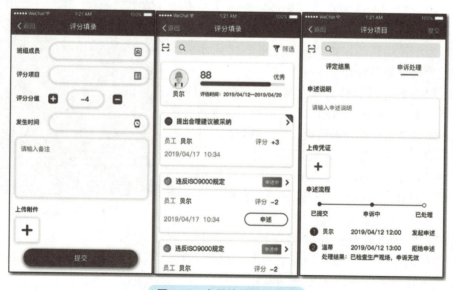

图 1-17　人员绩效评分界面

练习与思考

选择题

1. C/S 结构的客户端软件，它的优点是（　　）。
A. 客户端和服务器直接相连，由于只有一层交互，因此响应速度较快
B. 无须升级多个客户端，升级服务器即可
C. 无须安装，有 Web 浏览器即可
D. 方便用户随时随地操作
2. B/S 结构的 Web 端软件，它的优点是（　　）。
A. 客户端和服务器直接相连，由于只有一层交互，因此响应速度较快
B. 无须升级多个客户端，升级服务器即可
C. 界面和操作可以很丰富，安全性能很容易保证，实现多层认证也不太难
D. 方便用户随时随地操作
3. 关于 C/S 结构，下列说法正确的是（　　）。
A. C/S 结构即客户机/服务器体系结构
B. C/S 结构是计算机网络的基础，B/S 是一种特殊的 C/S
C. C/S 结构是浏览器/服务器结构
D. C/S 结构采用 HTTP 通信

任务1.4　认识 MES 在制造行业中的应用

 任务目标

1. 了解流程制造行业的定义。
2. 了解流程制造行业的特点。
3. 了解流程制造行业的 MES 方案演示。
4. 了解流程制造行业的 MES 功能说明。
5. 了解离散制造行业的定义。
6. 了解离散制造行业的特点。
7. 了解离散制造行业的 MES 方案演示。
8. 了解离散制造行业的 MES 功能说明。

任务描述

制造行业按照行业特性主要分为流程制造行业与离散制造行业。本任务主要介绍流程制造行业与离散制造行业的概念与特点、MES 在不同制造行业中的应用。

任务分析

在本任务中，需要了解流程制造行业的概念、MES 在流程制造行业中的应用、离散制造

行业的概念、MES 在离散制造行业中应用的相关基础知识，学生能够对 MES 在制造行业中的应用有初步的理解。

 知识准备

1.4.1 流程制造行业介绍

流程制造是指被加工对象不间断地通过生产设备、一系列的加工装置使原材料进行规定的化学或物理变化，最终得到产品。常见的流程制造行业包括涂料、饮料、造纸、玻璃、陶瓷、石化等行业。

流程制造行业的特点主要有三个：①配方保密，对配方的管理要求很高，如配方的安全性、保密性；②过程不可见，流程制造过程通常发生在管道、反应釜等中，发生过程通常不是肉眼可见的，需要通过其他的辅助手段来控制流程中的质量、数量等，如各种传感器（流量、温度、压力等）、阀门等，依靠系统反馈的数据来监控流程的状态，而且这些过程通常是不能随意中断的，一旦发生意外中断，整个批次都可能受到影响；③慎重换批，首先换批的过程复杂，涉及的人员多、时间长，特别是清洁（有的还需要消毒）环节，在换型过程中非常关键，如果出现清洁不彻底，将会导致下一个批次全部受影响。如图 1-18 所示为流程行业配方示例。如图 1-19 和图 1-20 所示为流程行业生产现场。

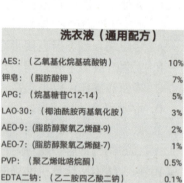

图 1-18 流程行业配方示例

图 1-19 流程行业生产现场（一）

图 1-20 流程行业生产现场（二）

1.4.2 MES 在流程制造行业中的应用

图 1-21 展现的是流程制造行业（医用手套制造行业）的 MES 方案，左边虚线框选部分为丁腈产品与 PVC 产品各自不同的生产工艺流程，其中的主线业务流如下：计划端给出生产订单—车间根据订单领用物料、投料—配料段配制试剂—生产—产品包装—完成品入库。

辅助业务流包括过程产生的副产品处理、车间异常管理、设备管理等。

图 1-22 展现的是批次调整功能界面。

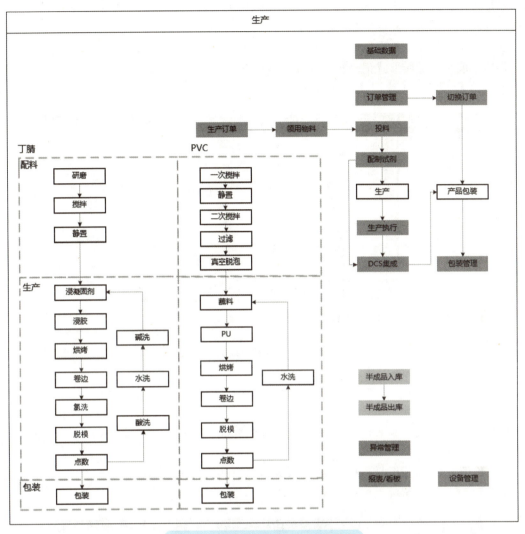

图 1-21 流程制造行业的 MES 方案

图 1-22 批次调整功能界面

功能描述：记录配制试剂过程中各个工序产生的批次、投料、过程参数等信息（投料需要完成前后工序批次关联）并依操作时间点自动获取 DCS 参数。

功能作用：作为配料操作原始记录，对后续品质异常追溯具有重要作用。

客户价值：由纸质形式记录转换为移动端操作，生成线上数据流。

图 1-23 展现的是供线记录功能界面。

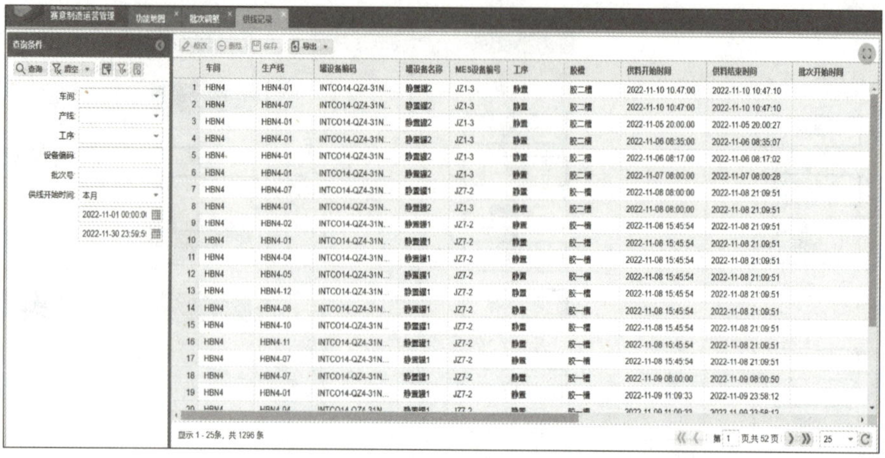

图 1-23 供线记录功能界面

功能描述：生产端记录配制完成的试剂最后投入哪条产线对应的胶槽，以及对应开关的启闭时间、供料重量。

功能作用：供线记录配料批次与包装产线产成品的关联关系，为后续客诉追溯提供了遵循。

客户价值：由纸质形式记录转换为移动端操作，生成线上数据流。

图 1-24 展现的是包装工单功能界面。

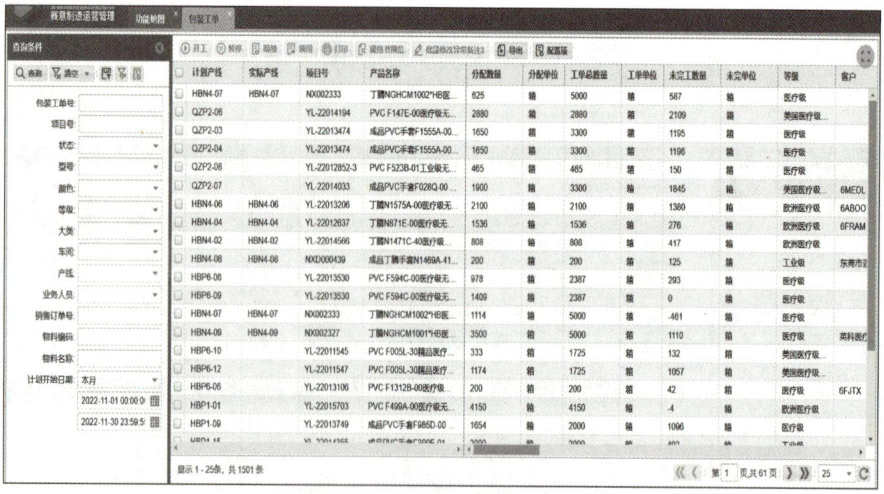

图 1-24 包装工单功能界面

功能描述：计划端依据销售订单转化净需求，将需要生产的产品信息传递给生产车间。

功能作用：包装车间据此安排人员生产并报工。

客户价值：由 Excel 形式下发车间任务，转换为线上的工单下发数据流。管理层可实时查询各产线当前生产情况，并做出后续生产安排。

图 1-25 展现的是设备台账维护功能界面。

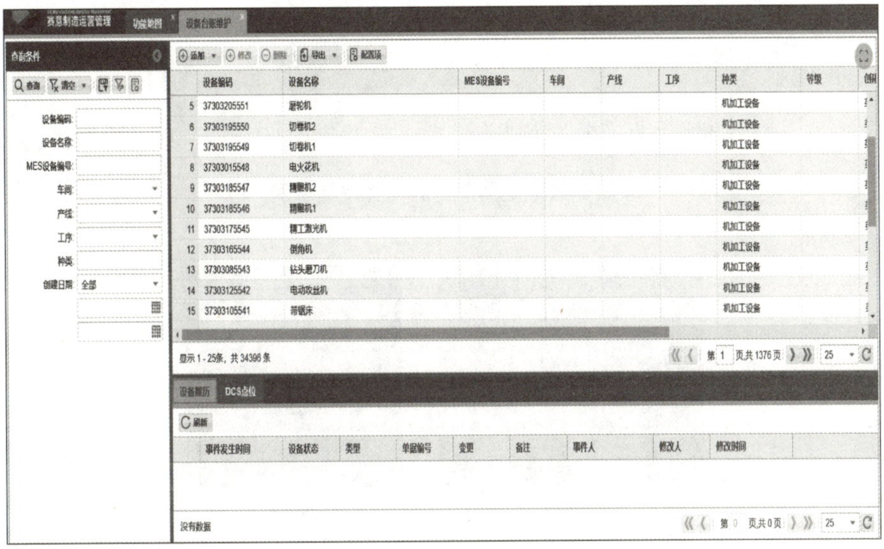

图 1-25 设备台账维护功能界面

功能描述：维护生产车间设备台账信息，系统自动记录设备过程中的变化，生成履历。

功能作用：做好设备台账信息的线上记录。

客户价值：由 Excel 形式的设备台账转换为线上实时设备台账，便于管理层随时掌握工厂详细的设备台账信息。

1.4.3 离散制造行业介绍

离散制造的产品往往由多个零件经过一系列并不连续的工序的加工最终装配而成。加工此类产品的行业称为离散制造行业。常见的离散制造行业主要包括机械制造、电子电器制造、航空制造、汽车制造等行业。

离散制造行业的特点主要有三个：①从产品形态，离散制造的产品相对复杂，包含多个零部件，一般具有较为固定的产品结构，原材料清单和零部件配套关系；②从产品种类，一般的离散制造企业都生产相关和不相关的较多品种和系列的产品，这就决定企业物料的多样性；③从加工过程，离散制造行业的生产过程是由不同零部件加工子过程并联或串联组成的复杂过程，这些过程中包含着更多的变化和不确定因素。图 1-26 为日常淋浴用的花洒形态示例，图 1-27 为花洒厂商的相关产品示例，图 1-28 为花洒组件在不同加工工序呈现的形态。

图 1-26 日常淋浴用的花洒形态示例

卫生区	盥洗区	淋浴区	浴室小五金	厨房阳台区	商用产品
智能一体机	浴室柜	花洒	五金挂件	水槽	商用电子类
智能盖板	多功能镜	淋浴龙头	五金配件	厨房龙头	商用五金
电热盖板	面盆	淋浴房		洗衣柜	商用便器
坐便器	面盆龙头	浴缸		拖把池	小便斗
蹲便器/配件		浴缸龙头		阳台五金	

图 1-27 花洒厂商的相关产品示例

 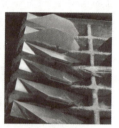

a) 浇铸成品　　　　　　　　b) 磨抛成品

c) 电镀成品

图 1-28 花洒组件在不同加工工序呈现的形态

1.4.4　MES 在离散制造行业中的应用

图 1-29 展现的是离散制造行业（卫浴行业）的 MES 方案，其中的主线业务流如下：计划端下达工单—工单按工序生成任务单—班组长进行任务分派—员工进行任务报工—班组长确认报工—物料员入库确认。

辅助业务流包括挂具管理、模具寿命管理、考勤打卡等。

图 1-30 展现的是工单功能界面。

功能描述：计划端依据销售订单转化净需求，将需要生产的产品信息传递给生产车间。

功能作用：系统据此人工/自动按工序产生任务单供后续派工和报工。

客户价值：由 Excel 形式下发车间任务，转换为线上的工单下发数据流，并可依据维护好的工艺路线，自动生成任务单。

图 1-31 展现的是生产派工（生产管理）功能界面。

功能描述：生产班组长将任务派发给班组或个人，并生成派工标签。

功能作用：被派工对象根据派工标签进行生产，直至完成派工任务。

MES在离散制造行业中的应用

模块1　MES及其基础概念

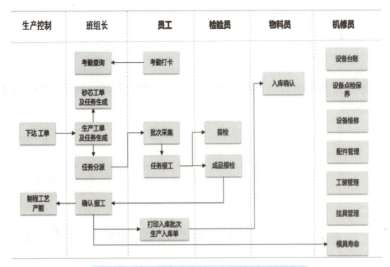

图1-29　离散制造行业的MES方案演示

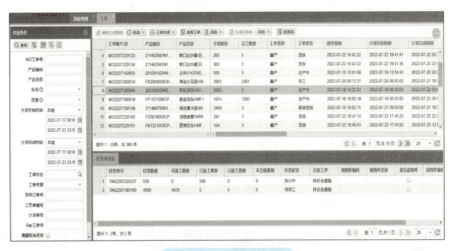

图1-30　工单功能界面

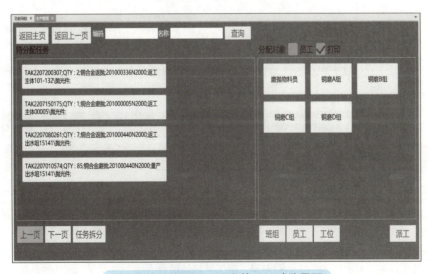

图1-31　生产派工（生产管理）功能界面

客户价值：由纸质形式甚至口头形式的生产通知，转换为有据可查的线上派工任务，提高派工准确性、可靠性。

图 1-32 展现的是报工管理功能界面。

图 1-32　报工管理功能界面

功能描述：员工完成派工任务后，可以进行报工，报工完成后生成报工批次标签与报工记录。

功能作用：便于班组长实时掌握现场生产情况，灵活调整生产任务，及时确认报工记录。

客户价值：由班组长记录、统计员报工，转换为员工自主报工，使作业流程畅通，简化统计工作量。

图 1-33 展现的是报工审核功能界面。

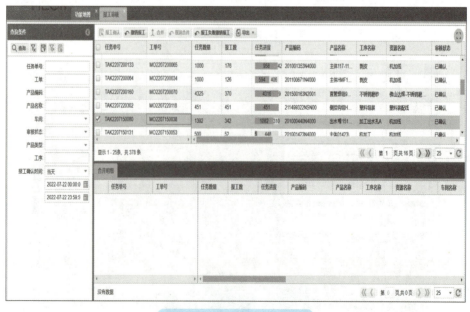

图 1-33　报工审核功能界面

功能描述：员工完成任务报工后，班组长需要进行确认，确认后生成对应的成品入库单与入库标签。

功能作用：衔接车间生产与产品入库，做到线上记录产品交接。

客户价值：由班组长记录，转换为员工报工+班组长确认，便于班组长腾出更多精力应对车间生产异常情况。

图 1-34 展现的是设备台账（维护）功能界面。

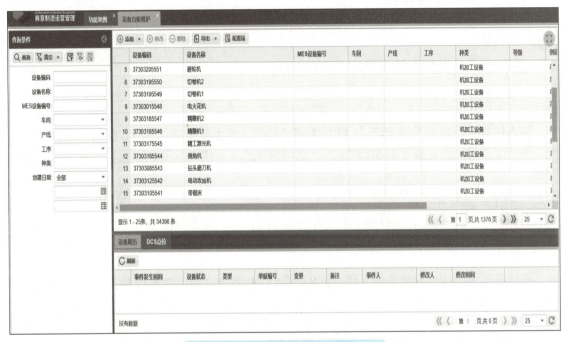

图 1-34 设备台账（维护）功能界面

功能描述：维护生产车间设备台账信息，系统自动记录设备过程中的变化，生成履历。

功能作用：做好设备、模具台账的线上记录。

客户价值：由 Excel 形式的台账转换为线上实时设备台账，便于管理层随时掌握工厂详细的设备台账信息。

练习与思考

选择题

1. 以下哪个不是流程制造行业的产品（　　）。
   A. 石化　　　　B. 饮料　　　　C. 发动机　　　　D. 涂料
2. 以下哪个不是流程制造行业的特点（　　）。
   A. 慎重换批　　B. 组装成型　　C. 配方保密　　　D. 过程不可见
3. 以下哪个不是离散制造行业的产品（　　）。
   A. 风扇　　　　B. 冰箱　　　　C. 飞机　　　　　D. 牙膏

任务1.5 认识 MES 与其他系统业务接口

 任务目标

1. 了解 MES 与 ERP 系统的常见业务接口。
2. 了解 MES 与高级计划排程系统（APS）的常见业务接口。

 **任务描述**

认识 MES 系统与其他系统之间的常见业务接口。

 任务分析

在本任务中，需要了解 MES 与 ERP 系统之间的常见业务接口有哪些，包括物料接口、生产工单、生产报工，还要了解 MES 与 APS 之间常见的业务接口有哪些，包括工单下达、生产进度。

知识准备

1.5.1 MES 与 ERP 系统接口

不同系统之间的数据交互称为接口。MES 与 ERP 系统之间的常见的业务接口，包括物料接口、生产工单、生产报工。

1. 物料接口

MES 中所使用的物料数据，大多数情况都是同步 ERP 系统中物料主数据信息的。因此，MES 与 ERP 系统之间存在物料接口。物料接口需要考虑到数据的新增、删除、修改这三种数据变化的交互。物料接口的数据变化要求见表1-4。

表1-4 物料接口的数据变化要求

数据变化类型	数据说明
新增	ERP 新增数据，需要同步新增到 MES
删除	ERP 删除数据，需要同步更新到 MES，MES 删除
修改	ERP 修改数据，需要同步更新到 MES，MES 同步修改内容

物料接口字段说明见表1-5。

表1-5 物料接口字段说明

字段	数据说明
物料编码	核心字段，物料唯一辨识
物料描述	关键字段，显示物料的名称描述
基本计量单位编码	物料所使用的单位编码
物料类型	区分物料的不同种类

模块1　MES及其基础概念

（续）

字段	数据说明
采购类型	E 代表自制，F 代表采购
特殊采购类	区分是否为虚拟件类型，50 代表虚拟件
是否倒冲	X：倒冲物料；空：非倒冲物料（默认为非倒冲物料）
物料组	不同物料编码，拥有同一作业属性的划分为同一物料组
毛重	成品时为必须项，单位为 kg
净重	成品时为必须项，单位为 kg
外包装尺寸	长×宽×高（例如：20×10×5），单位为 mm

2. 生产工单

MES 中所使用生产工单一般由上游 ERP 系统或 APS 系统下达。ERP 系统根据生产订单拆分出生产工单，下达至 MES 执行生产。工单接口需要考虑到数据的新增、删除、修改、关闭这四种数据变化的交互。工单接口的数据变化要求见表 1-6。

表 1-6　工单接口的数据变化要求

数据变化类型	数据说明
新增	ERP 下达新工单给 MES，MES 为新增工单
删除	ERP 删除工单并同步给 MES，MES 同步删除工单
修改	ERP 更新工单数据并同步给 MES，MES 同步更新修改的数据
关闭	ERP 关闭工单并同步给 MES，MES 同步关闭工单，且不能继续生产，并且 ERP 可以进行反选操作——解除关闭，MES 同步取消关闭，继续进行生产

工单接口字段说明见表 1-7。

表 1-7　工单接口字段说明

字段	数据说明
生产订单号	核心字段，即为 MES 的工单号，工单的唯一标识
生产订单类型	关键字段，即为 MES 的工单类型，区分不同种类的生产工单；一般分为量产、返工、样机、售后四种
订单数量	生产产品订单的数量
工厂	生产厂区的区分，按实际划分
计划开始时间	ERP 系统指定生产开始的时间
计划完成时间	ERP 系统指定生产结束的时间
工单 BOM 明细	每个工单都有自己生产的物料清单（BOM），此 BOM 明细会同步给 MES，主要记录的信息有：物料编码、物料描述、需求量、是否反冲物料、是否虚拟物料等

3. 生产报工

MES 根据工单的生产情况，通过生产报工接口将产品的完工数量定时推送给 ERP 系统。生产报工接口只有成功与失败两种数据逻辑，见表 1-8。

表 1-8　生产报工接口的数据逻辑

数据变化类型	数据说明
成功	MES 上传工单的完工数据，ERP 系统接收成功，MES 报工结束
失败	MES 上传工单的完工数据，ERP 系统接收失败，MES 报工失败，需要重新报工直至成功

生产报工接口字段说明见表 1-9。

表 1-9　生产报工接口字段说明

字段	数据说明
生产订单号	核心字段，MES 报工的主要凭证
数量	核心字段，MES 根据生产订单号，向 ERP 系统上报完工的具体数量
报工日期	MES 记录的报工日期

1.5.2　MES 与 APS 系统接口

MES 与 APS 系统之间的常见业务接口有工单下达和生产进度。

1. 工单下达

MES 中所使用生产工单一般由上游 ERP 系统或 APS 系统下达。APS 系统根据生产订单进行生产排程，并下达生产工单给 MES 生产。工单接口需要考虑到数据的新增、删除、修改、关闭、取消这五种数据变化的交互。工单下达接口的数据变化要求见表 1-10。

表 1-10　工单下达接口的数据变化要求

数据变化类型	数据说明
新增	APS 下达新工单给 MES，MES 为新增工单
删除	APS 删除工单并同步给 MES，MES 同步删除工单
修改	APS 更新工单数据并同步给 MES，MES 同步更新修改的数据
关闭	APS 关闭工单并同步给 MES，MES 同步关闭工单，且不能继续生产
取消	APS 对已下达未开始生产的工单，可以进行取消下达操作，MES 同步数据后，标记为取消；APS 系统再次下达后，MES 重新新增工单

工单下达接口字段说明见表 1-11。

表 1-11　工单下达接口字段说明

字段	数据说明
生产订单号	核心字段，即为 MES 的工单号，工单的唯一标识
生产订单类型	关键字段，即为 MES 的工单类型，区分不同种类的生产工单；一般会分为量产、返工、试产三种
订单数量	生产产品订单的数量
工厂	生产厂区的区分，按实际划分
计划开始时间	APS 系统指定生产开始的时间
计划完成时间	APS 系统指定生产结束的时间
工单 BOM 明细	APS 根据生产订单编制的生产工单 BOM，在生产订单下达时，同步给 MES，字段信息主要有：物料编码、物料描述、需求量

2. 生产进度

MES 根据工单的生产情况，通过生产进度接口实时汇报进度给 APS 系统，APS 系统收到生产订单的执行情况后，可根据实际情况调整后续排程。生产进度接口字段说明见表 1-12。

表 1-12　生产进度接口字段说明

字段	数据说明
生产订单号	核心字段，MES 汇报生产进度的唯一标识
状态	MES 生产时的状态，工单完成时需要回传给 APS 系统；状态有生产中和完工两种

练习与思考

单项选择题

1. MES 与 ERP 系统常见的接口不包含以下哪一个（　　）。
   A. 采购合同　　　　　　　　B. 生产工单
   C. 物料　　　　　　　　　　D. 生产报工
2. MES 向 ERP 系统报工失败了，MES 应该怎么处理（　　）。
   A. 不需处理
   B. 检查失败原因，重新报工直至成功
   C. 删除失败的报工数据
   D. 检查失败原因，仅再一次报工，如再次失败就不再处理
3. MES 与 ERP 系统常见的接口包含以下哪一个（　　）。
   A. 供应商　　　　　　　　　B. 工单下达
   C. 物料　　　　　　　　　　D. 员工

模块2 班组成员管理模块

模块导读

MES 的班组成员管理模块用于根据人力资源部门建立的员工档案，将员工划分到相应的生产班组中。生产部根据这些生产班组的情况排班，并生成排班表，供生产员工执行生产任务，MES 通过员工打卡记录出勤情况，提供班组级别的缺勤统计报告给各生产班组长和生产主管。

在本模块中，我们将认识班组成员配置与职能管理、生产日历管理、班组成员管理模块与其他模块业务交互、班组成员管理模块开发实践四个任务的内容，旨在了解班组成员管理模块在 MES 中实现的具体功能。

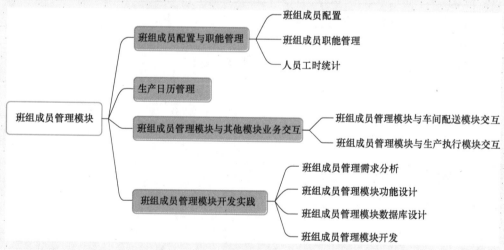

任务 2.1 认识班组成员配置与职能管理

任务目标

1. 了解班组成员配置的相关功能。
2. 了解班组成员职能管理的相关功能。

3. 了解人员工时统计的相关功能。

任务描述

对生产线班组成员配置与职能管理的相关功能有基本的认识，以及了解每个功能的具体展示与业务说明。

任务分析

在本任务中，需要了解班组成员配置、班组成员职能管理、人员工时统计三部分内容，以及对应功能的具体呈现与业务逻辑。

知识准备

2.1.1 班组成员配置

在 MES 中，班组成员配置一共涉及了三个功能，分别是员工维护、班组维护、排班表。

班组成员配置

员工维护：主要记录使用到 MES 的员工数据。

班组维护：有了员工数据之后，就可以按生产需求将员工进行班组划分。

排班表：有了班组信息之后，可以按生产需求安排不同的班组执行生产。

班组成员配置的功能组成如图 2-1 所示。

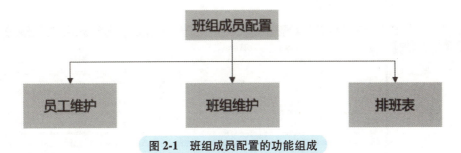

图 2-1 班组成员配置的功能组成

1. 员工维护

员工维护实现了四个功能点，分别是基础信息、资源列表、工序列表和技能清单。以下是四个功能点的介绍。

基础信息：记录人员的工号、姓名、性别、联系方式等基础信息。

资源列表：进行资源（产线）权限管控，员工只能在已分配的资源下进行生产活动。

工序列表：进行工序权限管控，对工序作业进行人员限制，无权限不能上岗作业。

技能清单：记录员工已获得的技能认证，对工序有技能要求的，员工必须通过技能认证后，才能上岗作业。

员工维护功能界面如图 2-2 所示。

2. 班组维护

班组维护实现了四个功能点，分别是基础信息、员工列表、员工转班组和设置班组人员职位。以下是四个功能点的介绍。

31

图 2-2　员工维护功能界面

基础信息：记录班组的部门、定编人数等基础信息。
员工列表：记录班组下所有的员工信息，并统计出在编人数。
员工转班组：在员工列表中，可以实现班组人员转班组的操作。
设置班组人员职位：设置班组中的职位，例如组长、班长、班组长。
班组维护功能界面如图 2-3 所示。

图 2-3　班组维护功能界面

3. 班组排班

班组排班实现了按资源为生产班组划分上班时间的功能。班组排班逻辑说明如下：
1）选择需要排班的资源，即产线。
2）选择需要排班的日期范围。
3）单击"查询"按钮，按月生成排班列表。

4）选择班组，选中的班组颜色高亮显示。
5）将选中的班组分配给符合规则的日班次。
6）保存当前设置，排班结束。

班组排班功能逻辑如图 2-4 所示。

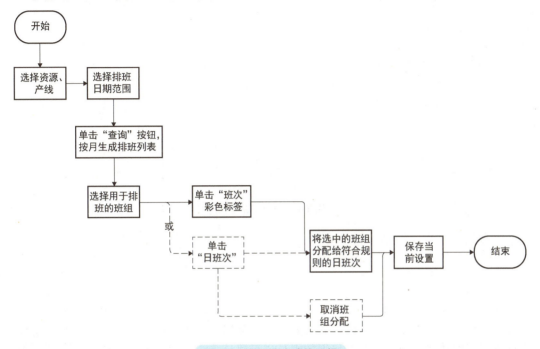

图 2-4　班组排班功能逻辑

班组排班功能界面如图 2-5 所示，在此界面可以按所选日期生成月份排班列表，然后选择对应的排班班组，进行排班操作。

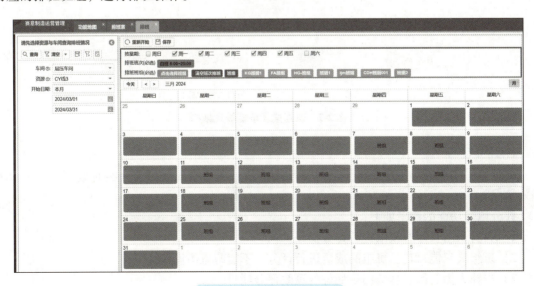

图 2-5　班组排班功能界面

班组排班结束后，会按时间汇总各班组的生产时间安排，排班汇总界面如图 2-6 所示。

图 2-6　排班汇总界面

2.1.2　班组成员职能管理

在 MES 中，班组成员职能管理一共涉及了四个功能，分别是：评分填写、历史评分、个人评分和评分统计表。其中，评分填写、历史评分是班组长才具备权限的功能，他们对所在班组的组员进行评分；个人评分是班组成员才具备权限的功能，它用于查看自己的评分。

班组成员职能管理结构如图 2-7 所示。

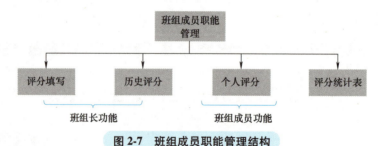

图 2-7　班组成员职能管理结构

1. 评分填写

评分填写功能的作用是班组长通过移动端模块，现场给成员打分，实时记录、更新个人绩效情况。

评分填写功能的逻辑如下：

1）只有班组长才有权限进行评分操作。

2）班组长只能对自己班组的成员进行评分，不能跨班组操作。

3）选择人力资源管理部门规划好的绩效评分项目。

4）评分项目可以在允许范围内加分或者减分。

5）如果执行的是扣分项目，组员有一次申诉的机会。
评分填写功能界面如图 2-8 所示。

图 2-8　评分填写功能界面

2. 历史评分

历史评分功能的作用是班组长通过移动端模块，查看班组成员的历史评分记录，或者处理成员的申诉请求。历史评分功能界面如图 2-9 所示。

图 2-9　历史评分功能界面

历史评分功能的逻辑如下：
1）支持按班组成员进行历史记录查询。
2）支持按评分项目的分类进行历史记录查询。

3）支持其他条件的查询，例如：正/负绩效、申诉状态、日期等。

历史评分功能的第二作用是在查看历史评分记录时，如果班组成员对负绩效评分提出了申诉，班组长可以通过单击"申诉判定"按钮进行处理，如图2-10所示。

处理方式有以下三种：

1）调整：调整评分数值，可以减少扣分或者加重扣分。

2）拒绝：拒绝班组成员的申诉。

3）撤销：撤销此次的负绩效评分。

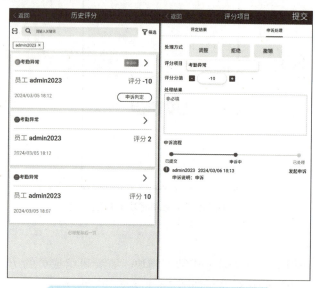

图2-10 历史评分的申诉处理的功能界面

3. 个人评分

个人评分功能的作用是班组成员可以查看自己的绩效评分，以及对负绩效进行申诉。个人评分功能界面如图2-11所示。

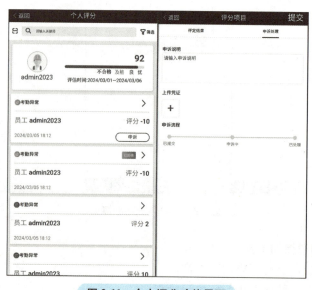

图2-11 个人评分功能界面

个人评分功能的逻辑如下：
1）查看班组长对个人的各个项目的评分。
2）对负绩效进行申诉，只有一次机会。

4. 评分统计表

评分统计表功能的作用是按班组人员汇总成个人的绩效汇总数据，供班组长或其他人力资源部门人员使用。评分统计表功能界面如图2-12所示。

图2-12 评分统计表功能界面

2.1.3 人员工时统计

在MES中，人员工时统计一共涉及了四个功能，分别是：考勤机管理、员工出勤、班组缺编统计和人员工时统计。人员工时统计用于管理班组员工正常/异常出勤，不包括请假，加班等，它通过与外部考勤设备实现数据对接，获取员工打卡数据，再按照设定的要求统计员工出勤，汇总班组人员出勤及缺编情况。

人员工时统计

人员工时统计结构如图2-13所示。

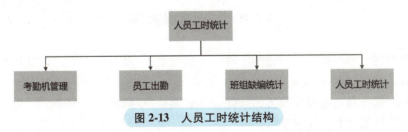

图2-13 人员工时统计结构

1. 考勤机管理

考勤机管理是MES用于与外部设备考勤机对接的管理界面，需要配置考勤机的IP地址及端口。考勤机管理功能界面如图2-14所示。

2. 员工出勤

员工出勤功能通过考勤机管理功能与打卡设备对接，获取考勤机设备里的员工打卡记录，从而统计员工每日出勤状况。员工出勤功能界面如图2-15所示。

图 2-14 考勤机管理功能界面

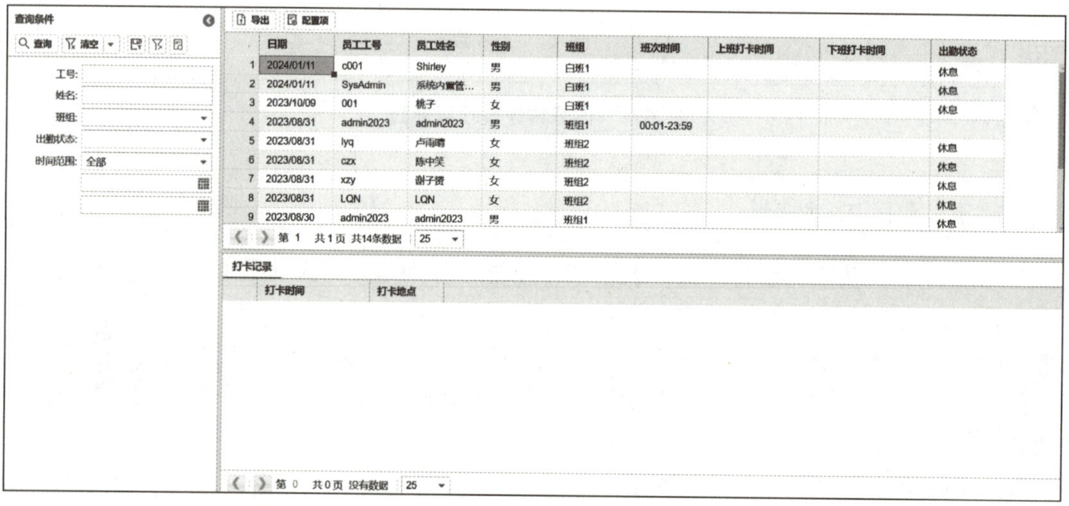

图 2-15 员工出勤功能界面

上班打卡时间：通过配置项设置的条件，上班取最早/最晚打卡记录，以及上班打卡有效时间，范围筛选员工"打卡记录"。

下班打卡时间：通过配置项设置的条件，下班取最早/最晚打卡记录，以及下班打卡有效时间，范围筛选员工"打卡记录"。

出勤状态分为三种：正常、异常、休息。无班次为休息，有班次无上班和下班打卡时间，或者无其一，则出勤状态为异常；调度任务会在员工上班有效打卡时间结束后的短时间内，检测到员工有无上班打卡记录，若无，则出勤状态为异常。

3. 班组缺编统计

班组缺编统计属于统计报表类功能，主要用来查看和导出班组某一天或某段时间里的人员出勤状况，以及计划任务的技能缺编人数；只统计当日有班次的班组在编人数和出勤人数，以及依据当日计划任务统计技能缺编人数。班组缺编统计功能界面如图 2-16 所示。

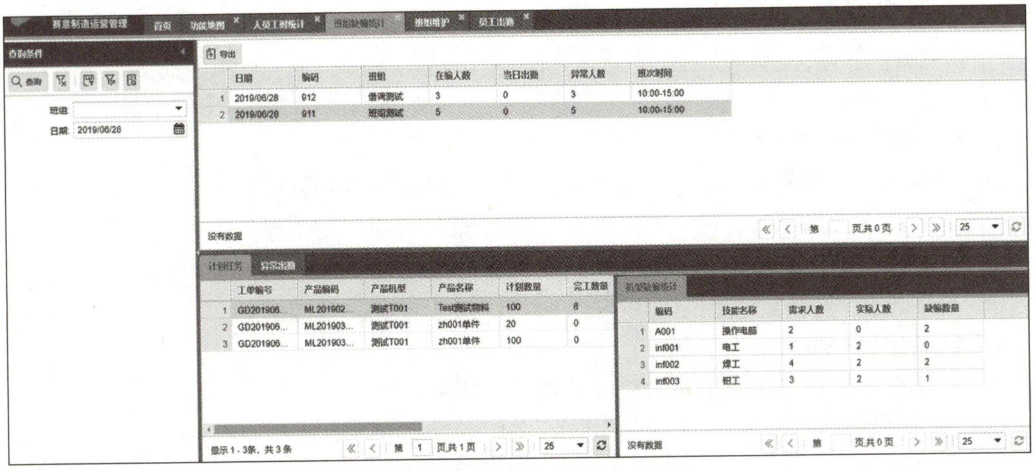

图 2-16 班组缺编统计功能界面

计划任务：计划任务的数据来自工单功能，班组排班建立在资源的日历方案之上，将该资源上的工单计划开始时间—计划结束时间与当天时间存在交集的工单统计到对应班组的"计划任务"页签。

技能缺编：技能缺编是指产品机型中维护机型技能，表明该机型生产时需要哪些必备技能，以及需求人数；如果出勤的班组人员没有满足此技能要求，所缺的人数即为技能缺编人数。

4. 人员工时统计

人员工时统计是根据员工的出勤信息统计员工出勤工时，并反映该员工在当日是否发生了借调，以及借调时长；并可对异常状态员工的上下班打卡数据做手动修改，以应对非人为因素造成出勤异常时，经班组长确认员工实际出勤为正常时可做出手动修改。

人员工时统计功能界面如图 2-17 所示。

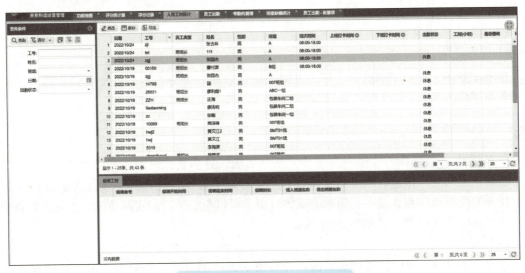

图 2-17 人员工时统计功能界面

练习与思考

选择题

1. 员工维护功能的作用是（　　）。
   A. 记录员工基础数据信息　　　　B. 记录班组基础数据信息
   C. 记录员工考勤信息　　　　　　D. 记录班组考勤信息
2. 需要给员工分配某个资源的权限，需要在哪里配置（　　）。
   A. 员工维护—技能　　　　　　　B. 员工维护—基础信息
   C. 员工维护—资源　　　　　　　D. 员工维护—工序
3. 需要给员工分配某个工序的权限，需要在哪里配置（　　）。
   A. 员工维护—技能　　　　　　　B. 员工维护—基础信息
   C. 员工维护—资源　　　　　　　D. 员工维护—工序
4. 班组成员职能管理中，班组长才有的功能是（　　）。
   A. 评分填写　　　　　　　　　　B. 历史评分
   C. 个人评分　　　　　　　　　　D. 评分统计表

任务 2.2　认识生产日历管理

生产日历管理

 任务目标

了解生产日历管理的相关功能。

 任务描述

对生产日历管理的相关功能有基本的认识，以及了解每个功能的具体展示与业务说明。

 任务分析

在本任务中，需要了解班制、日历方案、法定假期三部分内容，以及对应功能的具体呈现与业务逻辑。

知识准备

在 MES 中，生产日历管理一共涉及了三个功能，分别是：班制、日历方案和法定假期；此功能对企业的生产作息时间进行安排，非生产日期不能执行生产。企业往往要根据日历来决定任务的性质或作业，这不是简单的双休日历，可以根据工厂的实际情况方便地进行调整。

生产日历管理功能组成如图 2-18 所示。

1. 班制

班制用于设置上班时段与休息时段，计算出一天中的有效工作时间，用于对计划生产周期的计算，简单地说班制用于维护一天当中有效的工作时长。班制功能界面如图 2-19 所示。

休息时间和加班时间必须在当前班次时间范围内才可保存，且休息时间和加班时间不允许重叠。

图 2-18　生产日历管理功能组成

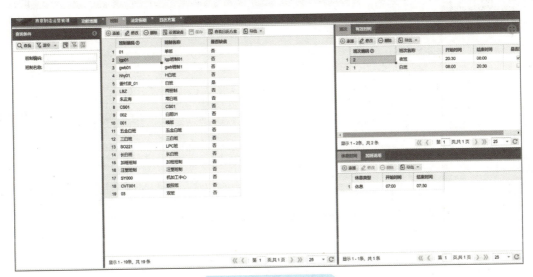

图 2-19　班制功能界面

2. 日历方案

设置好了一天的有效工作时间后，就可以通过日历方案创建每周的生产时间安排，而每周的生产时间组合起来就是日历方案。

日历方案为生产提供进行任务安排的时间节点，也就是为生产的排班提供工作与休息的时间数据。日历方案功能界面如图 2-20 所示。

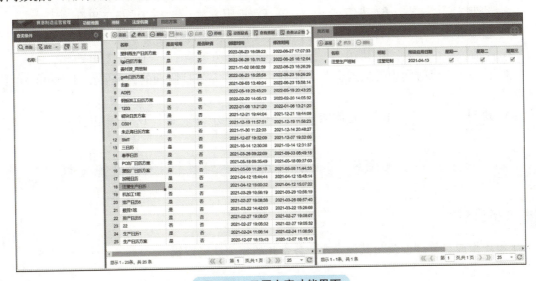

图 2-20　日历方案功能界面

3. 法定假期

法定假期是指国家规定的以纪念某些特殊的或事件的假期，如国庆节、春节、中秋节等。一般来说，法定假期是不会进行生产活动的，故 MES 提供了法定假期功能，用于排除生产日历中的法定节假日。法定假期功能界面如图 2-21 所示。

因此，法定假期的优先级要高于日历方案中所规定的上班日期的优先级。

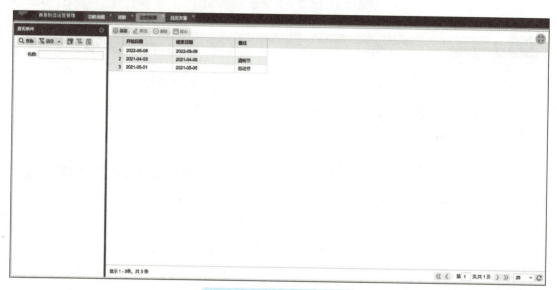

图 2-21　法定假期功能界面

练习与思考

选择题

1. 想要设置一天的有效上班时间，需要在哪个功能操作（　　）。
   A. 班制　　　　　　B. 班组　　　　　　C. 日历方案　　　　D. 员工出勤

2. 想要设置一个月的有效上班时间，需要在哪个功能操作（　　）。
   A. 班制　　　　　　B. 班组　　　　　　C. 日历方案　　　　D. 员工出勤

3. 想要在上班时间中排除国庆节、春节、中秋节等节日假期的，需要在哪个功能操作（　　）。
   A. 班制　　　　　　B. 法定假期　　　　C. 日历方案　　　　D. 员工出勤

任务 2.3　认识班组成员管理模块与其他模块业务交互

 任务目标

了解班组成员管理模块与其他模块业务交互的相关功能逻辑。

任务描述

对班组成员管理模块与其他模块业务交互的相关功能逻辑有基本的认识,以及了解每个功能的具体展示与业务说明。

任务分析

在本任务中,需要了解班组成员管理模块与车间配送模块交互、班组成员管理模块与生产执行模块交互,包括两部分功能之间的具体交互,以及对应的交互逻辑。

知识准备

2.3.1 班组成员管理模块与车间配送模块交互

班组成员管理模块与车间配送模块之间最大的交互是权限的控制。对于班组成员管理,全部成员的身份在权限方面大致可以分为两种:班组长权限和班组成员权限。

班组成员管理模块与车间配送模块之间的功能交互如图 2-22 所示。

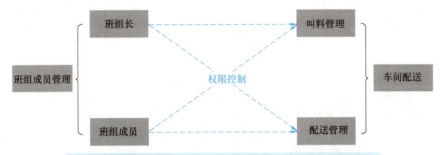

图 2-22 班组成员管理模块与车间配送模块之间的功能交互

1. 班组长权限

在叫料管理功能中,班组长权限在于可以进行叫料。

第一种体现:可以在叫料单管理界面,执行今日投产时的首工单的手动叫料操作。

叫料单管理功能界面如图 2-23 所示。

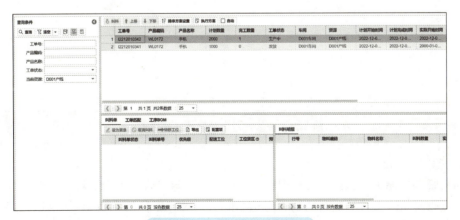

图 2-23 叫料单管理功能界面

第二种体现：在生产采集时，无论是上料采集还是维修采集，当需要进行额外的手动叫料时，都只有生产的班组长才能执行操作；班组成员执行时，MES会进行权限控制，使其无法执行操作。上料采集功能界面如图2-24所示。

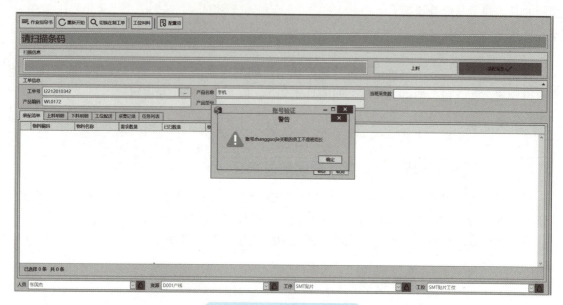

图2-24 上料采集功能界面

在配送管理功能中，只有班组长才能创建配送需求单，将生产所需物料需求发送给仓库或线边仓。配送管理发起需求功能界面如图2-25所示。

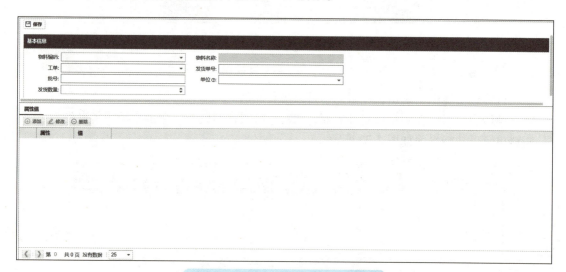

图2-25 配送管理发起需求功能界面

2. 班组成员权限

在叫料管理功能中，班组成员权限在于可以进行物料接收及生产退料。

物料接收是指班组长所叫料的物料送达车间后，对应工位的负责组员可以通过移动端扫码接收。

生产退料是指每日生产结束后，如果有剩余物料，可以执行退料操作，将剩余物料送回仓库。

物料接收功能界面如图 2-26 所示，生产退料功能界面如图 2-27 所示。

图 2-26　物料接收功能界面

图 2-27　生产退料功能界面

在配送管理功能中，班组成员权限在于可以利用周转箱将物料配送至对应的工位，执行上料操作，即卸载周转箱所配送物料至消耗工位。上料功能界面如图 2-28 所示。

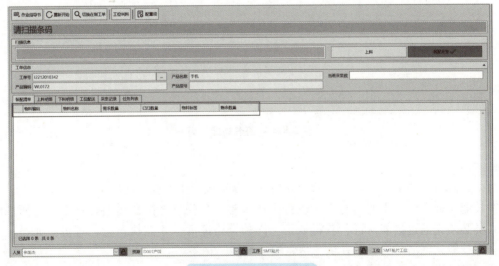

图 2-28　上料功能界面

2.3.2　班组成员管理模块与生产执行模块交互

班组成员管理模块与生产执行模块之间最大的交互是权限的控制。班组成员管理模块分为班组和个人两个维度。本节将分别讲解这两个维度与生产执行模块的三个功能（技能认证、排班表、生产权限）的交互。

班组成员管理模块与生产执行模块之间的功能交互如图 2-29 所示。

图 2-29　班组成员管理模块与生产执行模块之间的功能交互

1. 班组

对班组而言，与生产执行最大的交互是排班表。

在排班表方面，主要是对班组进行生产限制；每个班组都会按日期进行生产任务的分配，如果班组不在分配的生产日期中，那么该班组下全部成员都不能进行生产执行活动。

排班表功能界面如图 2-30 所示。

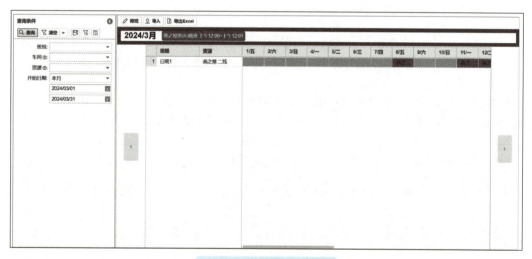

图 2-30　排班表功能界面

2. 个人

对个人而言，与生产执行最大的交互是技能认证以及生产权限两方面。

在技能认证方面，主要是对个人进行生产限制；某些特殊岗位需要持证上岗，所以对应生产人员必须先通过技能认证，获得认证上岗的资格证后，才能执行生产任务。而员工所获得的全部技能认证清单会显示在员工信息的"技能"标签下。

员工维护中的个人技能认证功能界面如图 2-31 所示。

在生产权限方面，主要是体现在对个人的生产资源（即产线）、工序两个方面的权限进行控制。

个人若没有产线的生产权限，那么就无法在生产现场使用生产采集功能，执行生产活动。同样的，为了区分产线下不同岗位的作业权限，增加了工序的权限限制，若个人没有此产线下的该工序的权限，也无法执行生产采集活动。

模块2 班组成员管理模块

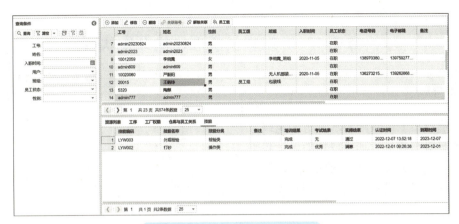

图 2-31 个人技能认证功能界面

员工维护中的生产权限功能界面如图 2-32 所示。

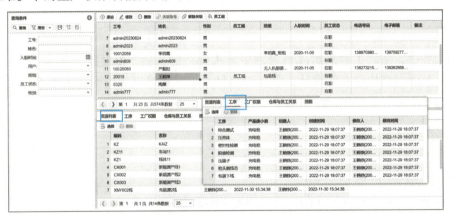

图 2-32 生产权限功能界面

练习与思考

选择题

1. 在叫料管理功能中，以下谁有权限可以进行物料的叫料（　　）。
   A. 班组长　　　　　　　　　　B. 班长
   C. 组长　　　　　　　　　　　D. 班组成员

2. 班组是否需要执行生产，是由哪一个功能决定的（　　）。
   A. 班组维护　　　　　　　　　B. 员工维护
   C. 日历方案　　　　　　　　　D. 排班表

3. 某个班组的组员可以在 A 产线工作，但是无法在 A 产线的 B 岗位进行生产采集，因为他没有什么权限（　　）。
   A. 技能权限　　　　　　　　　B. 资源权限
   C. 工序权限　　　　　　　　　D. 工位权限

47

任务2.4 班组成员管理模块开发实践

 任务目标

1. 了解班组成员管理需求分析的步骤。
2. 了解班组成员管理模块功能设计步骤。
3. 了解班组成员管理模块数据库设计。
4. 了解班组成员管理模块功能开发。

 任务描述

对生产线班组成员管理模块中需求分析、功能设计、数据库设计、功能开发四个部分的内容有基本的认识与实践。

任务分析

在本任务中，需要了解班组成员管理中需求分析的步骤，以及每一步需要输出的内容；了解班组成员管理模块中功能设计步骤，以及每一步需要输出的内容；了解班组成员管理模块中特定的功能进行数据库设计和功能开发要点。

知识准备

2.4.1 班组成员管理需求分析

班组成员管理需求分析

需求分析可分为以下四个步骤：
1）业务场景描述：收集用户需求，形成具体场景并进行描述。
2）业务流程说明：把业务场景划分成一个个业务流程节点，并进行说明。
3）关键业务说明：特殊的业务要单独进行描述，并进行具体的逻辑说明。
4）定义功能：将全部业务场景划分为具体的功能点，并说明功能的作用。

本节以班组成员管理模块为例，详细说明需求分析每一步输出的内容。

1. 业务场景描述

班组成员管理模块的业务场景描述可以总结为如下内容：

生产部门依据人力资源部门建立的员工档案对所属员工划分生产班组，依据生产班组进行排班，生成排班表，以便生产员工进行后续的生产执行操作；通过员工打卡出勤记录，为各生产班组长与生产主管提供班组维度的缺勤统计。

其目标与价值如下：

1）通过班组维度的排班自动生成排班表，减轻生产现场管理人员的人员工作安排的压力。

2）通过与员工打卡出勤对接，自动生成工时统计表与班组缺勤统计表，减少业务部门手工统计员工出勤信息的工作量，实现员工出勤状态的即时呈现。

3）通过班组员工工时、出勤数据统计与分析，帮助工厂削减因人工统计带来的人力资源成本和效率浪费，并显著提升生产人力成本数据的真实性、及时性和准确性。

2. 业务流程说明

将所了解的业务场景进行流程梳理,得出班组成员管理的主要流程步骤。班组成员管理模块业务流程如图 2-33 所示。

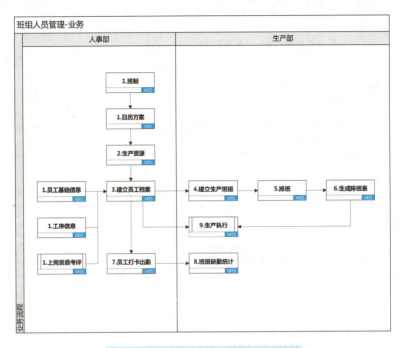

图 2-33　班组成员管理模块业务流程

对业务流程中的每一步进行详细说明。班组成员管理业务流程步骤说明见表 2-1。

表 2-1　班组成员管理业务流程步骤说明

编号	节点	步骤说明	输入文档	输出文档	负责部门/岗位
1	基础数据	系统实施前需提前维护以下基础数据:班制、日历方案、员工基础信息、工序信息、上岗资质考核			人力资源部门/技术部门
2	生产资源	方便、快捷地建立排程资源模型,为车间排程提供资源基础数据,以供员工维护引用关联		生产资源	人力资源部门/生产部门
3	建立员工档案	1) 维护员工工号、姓名、对应班组、邮箱等基础信息 2) 维护员工与生产资源的关联关系,采集选择资源时,会根据当前用户关联的员工来筛选资源 3) 维护员工与工序的绑定关系,采集选择工序时,会根据当前用户关联的员工来筛选工序 4) 维护员工的技能资质,通过员工"技能"认证清单界面维护,并在生产采集进行操作时进行相关资质校验	员工信息	员工维护信息	生产部门
4	建立生产班组	为员工维护提供班组信息,可以对员工进行转班组,并设置班组的班组长、组长、班长		生产班组	生产部门

(续)

编号	节点	步骤说明	输入文档	输出文档	负责部门/岗位
5	排班	班组按资源对应的班次进行排班，支持排班模板导入与手工排班两种方式维护排班信息		排班表	生产部门
6	生成排班表	选择班组、车间、资源、排班时间范围，单击"查询"按钮，将按月历显示当前资源的班次排布信息		排班表	生产部门
7	员工打卡出勤	通过考勤机管理功能对接打卡设备（如考勤机），调度获取打卡设备里的员工打卡记录，从而统计员工每日出勤状况	员工打卡记录	员工出勤表	人力资源部门
8	班组缺勤统计	统计当日有班次的班组在编人数和出勤人数，以及依据当日计划任务统计缺勤信息		班组缺勤统计	生产部门

3. 关键业务说明

班组成员管理业务流程中有两个关键业务，分别是排班、班组缺勤统计。班组成员管理关键业务说明见表2-2。

表2-2 班组成员管理关键业务说明

编号	业务情形	描述/方案
1	排班	1）支持通过排班导入模板导入与通过手工选择车间、资源、时间两种方式进行排班 2）排班规则：不能调整当前日期及之前的排班，只能从当前日期的后一天开始排；资源的任意班次只能分配一个班组，若有重复排班，后面的班组将覆盖之前的班组；按照固定排班周期设置的日期范围排班，未勾选则不排班
2	班组缺勤统计	1）班组缺勤统计，统计当日有班次的班组在编人数和出勤人数，以及依据当日计划任务统计缺勤信息 2）班组的班次信息通过排班表预先排班获取，注意预先排班，因为资源的日历方案要次日生效；员工维护的在职状态员工即班组的在编人数；员工出勤反映当日开始上班及下班时间段的班组员工出勤情况，状态为正常/异常，正常状态的员工数量即当日出勤人数，异常状态的员工数量即异常人数 3）计划任务取值来自工单功能，班组排班建立在资源的日历方案之上，它将该资源上工单计划开始时间—计划结束时间与当天时间存在交集的工单统计到对应班组的计划任务标签；产品机型中维护机型技能，表明该机型生产时需要哪些必备技能，以及需求人数；员工归到不同班组，将班组所拥有的某项技能的员工数量与计划任务产品机型需求的技能人数做对比，可以得出生产该工单时，班组人员的技能储备是否满足要求，若不满足，则可以向其他班组发起借调

4. 定义功能

根据上述的业务流程和关键业务，需要定义出具体实现的功能。以班组成员管理为例，定义的功能见表2-3。

表2-3 班组成员管理定义的功能

编号	功能名称	功能说明	终端	备注
1	员工维护	建立员工信息管理，为采集提供技能、资源与工序等权限控制	PC	B/S
2	员工出勤	通过考勤机管理功能对接打卡设备（如考勤机），调度获取打卡设备里的员工打卡记录，从而统计员工每日出勤状况	PC	B/S

（续）

编号	功能名称	功能说明	终端	备注
3	考勤机管理	管理、记录和统计人员出勤	PC	B/S
4	班组缺勤统计	主要用来查看和导出班组某一天或某段时间里的人员出勤状况，以及计划任务的人员缺勤情况	PC	B/S
5	班组维护	为员工维护提供班组信息	PC	B/S
6	排班表	班组按资源对应的班次进行排班	PC	B/S

2.4.2 班组成员管理模块功能设计

本节主要提取了班组成员管理中员工维护和班组维护模块的内容，并对它们进行功能设计的详细说明。功能设计主要分为两大步骤。第一步是输出整体的功能介绍图，如图2-34所示；第二步是针对具体功能进行功能点描述、功能界面设计、参数说明和功能逻辑说明。下面主要介绍的功能是员工维护和班组维护。

班组成员管理模块功能设计

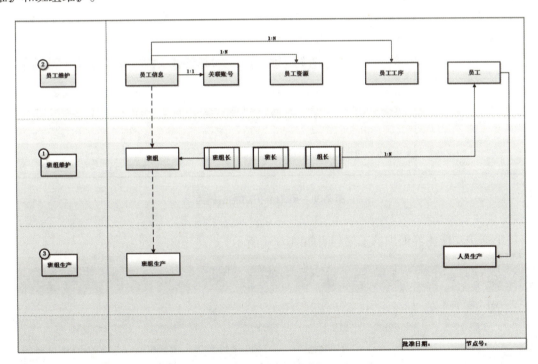

图2-34 班组成员管理模块整体的功能介绍

1. 员工维护

（1）功能点描述　员工维护功能主要实现以下四个功能点：
1）基础信息：记录人员的性别、姓名、联系方式等基础信息。
2）员工资源：资源权限管控，员工只能使用特定的资源。
3）员工工序：工序权限管控，对工序作业进行人员限制。

4）技能清单：技能权限管控，对工序有技能要求的，员工必须通过技能认证后，才能上岗作业，此功能记录了员工所获得的全部技能证书。

员工维护功能点描述图如图 2-35 所示。

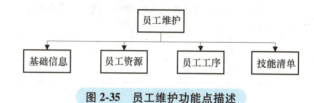

图 2-35 员工维护功能点描述

（2）功能界面设计　员工维护功能主界面如图 2-36 所示。

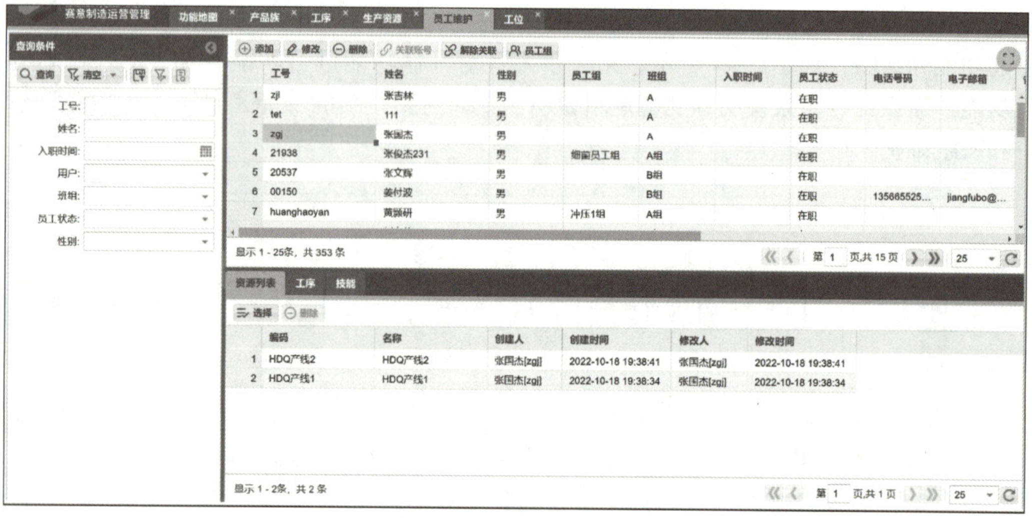

图 2-36 员工维护功能主界面

员工维护功能主界面中的工序列表如图 2-37 所示。

	工序	产品族小类	创建人	创建时间	修改人	修改时间
1	总装检验	冰箱	张国杰[zgj]	2022-10-18 19:35:09	张国杰[zgj]	2022-10-18 19:35:09
2	总装包装	冰箱	张国杰[zgj]	2022-10-18 19:35:09	张国杰[zgj]	2022-10-18 19:35:09
3	批次检验01	手机壳	张国杰[zgj]	2022-10-18 20:13:11	张国杰[zgj]	2022-10-18 20:13:11
4	批次维修01	手机壳	张国杰[zgj]	2022-10-18 20:13:11	张国杰[zgj]	2022-10-18 20:13:11
5	总装装配	冰箱	张国杰[zgj]	2022-10-18 19:35:09	张国杰[zgj]	2022-10-18 19:35:09
6	总装维修	冰箱	张国杰[zgj]	2022-10-18 19:35:09	张国杰[zgj]	2022-10-18 19:35:09

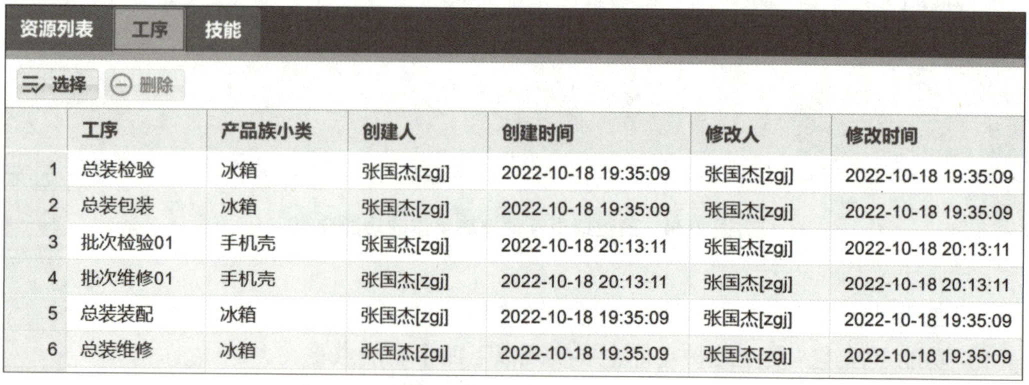

图 2-37 工序列表

员工维护功能主界面中的技能列表如图 2-38 所示。

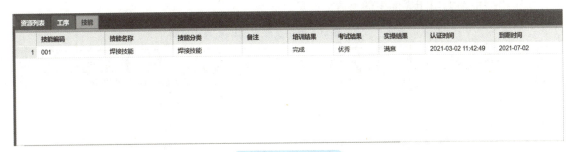

图 2-38 技能列表

员工维护编辑功能界面如图 2-39 所示。

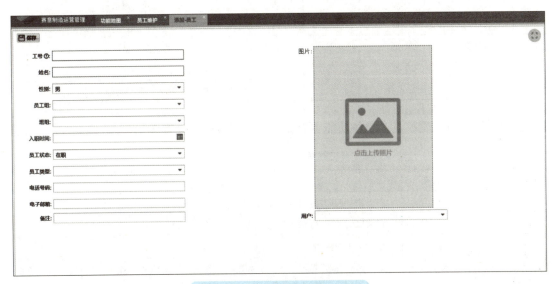

图 2-39 员工维护编辑功能界面

（3）参数说明　员工维护功能主界面中查询功能的参数说明见表 2-4。

表 2-4　员工维护功能主界面中查询功能的参数说明

编号	字段	类型	默认值	是否可编辑	参数说明	备注
1	工号	文本框	无	是	—	—
2	姓名	文本框	无	是	—	—
3	入职时间	日期格式	无	是	—	—
4	用户	下拉查询选择框	无	是	数据源为用户	—
5	班组	下拉查询选择框	无	是	数据源为班组维护	—
6	员工状态	下拉框	无	是	在职、离职	—
7	性别	下拉框	无	是	男、女	—

员工维护中编辑功能界面中的参数说明见表 2-5。

表 2-5 员工维护中编辑功能界面中的参数说明

编号	字段	类型	默认值	是否必填	参数说明	备注
1	工号	文本框	无	是	唯一；最大长度为 40 个字符串	—
2	姓名	文本框	无	是	最大长度为 40 个字符串	—
3	性别	下拉框	男	否	男、女	—
4	员工组	下拉查询选择框	无	否	数据源为员工组	—
5	班组	下拉查询选择框	无	否	数据源为班组维护	—
6	入职时间	日期框	无	否	—	—
7	员工状态	下拉框	无	是	在职、离职	—
8	员工类型	下拉框	无	否	组长、班长、班组长	—
9	电话号码	文本框	无	否	需验证手机和电话号码格式	—
10	电子邮箱	文本框	无	否	需验证邮箱格式	—
11	备注	文本框	无	否		—
12	图片	图片工具	无	否	可以上传本地图片，格式是 bmp、jpg、gif	—

（4）功能逻辑说明　员工维护功能主界面的功能逻辑说明见表 2-6。

表 2-6 员工维护功能主界面的功能逻辑说明

编号	操作步骤/按钮	操作说明
1	添加/修改	打开添加/修改界面（即编辑界面）
2	删除	已关联资源不允许删除；已关联工序不允许删除
3	员工组	进入员工组界面
4	关联账号	1）单击"关联账号"按钮，弹出"选择用户"对话框，选择一个可用状态的账号，单击"确定"按钮完成绑定关系 2）对员工进行账号绑定只能是 1∶1 的关系 3）不关联账号不允许生产采集操作 4）已关联的员工不能重复关联，需先解除关联后再关联（若已关联，则按钮不可用；若未关联，则按钮可用）
5	解除关联	只能选已关联的数据操作（若关联，则按钮可用；若未关联，则按钮不可用）

关联账号时的对话框如图 2-40 所示。

员工维护功能主界面中资源列表的功能逻辑说明见表 2-7。

表 2-7 员工维护功能主界面中资源列表的功能逻辑说明

编号	操作步骤/按钮	操作说明
1	选择	1）单击"选择"按钮，弹出"选择用户"对话框（即生产资源选择界面，已选择的不能重复选择，并用颜色标识出来） 2）单击"确定"按钮后把已选择资源加载到资源列表中；生产采集时员工有此资源才能作业
2	删除	可以在资源列表中对多选资源进行删除，单击"删除"按钮后直接删除

图 2-40 关联账号时的对话框

"选择用户"对话框如图 2-41 所示。

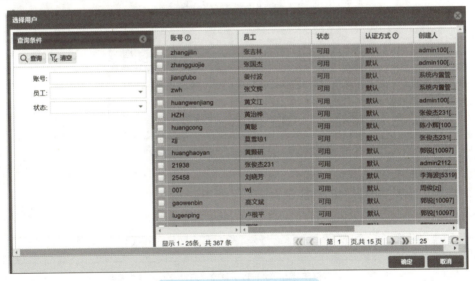

图 2-41 "选择用户"对话框

员工维护功能主界面中工序列表的功能逻辑说明见表 2-8。

表 2-8 员工维护功能主界面中工序列表的功能逻辑说明

编号	操作步骤/按钮	操作说明
1	选择	1)单击"选择"按钮,弹出"选择工序"对话框(已选择的不能重复选择,并用颜色标识出来) 2)单击"确定"按钮后把已选择工序加载到工序列表中;生产采集时员工有此工序才能作业
2	删除	1)可以在工序列表中对多选工序进行删除 2)删除前需确定删除"提醒"对话框;单击"确定"按钮后方可删除成功

"选择工序"对话框如图2-42所示,确定删除"提醒"对话框如图2-43所示。

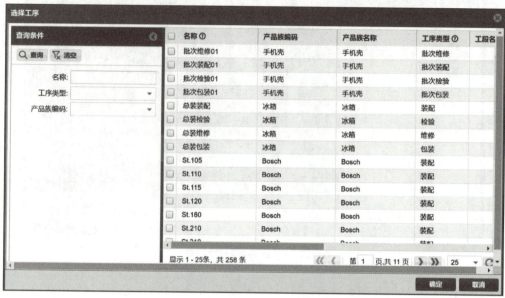

图2-42 "选择工序"对话框

图2-43 确定删除"提醒"对话框

员工维护中编辑功能界面的功能逻辑说明见表2-9。

表2-9 员工维护中编辑功能界面的功能逻辑说明

编号	操作步骤/按钮	操作说明
1	保存	保存时需要进行以下校验,通过后方可保存成功: 1)工号/姓名必填 2)工号/姓名限制字符串长度为40个 3)有输入电话需验证:电话格式为手机号码和座机号码 4)有输入邮箱需验证:邮箱格式正确 5)工号不能重复
2	选择图片	单击图片,弹出"打开"对话框,只能选择bmp、jpg、gif格式文件,双击图片或单击"打开"按钮,将图片加载到系统中

"打开"对话框如图2-44所示。

2. 班组维护

(1)功能点描述 班组维护功能主要实现了以下四个功能点:

图 2-44 "打开"对话框

1) 基础信息：记录班组的部门、定编人数等基础信息。
2) 员工信息：记录班组下所有员工信息。
3) 员工转班组：班组人员进行班组的转换。
4) 设置班组人员职位：设置班组中的职位，如组长、班长、班组长。

班组维护功能点描述图如图 2-45 所示。

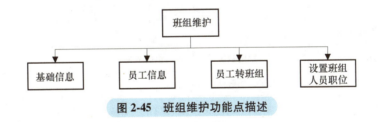

图 2-45 班组维护功能点描述

（2）功能界面设计　班组维护功能主界面如图 2-46 所示。
（3）参数说明　班组维护功能主界面中查询功能的参数说明见表 2-10。

表 2-10 班组维护功能主界面中查询功能的参数说明

编号	字段	类型	默认值	是否可编辑	参数说明	备注
1	编码	文本类型	无	是	—	—
2	名称	文本类型	无	是	—	—

班组维护功能主界面中添加功能的参数说明见表 2-11。

MES开发与应用

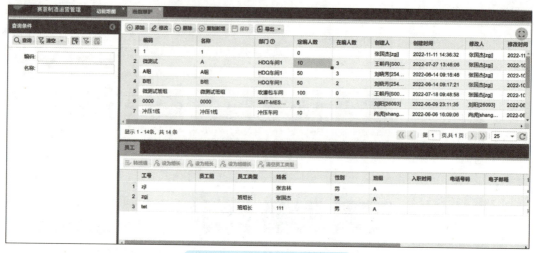

图 2-46 班组维护功能主界面

表 2-11 班组维护功能主界面中添加功能的参数说明

编号	字段	类型	默认值	是否必填	参数说明	备注
1	编码	输入框	无	是	输入框	—
2	名称	输入框	无	是	输入框	—
3	部门	下拉选择框	无	否	数据源为企业模型中的车间级别	—
4	定编人数	数值输入框	0	否	只能输入正整数	—

（4）功能逻辑说明 班组维护功能主界面的功能逻辑说明见表 2-12。

表 2-12 班组维护功能主界面的功能逻辑说明

编号	操作步骤/按钮	操作说明
1	添加	增加班组的数据行，填写班组的数据
2	修改	修改班组的数据
3	保存	1）添加数据后，必须保存成功后才能成功新增数据 2）保存时需要校验编码必填且唯一，名称必填且唯一；校验通过后方可保存成功

班组维护功能主界面员工列表的功能逻辑说明见表 2-13。

表 2-13 班组维护功能主界面员工列表的功能逻辑说明

编号	操作步骤/按钮	操作说明
1	转班组	1）可以多选员工 2）单击"转班组"按钮，弹出"选择班组"对话框 3）只能选择非原班组的班组信息 4）成功操作后，单击"确定"按钮，清除班组已转换的人员；被转人员出现在所转班组的员工列表中

(续)

编号	操作步骤/按钮	操作说明
2	设为组长	可以多选员工同时设为组长，已是组长不能重复设为组长
3	设为班长	可以多选员工同时设为班长，已是班长不能重复设为班长
4	设为班组长	可以多选员工同时设为班组长，已是班组长不能重复设为班组长
5	清空员工类型	可以清空多名员工的类型

"选择班组"对话框如图 2-47 所示。

图 2-47 "选择班组"对话框

2.4.3 班组成员管理模块数据库设计

1. 根据功能设计拆分出表对象

根据功能设计分析出班组管理模块表对象，包含员工班组管理、员工技能认证、班组排班管理、员工考勤管理和人员借调查询。班组管理模块表对象如图 2-48 所示。

班组成员管理模块数据库设计

2. 绘制 ER 关系图

表对象分析出来后，根据表对象设计表的结构，绘制出功能的 ER 关系图。

（1）员工班组管理　使用 ModelFirst 建模工具画出 ER 图，设计出员工班组管理实体表的结构和关系。

员工班组管理 ER 关系图如图 2-49 所示。

（2）员工技能认证　使用 ModelFirst 建模工具画出 ER 图，设计出员工技能认证实体表的结构和关系。

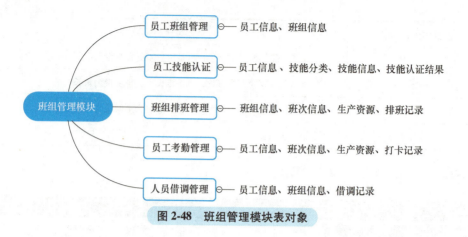

图 2-48　班组管理模块表对象

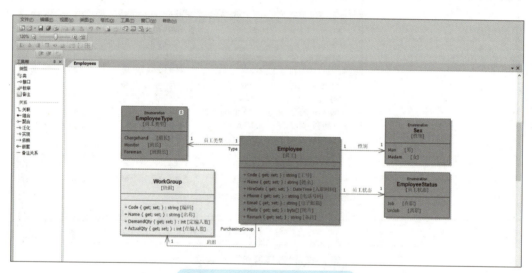

图 2-49　员工班组管理 ER 关系

员工技能认证 ER 关系图如图 2-50 所示。

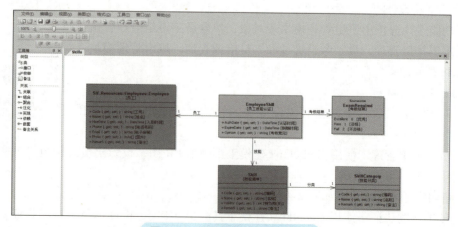

图 2-50　员工技能认证 ER 关系

(3) 班组排班管理 使用 ModelFirst 建模工具画出 ER 图，设计出班组排班管理实体表的结构和关系。

班组排班管理 ER 关系图如图 2-51 所示。

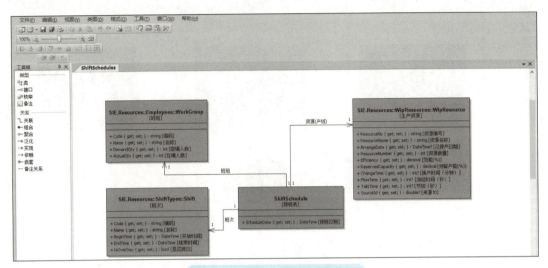

图 2-51 班组排班管理 ER 关系

(4) 员工考勤管理 使用 ModelFirst 建模工具画出 ER 图，设计出员工考勤管理实体表的结构和关系。

员工考勤管理 ER 关系图如图 2-52 所示。

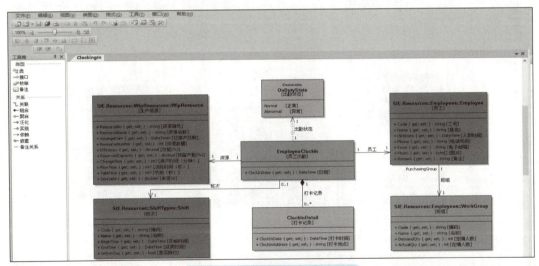

图 2-52 员工考勤管理 ER 关系

(5) 人员借调管理 使用 ModelFirst 建模工具画出 ER 图，设计出人员借调管理实体表的结构和关系。

人员借调管理 ER 关系图如图 2-53 所示。

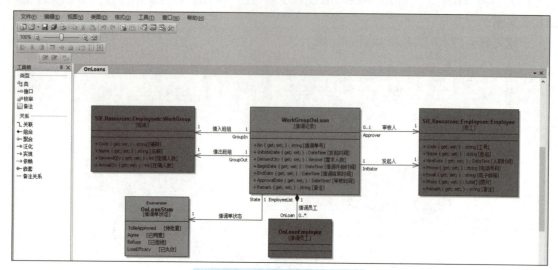

图 2-53 人员借调管理 ER 关系

3. 根据 ER 关系图生成实体类和实体表

使用代码模板，一键生成对象实体类。单击右键，在弹出的菜单中单击"生成代码"命令，如图 2-54 所示。

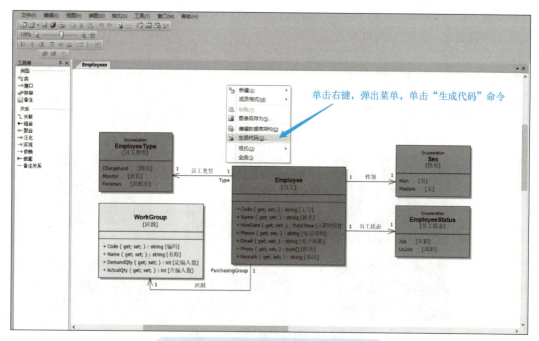

图 2-54 生成班组成员管理选择模板代码

选择模板后，单击"Generate"按钮，执行生成操作，如图 2-55 所示。
将生成的实体和 ViewConfig 文件拷贝到解决方案中，如图 2-56 所示。
使用系统的实体元数据字典，生成数据库对象实体表，如图 2-57 所示。

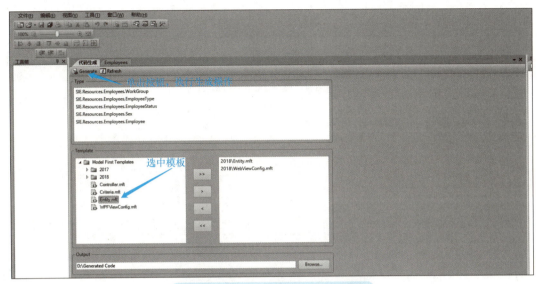

图 2-55 班组成员管理执行生成操作

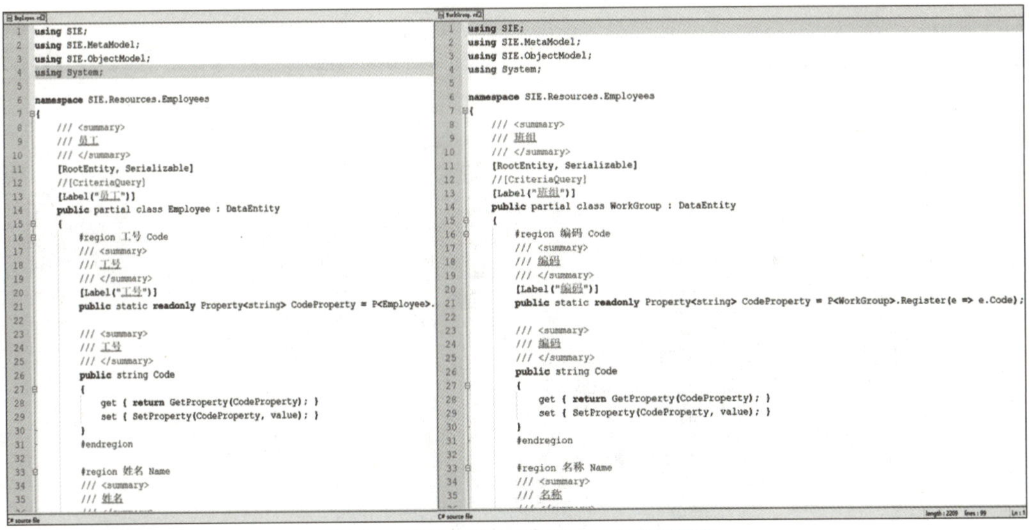

图 2-56 拷贝生成文件到解决方案中

生成完成后会在数据库中创建表，生成的表结构如图 2-58 所示。

2.4.4 班组成员管理模块开发

本节是对员工班组维护、员工技能认证、班组排班管理、员工出勤管理、班组借调管理的开发流程进行介绍。而每个班组成员管理模块的功能界面大体可分为查询视图、主列表视图、子列表视图及子列表视图功能按钮，模块开发也将从这几个方面进行介绍。

班组成员管理模块开发

1. 班组成员管理模块开发概述

班组成员管理模块与实体工程的关系如图 2-59 所示。

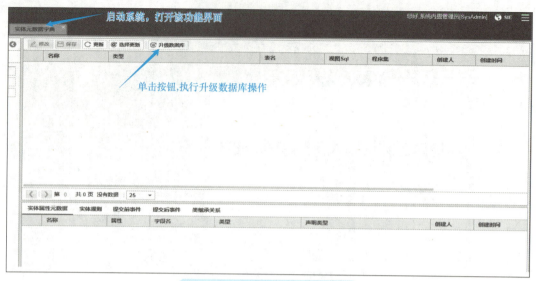

图 2-57 生成数据库对象实体表

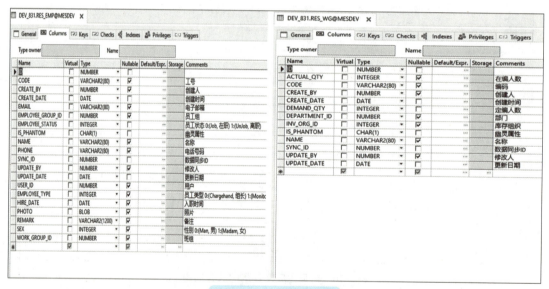

图 2-58 生成的表结构

班组维护功能包括三个部分：查询视图、主列表视图和子列表视图，每个视图下有对应的工具栏来放置对应的功能操作按钮。班组维护功能效果如图 2-60 所示。

1）查询视图及功能介绍如图 2-61 所示。

2）主列表视图及功能介绍如图 2-62 所示。

3）子列表视图及功能介绍如图 2-63 所示。

分析出功能开发的模块后，根据设计出来的功能原型图，绘制 ER 关系图，然后生成实体类和实体表，再根据拆分的功能视图，编写对应的功能代码。常规开发步骤如图 2-64 所示。

模块2 班组成员管理模块

班组成员管理模块功能	主实体名称	服务端工程名称	前端工程名称
员工班组维护	WorkGroup	SIE.Resources	SIE.Web.Resources
员工技能认证	SkillAuthentication	SIE.MES.TeamManagement	SIE.Web.MES.TeamManagement
班组排班管理	ShiftSchedule	SIE.MES.TeamManagement	SIE.Web.MES.TeamManagement
员工出勤管理	EmployeeClockIn	SIE.MES.TeamManagement	SIE.Web.MES.TeamManagement
班组借调管理	WorkGroupOnLoan	SIE.MES.TeamManagement	SIE.Web.MES.TeamManagement

图 2-59　班组成员管理模块与实体工程的关系

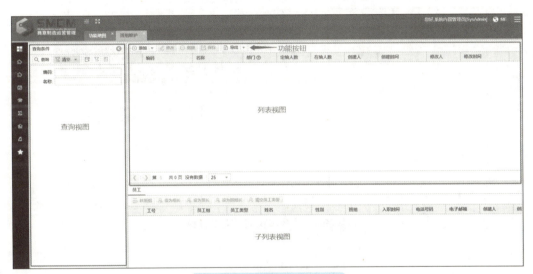

图 2-60　班组维护功能效果

功能	描述
查询	根据设置好的条件值，筛选出符合这些条件的主列表数据记录，查询后刷新主列表
清空	清空所有已设置的查询条件
条件	用来过滤主列表数据，使用模糊查询时，需在条件值前后加上 "%"

图 2-61　查询视图及功能介绍

 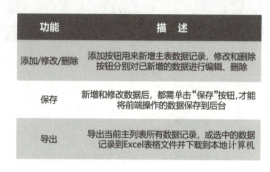

图 2-62 主列表视图及功能介绍

 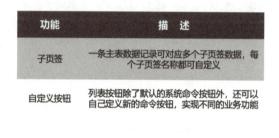

图 2-63 子列表视图及功能介绍

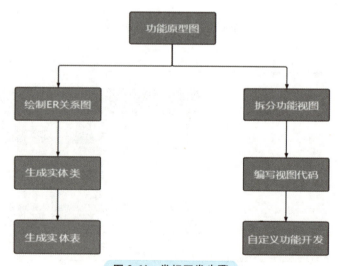

图 2-64 常规开发步骤

2. 班组成员管理的开发

根据 ER 关系图生成实体类和实体表后，班组成员管理的关键代码如下。

1）员工班组实体类的代码工程目录如图 2-65 所示。

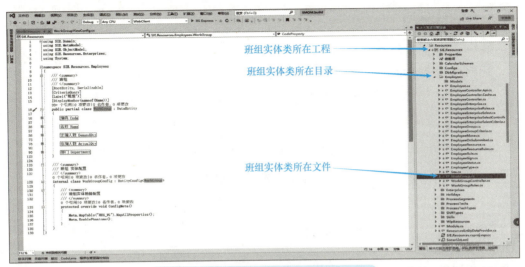

图 2-65　员工班组实体类的代码工程目录

2）员工班组维护界面的代码工程目录如图 2-66 所示。

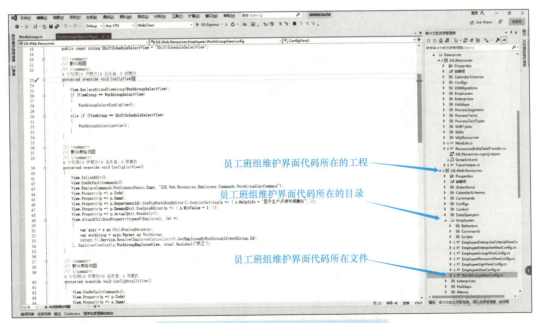

图 2-66　员工班组维护界面的代码工程目录

3）员工班组维护的界面代码展示（主列表视图）如图 2-67 所示。
4）员工班组维护的界面代码展示（子列表视图）如图 2-68 所示。
5）员工班组维护的界面代码展示（查询视图）如图 2-69 所示。

```
/// <summary>
/// 默认表格视图
/// </summary>
0 个引用 | 0 项更改 | 0 名作者, 0 项更改
protected override void ConfigListView()
{
    View.InlineEdit();//行内编辑模式；另外一种为表单编辑模式
    View.UseDefaultCommands();//使用默认的功能按钮，添加、修改、删除、复制、导出
    View.ReplaceCommands(WebCommandNames.Copy, "SIE.Web.Resources.Employees.Commands.WorkGroupCopyCommand");//自定义命令(替换默认的复制功能)
    View.Property(p => p.Code);//编码
    View.Property(p => p.Name);//名称
    View.Property(p => p.DepartmentId).UseWipWorkShopEditor().UseListSetting(e => { e.HelpInfo = "显示生产资源车间集合"; });//部门(下拉选择)
    View.Property(p => p.DemandQty).UseSpinEditor(p => { p.MinValue = 1; });//定编人数
    View.Property(p => p.ActualQty).Readonly();//在编人数
    View.AttachChildrenProperty(typeof(Employee), (e) =>
    {
        var args = e as ChildPagingDataArgs;
        var workGroup = args.Parent as WorkGroup;
        return RT.Service.Resolve<EmployeeController>().GetEmployeeByWorkGroupId(workGroup.Id);
    }, EmployeeViewConfig.WorkGroupEmployeeView, true).HasLabel("员工");//员工列表
}
```

图 2-67 员工班组维护的界面代码展示（主列表视图）

```
/// <summary>
/// 班组的员工视图
/// </summary>
1 个引用 | 李玲霞 | 1 名作者, 1 项更改
protected void WorkGroupEpyConfigView()
{
    View.InlineEdit();//行内编辑模式
    View.UseCommands(typeof(ChangeGroupCommand).FullName, typeof(ChargehandCommand).FullName,
        typeof(MonitorCommand).FullName, typeof(ForemanCommand).FullName, typeof(ClearTypeCommand).FullName);//自定义按钮功能
    using (View.OrderProperties())
    {
        View.Property(p => p.Code).Readonly().Show();//工号
        View.Property(p => p.EmployeeGroup).Readonly().Show();//员工组
        View.Property(p => p.EmployeeType).Readonly().Show();//员工类型
        View.Property(p => p.Name).Readonly().Show();//姓名
        View.Property(p => p.Sex).Readonly().Show();//性别
        View.Property(p => p.WorkGroup).Readonly().Show();//班组
        View.Property(p => p.HireDate).Readonly().UseDateEditor().Show();//入职时间
        View.Property(p => p.Phone).Readonly().Show();//电话号码
        View.Property(p => p.Email).Readonly().Show();//电子邮箱
    }
    View.ChildrenProperty(p => p.ResourceList).IsVisible = false;//隐藏子列表
    View.ChildrenProperty(p => p.EnterpriseList).IsVisible = false;//隐藏子列表
}
```

图 2-68 员工班组维护的界面代码展示（子列表视图）

```
/// <summary>
/// 表单视图
/// </summary>
0 个引用 | 0 项更改 | 0 名作者, 0 项更改
protected override void ConfigQueryView()
{
    View.Property(p => p.Code);
    View.Property(p => p.Name);
}
```

图 2-69 员工班组维护的界面代码展示（查询视图）

6) 员工班组维护的部门下拉列表的自定义数据源如图 2-70 所示。

7) 员工班组维护的自定义复制新增命令如图 2-71 所示。

```
View.AttachChildrenProperty(typeof(Employee), (e) =>
{
    var args = e as ChildPagingDataArgs;
    var workGroup = args.Parent as WorkGroup;
    return RT.Service.Resolve<EmployeeController>().GetEmployeeByWorkGroupId(workGroup.Id);
}, EmployeeViewConfig.WorkGroupEmployeeView, true).HasLabel("员工");//员工列表

/// <summary>
/// 根据班组ID查询员工信息
/// </summary>
/// <param name="workGroupId">班组ID</param>
/// <param name="info">分页参数</param>
/// <param name="key">搜索关键字</param>
/// <returns>EntityList</returns>
/// <exception cref="ArgumentNullException">参数空引用</exception>
// 引用
public virtual EntityList<Employee> GetEmployeeByWorkGroupId(double workGroupId, PagingInfo info = null, string key = "")
{
    if (workGroupId <= 0)
        throw new ArgumentNullException(nameof(workGroupId));
    var query = Query<Employee>().Where(p => p.WorkGroupId == workGroupId);
    if (!string.IsNullOrEmpty(key))
    {
        query = query.Where(p => p.Name.Contains(key) || p.Code.Contains(key));
    }
    return query.ToList(info, new EagerLoadOptions().LoadWithViewProperty());
}
```
（自定义部门下拉数据源控制器方法，按<F12>键可转到定义）

图 2-70　员工班组维护的部门下拉列表的自定义数据源

```
/*
 ** 班组维护复制新增命令
 * @class SIE.Web.Resources.Employees.Commands.WorkGroupCopyCommand
 */
SIE.defineCommand('SIE.Web.Resources.Employees.Commands.WorkGroupCopyCommand', {
    extend: 'SIE.cmd.Copy',
    meta: { text: "复制新增", group: "edit", iconCls: "icon-AddEntity icon-green" },
    canExecute: function (view) {
        if (view.getCurrent() != null && view.getSelection().length == 1) {
            return true;
        }
        else {
            return false;
        }
    },
    getEditEntity: function () {
        var workGroup = this.view.getCurrent();
        var copyEntity = this.view.copyEntity(workGroup);
        this._setCopyEntity(copyEntity.data);
        var editmode = this.view.editMode;
        if (editmode === SIE.viewMeta.editMode.INLINE) {
            this.view.getData().insert(0, copyEntity);
        }
        copyEntity.isCopy = true;
        return copyEntity;
    },
    _setCopyEntity: function (data) {
        var oldData = this.view.getCurrent().data;
        data.Name = oldData.Name + "-复制";
        data.Code = oldData.Code + "-复制";
        data.ActualQty = 0;
    }
});
```
（自定义命令名称；继承默认的复制命令；按钮名称和图标样式；判断该按钮是否可单击，true代表可单击，false代表不可单击；重写该方法，可修改复制后的数据实体的字段值；重写该方法，可设置复制后的各个列表栏位显示的字段值）

图 2-71　员工班组维护的自定义复制新增命令

3. 员工技能认证的开发

根据 ER 关系图生成实体类和实体表后，员工技能认证的关键代码如下。

1）员工技能清单界面代码文件所在工程目录如图 2-72 所示。
2）员工技能认证管理代码文件所在工程目录如图 2-73 所示。
3）员工技能清单主列表视图代码实现如图 2-74 所示。
4）员工技能认证管理主列表视图代码实现如图 2-75 所示。
5）员工技能认证管理表单代码实现如图 2-76 所示。
6）员工技能认证管理表单界面效果如图 2-77 所示。
7）导入功能下载 Excel 模板列设置，如图 2-78 所示。

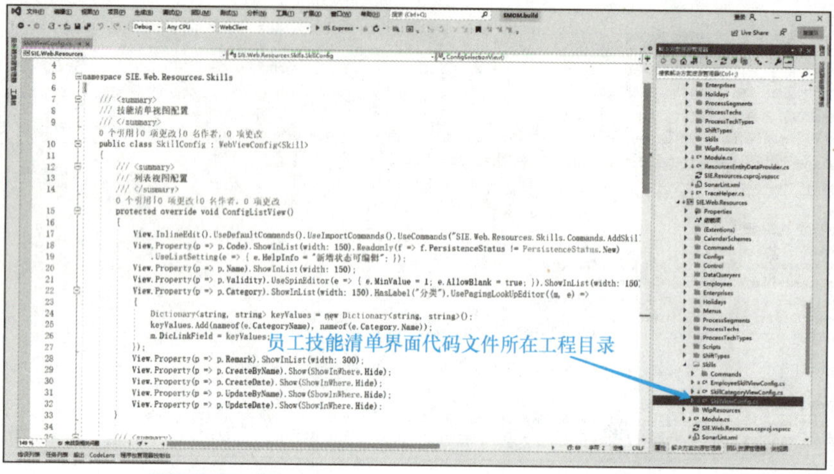

图 2-72　员工技能清单界面代码文件所在工程目录

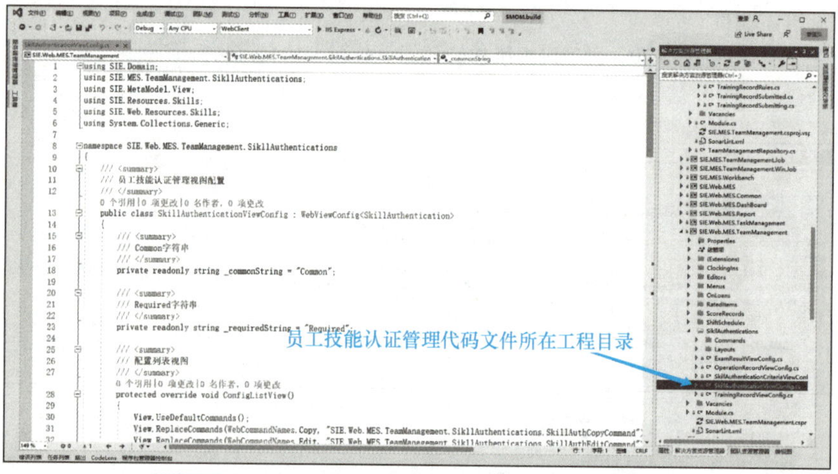

图 2-73　员工技能认证管理代码文件所在工程目录

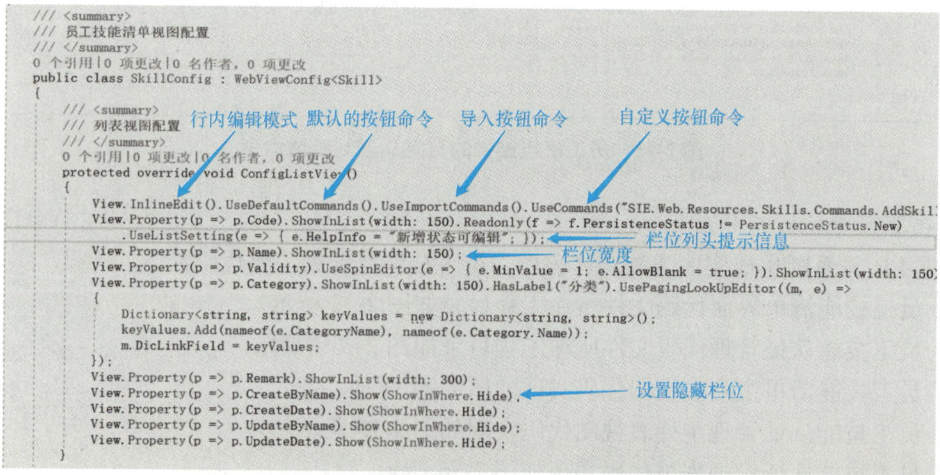

图 2-74　员工技能清单主列表视图代码实现

```
/// <summary>
/// 配置列表视图
/// </summary>
0 个引用 | 0 项更改 | 0 名作者, 0 项更改
protected override void ConfigListView()
{
    View.UseDefaultCommands();
    View.ReplaceCommands(WebCommandNames.Copy, "SIE.Web.MES.TeamManagement.SkillAuthentications.SkillAuthCopyCommand");
    View.ReplaceCommands(WebCommandNames.Edit, "SIE.Web.MES.TeamManagement.SkillAuthentications.SkillAuthEditCommand");
    View.FormEdit();
    View.Property(p => p.SkillCode).Readonly();
    View.Property(p => p.SkillName).Readonly();
    View.Property(p => p.SkillValidity).Readonly();
    View.Property(p => p.SkillCategoryName).Readonly();
    View.Property(p => p.SkillRemark).Readonly();
    View.Property(p => p.TrainingRequired).UseMultiFilterEnumEditor(p => { p.Filters = new string[] { _commonString, _require
    View.Property(p => p.ExamRequired).UseMultiFilterEnumEditor(p => { p.Filters = new string[] { _commonString, _requiredStr
    View.Property(p => p.OperationRequired).UseMultiFilterEnumEditor(p => { p.Filters = new string[] { _commonString, _requir
    View.ChildrenProperty(p => p.TrainList).HasLabel("培训记录");
    View.ChildrenProperty(p => p.ExamList).HasLabel("考试结果");
    View.ChildrenProperty(p => p.OperationList).HasLabel("实操记录");
    View.AttachChildrenProperty(typeof(EmployeeSkill), w =>
    {
        var args = w as ChildPagingDataArgs;
        var skillAuth = RT.Service.Resolve<SkillAuthController>().GetSkillAuthentication((args.Parent as SkillAuthentication)
        EntityList<EmployeeSkill> employeeSkillList = new EntityList<EmployeeSkill>();
        if (skillAuth != null)
        {
            var ctl = RT.Service.Resolve<SkillController>();
            employeeSkillList = ctl.GetEmployeeSkillListBySkill(skillAuth.SkillId, (List<OrderInfo>)args.SortInfo, args.Pagin
        }
        return employeeSkillList;
    }, EmployeeSkillViewConfig.SkillAuthView).Show(ChildShowInWhere.All).HasLabel("技能授予记录").OrderNo = 99;
}
```

注释:
- 重写复制按钮和修改按钮的命令
- 设置单据的编辑模式为表单编辑
- 设置栏位内容只读, 不可编辑
- 直接子列表
- 附加子列表
- 附加子列表的数据源取值方法

图 2-75 员工技能认证管理主列表视图代码实现

```
/// <summary>
/// 配置明细视图
/// </summary>
0 个引用 | 0 项更改 | 0 名作者, 0 项更改
protected override void ConfigDetailsView()
{
    View.UseDefaultCommands();
    View.HasDetailColumnsCount(4);
    View.Property(p => p.SkillCategory).UsePagingLookUpEditor().Cascade(p => p.Skill, null)
        .Readonly(p => p.PersistenceStatus != PersistenceStatus.New).ShowInDetail(columnSpan: 2)
        .UseListSetting(e => { e.HelpInfo = "新增状态可编辑, 更改技能分类清空技能清单"; });
    View.Property(p => p.Skill).UseDataSource((e, p, s) =>
    {
        var auth = e as SkillAuthentication;
        if (auth == null || auth.SkillCategory == null)
            return new EntityList<Skill>();
        return RT.Service.Resolve<SkillController>().GetSkills(auth.SkillCategoryId);
    }).UsePagingLookUpEditor((m, e) =>
    {
        Dictionary<string, string> keyValues = new Dictionary<string, string>();
        keyValues.Add(nameof(e.SkillName), nameof(Skill.Name));
        keyValues.Add(nameof(e.SkillValidity), nameof(Skill.Validity));
        keyValues.Add(nameof(e.SkillRemark), nameof(Skill.Remark));
        m.DicLinkField = keyValues;
        m.DisplayField = Skill.CodeProperty.Name;
    }).Readonly(p => p.PersistenceStatus != PersistenceStatus.New).ShowInDetail(columnSpan: 2).HasLabel("技能编码")
    .UseListSetting(e => { e.HelpInfo = "显示当前技能分类的技能清单, 新增状态可编辑"; });
    View.Property(p => p.SkillName).ShowInDetail(columnSpan: 2).Readonly().HasLabel("技能名称");
    View.Property(p => p.SkillRemark).ShowInDetail(columnSpan: 2).Readonly();
    View.Property(p => p.TrainingRequired).ShowInDetail(columnSpan: 2).UseMultiFilterEnumEditor(p => p.Filters = new string[]
    View.Property(p => p.ExamRequired).ShowInDetail(columnSpan: 2).UseMultiFilterEnumEditor(p => p.Filters = new string[] { 
    View.Property(p => p.OperationRequired).ShowInDetail(columnSpan: 2).UseMultiFilterEnumEditor(p => p.Filters = new string[
```

注释:
- 表单编辑, 需重写的视图方法
- 使用默认的(保存)按钮命令
- 将表单分为4列
- 员工技能清单使用自定义的数据源
- 员工技能清单选择后, 关联字段(名称/有效期(天)/备注)
- 该表单栏的宽度为2列

图 2-76 员工技能认证管理表单代码实现

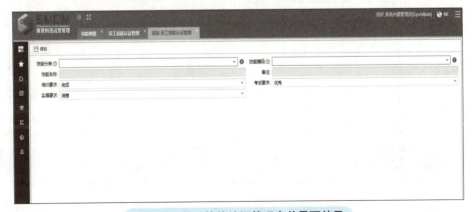

图 2-77 员工技能认证管理表单界面效果

8) 导入视图配置后生成的下载模板效果如图 2-79 所示。

```
/// <summary>
/// 配置导入视图
/// </summary>
0 个引用 | 0 项更改 | 0 名作者, 0 项更改
protected override void ConfigImportView()
{
    View.Property(p => p.Code);//技能编码
    View.Property(p => p.Name);//技能名称
    View.Property(p => p.Validity);//有效期
    View.PropertyRef(p => p.Category.Code).HasLabel("分类编码");//技能分类编码
    View.Property(p => p.Remark);//备注
}
```

图 2-78 导入功能下载 Excel 模板列设置

	A	B	C	D	E	F	G	H	I	J	K	L	M
1	编码	名称	有效期(天)	分类编码	备注								

图 2-79 导入视图配置后生成的下载模板效果

4. 班组排班管理的开发

根据 ER 关系图生成实体类和实体表后，班组排班管理的界面拆分和关键代码如下。

1）排班表界面效果与拆分如图 2-80 所示。

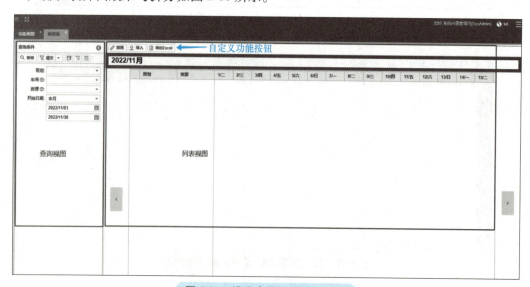

图 2-80 排班表界面效果与拆分

2）排班界面效果与拆分实现如图 2-81 所示。

图 2-81　排班界面效果与拆分实现

3）排班表实体类实现如图 2-82 所示。

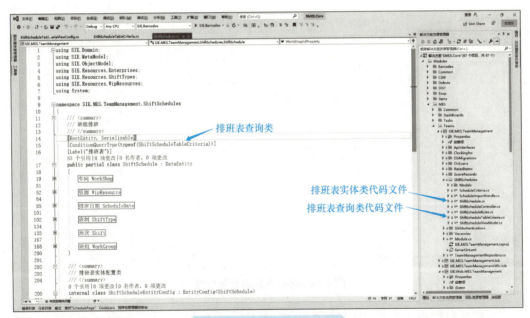

图 2-82　排班表实体类实现

4）排班表查询类实现如图 2-83 所示。
5）排班表查询视图配置如图 2-84 所示。
6）排班表查询命令实现如图 2-85 所示。

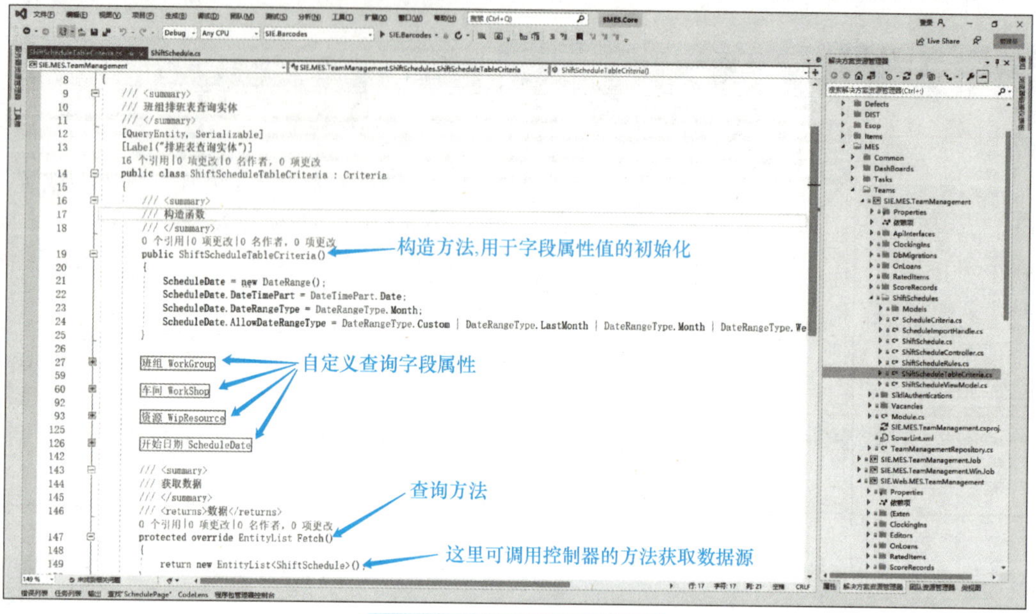

图 2-83 排班表查询类实现

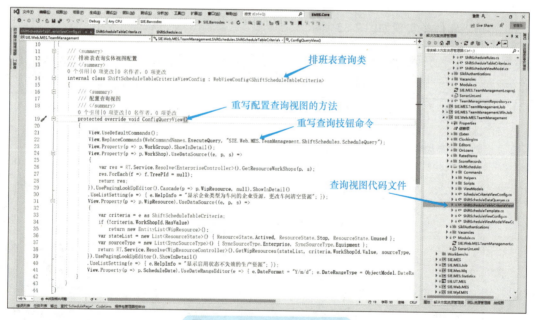

图 2-84 排班表查询视图配置

7）排班表后端查询方法实现如图 2-86 所示。

8）导入命令的实现。导入界面效果如图 2-87 所示，导入命令前端实现如图 2-88 所示，导入命令后端实现如图 2-89 所示。

导入数据处理类实现如图 2-90 所示。

生成的导入模板如图 2-91 所示。

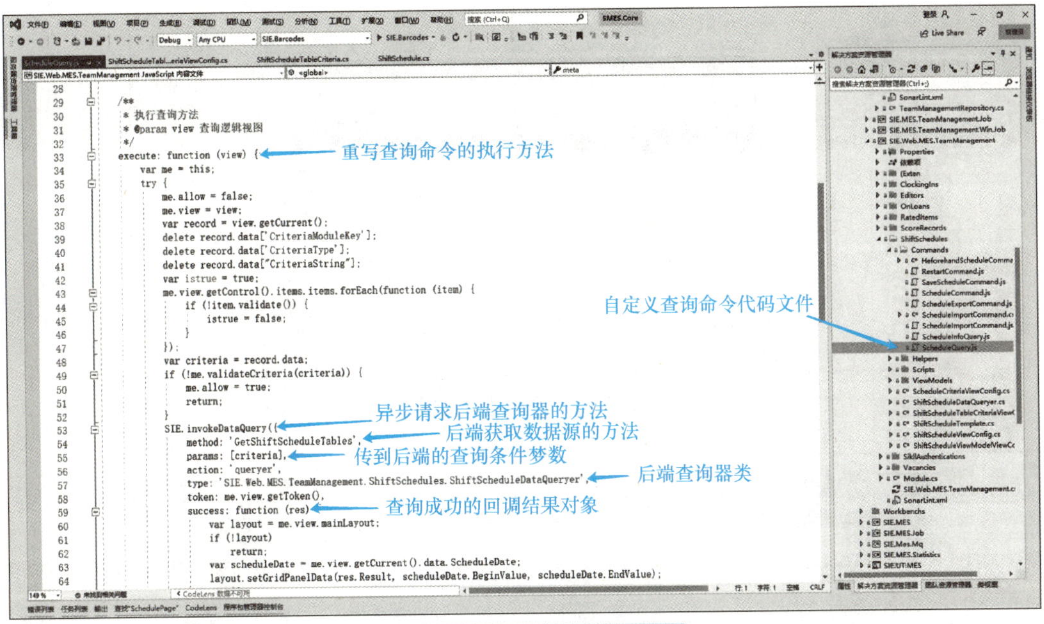

图 2-85　排班表查询命令实现

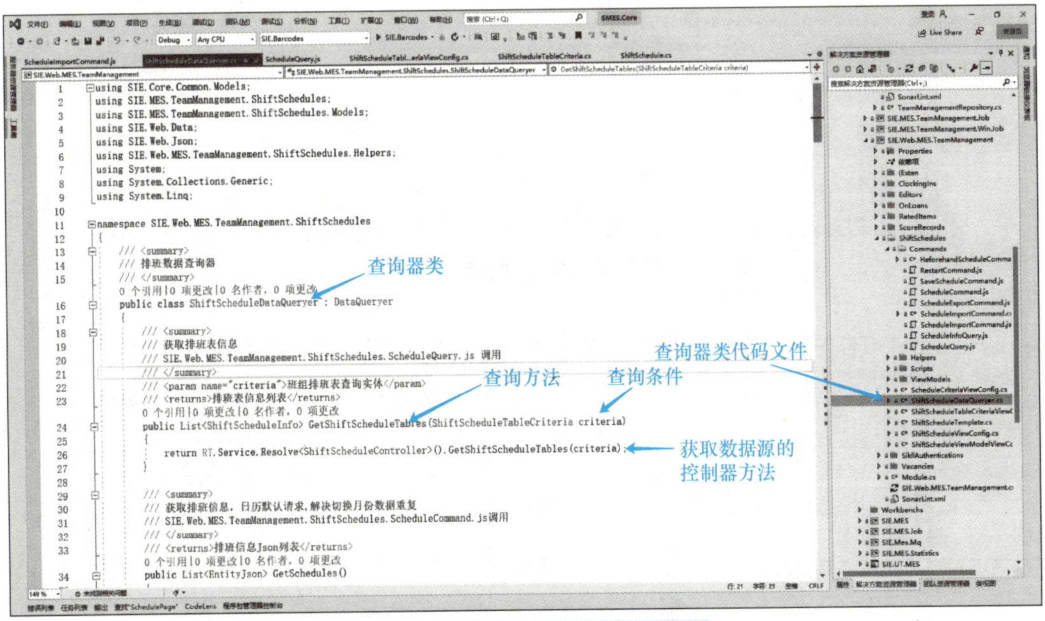

图 2-86　排班表后端查询方法实现

导入数据处理方法的实现如图 2-92 所示。

5. 员工考勤管理的开发

根据 ER 关系图生成实体类和实体表后，员工考勤管理的界面拆分和关键代码如下。

1）根据功能原型图，员工出勤拆分视图模块如图 2-93 所示。

2）根据功能原型图，班组缺编统计拆分视图模块如图 2-94 所示。

图 2-87　导入界面效果

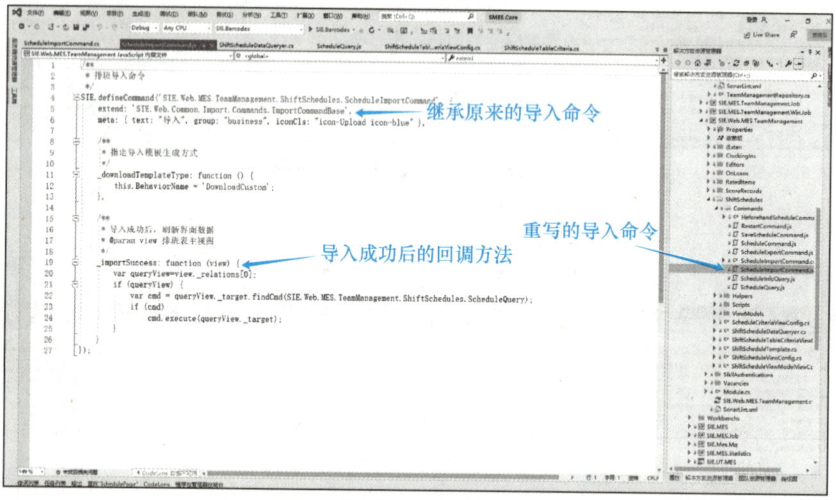

图 2-88　导入命令前端实现

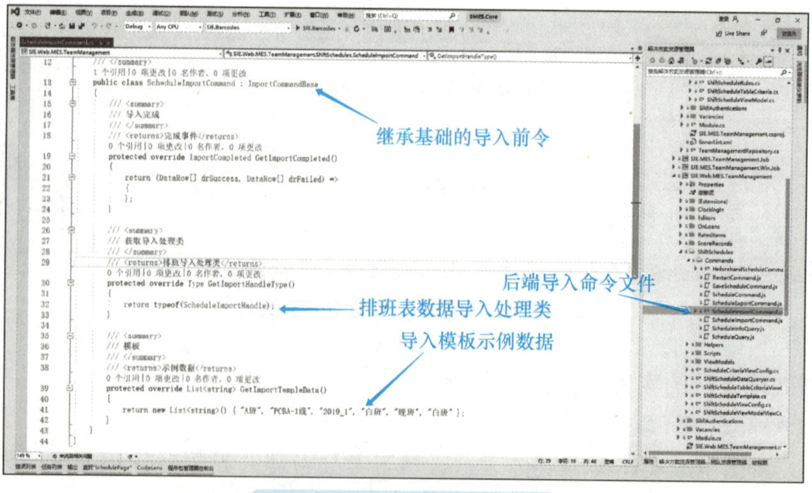

图 2-89　导入命令后端实现

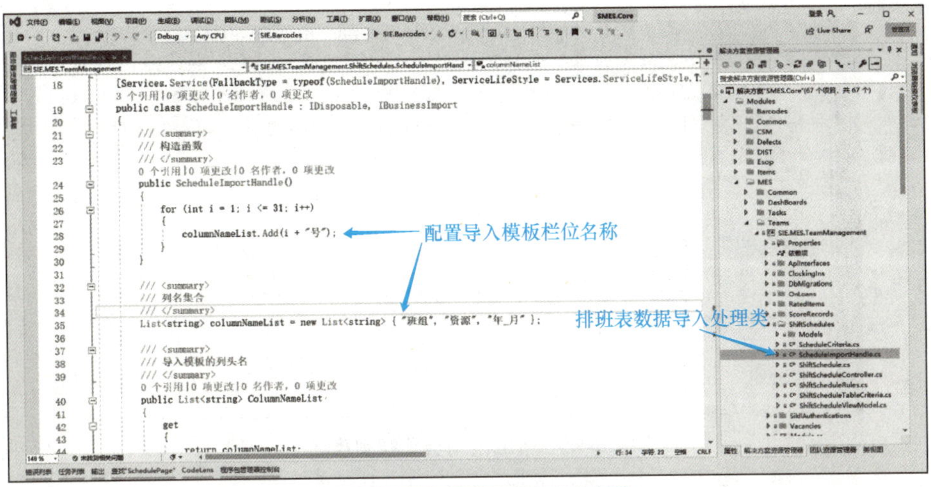

模块2　班组成员管理模块

图 2-90　导入数据处理类实现

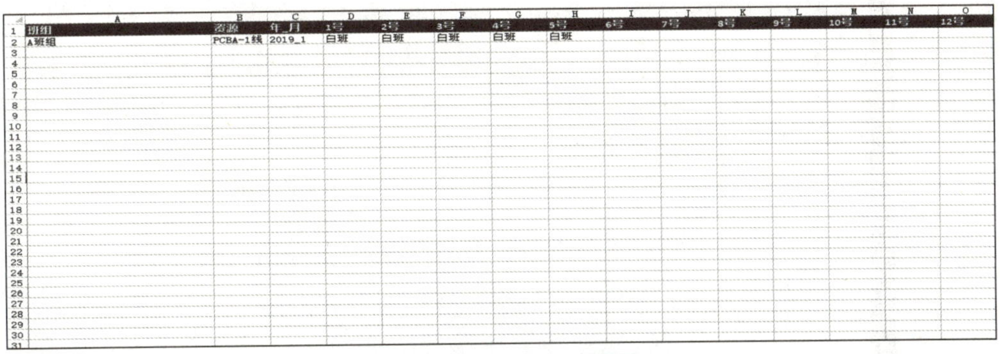

图 2-91　生成的导入模板

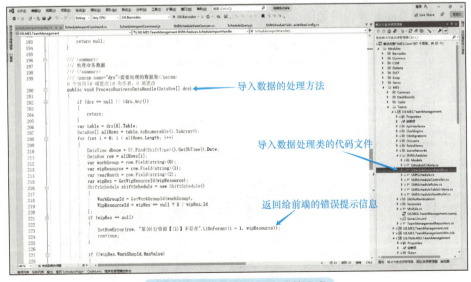

图 2-92　导入数据处理方法的实现

77

图 2-93 员工出勤拆分视图模块

图 2-94 班组缺编统计拆分视图模块

3）员工出勤界面配置代码如图 2-95 所示。

图 2-95 员工出勤界面配置代码

4) 班组缺编统计界面代码如图 2-96 所示。

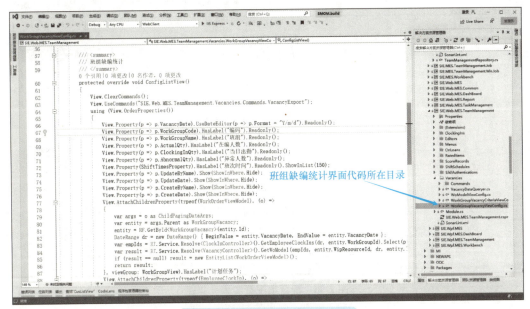

图 2-96 班组缺编统计界面代码

5) 员工出勤配置项功能的实现。配置项效果如图 2-97 所示。

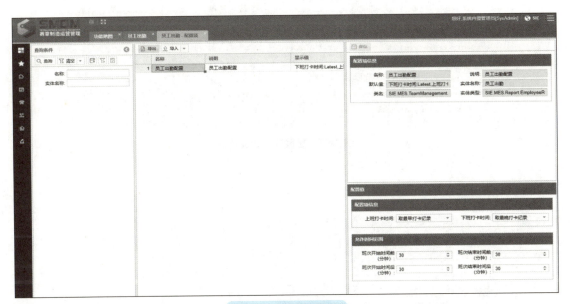

图 2-97 配置项效果

配置项配置实体类实现如图 2-98 所示。
配置项配置类实现如图 2-99 所示。
员工出勤实体中关联配置类实现如图 2-100 所示。
配置项界面实现如图 2-101 所示。

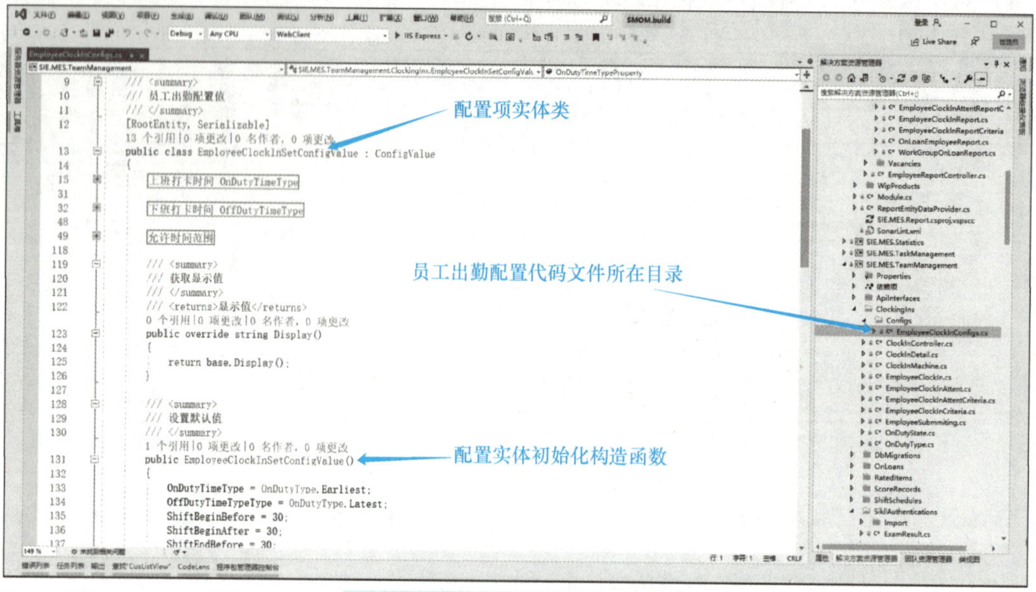

图 2-98 配置项配置实体类实现

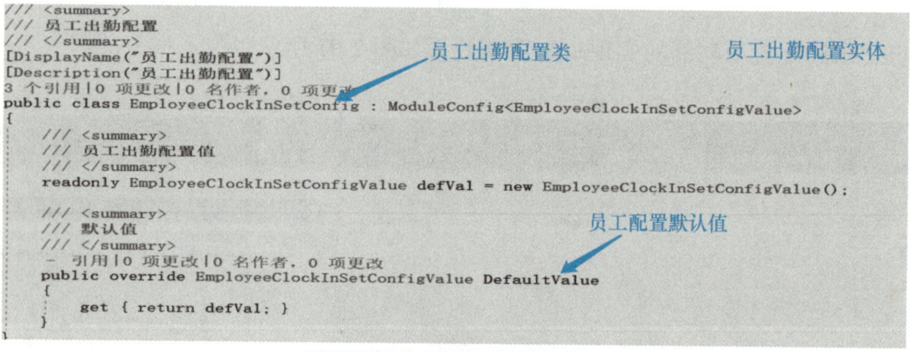

图 2-99 配置项配置类实现

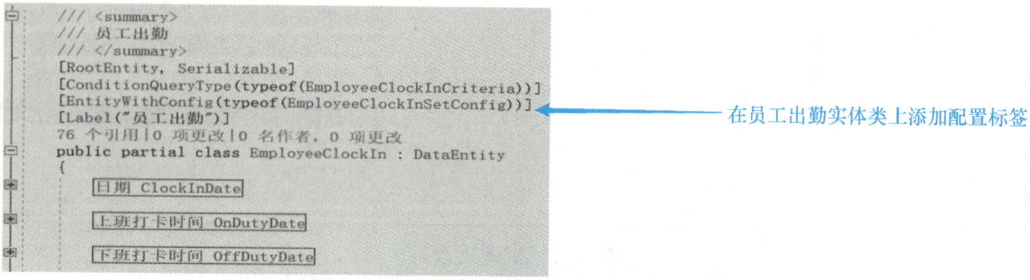

图 2-100 员工出勤实体中关联配置类实现

6. 人员借调管理的开发

根据 ER 关系图生成实体类和实体表后，员工考勤管理的界面拆分和关键代码如下。

1）根据功能原型图，借调明细表拆分视图模块如图 2-102 所示。

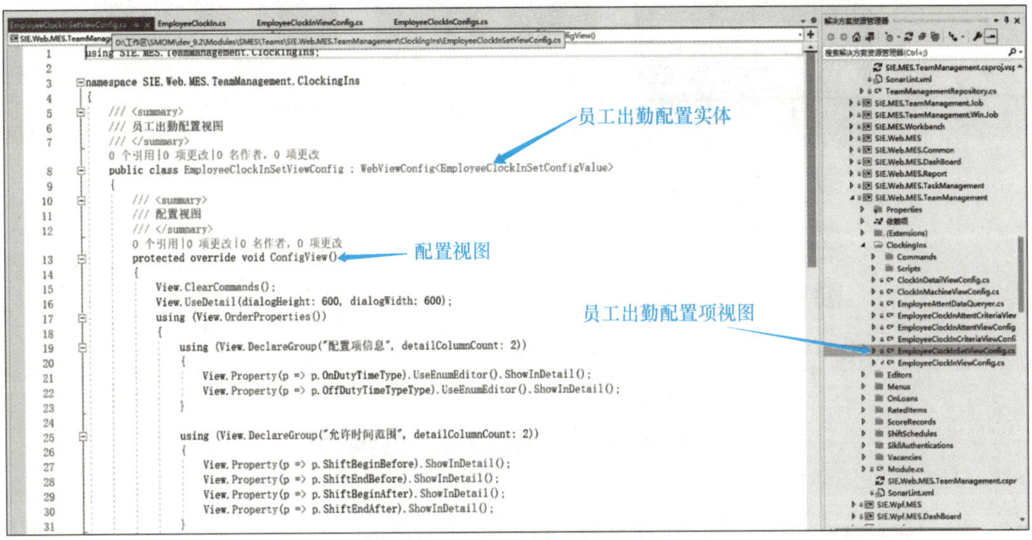

图 2-101 配置项界面实现

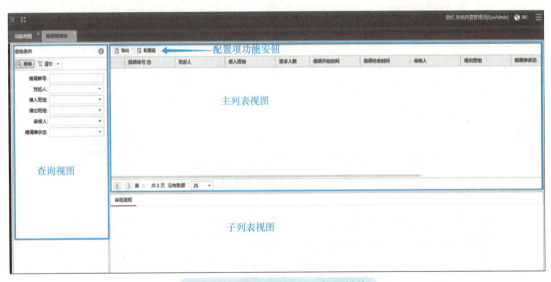

图 2-102 借调明细表拆分视图模块

2）根据功能原型图，人员借调拆分视图模块如图 2-103 所示。

3）班组借调实体类实现如图 2-104 所示。

4）班组借调界面类实现如图 2-105 所示。

5）生成借调单号的编码规则开发。框架编码规则配置界面如图 2-106 所示。

配置项中配置编码规则如图 2-107 所示。

后端生成规则实现如图 2-108 所示。

6）获取借调单号的 Api 接口实现如图 2-109 所示。

7）创建借调单 Api 接口实现如图 2-110 所示。

MES开发与应用

图 2-103　人员借调拆分视图模块

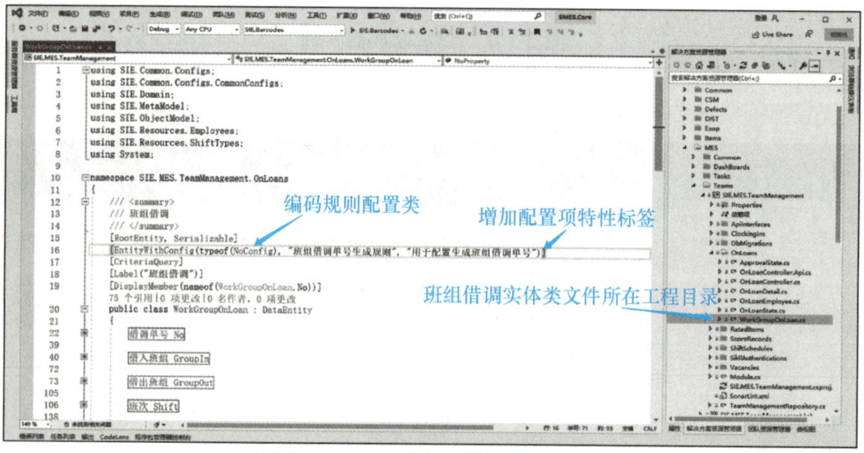

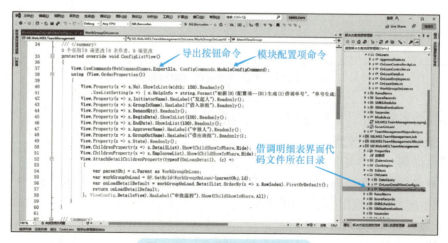

图 2-104　班组借调实体类实现

图 2-105　班组借调界面类实现

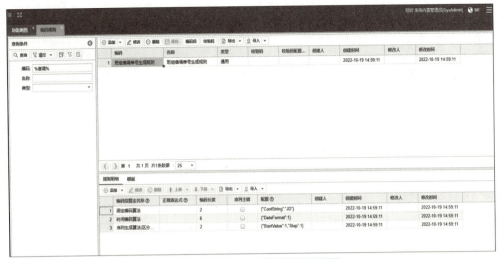

图 2-106　框架编码规则配置界面

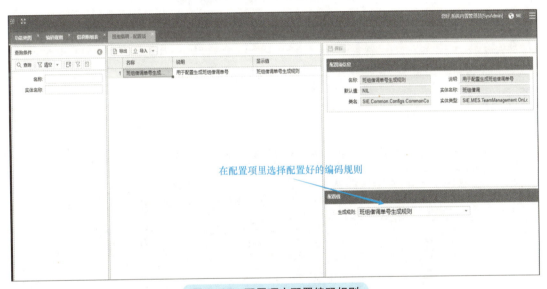

图 2-107　配置项中配置编码规则

```
/// <summary>
/// 获取借调单的单号
/// </summary>
/// <returns>借调单单号</returns>
1 个引用 | 0 项更改 | 0 名作者，0 项更改
public virtual string GetWorkGroupOnLoanNo()
{
    var config = ConfigService.GetConfig<NoConfigValue>(new NoConfig(), typeof(WorkGroupOnLoan));
    if (config == null || config.BacodeRule == null)
        throw new ValidationException("未找到借调单号生成规则,请检查规则配置".L10N());
    return RT.Service.Resolve<NumberRuleController>().GenerateSegment(config.BacodeRule, 1).FirstOrDefault();
}
```

图 2-108　后端生成规则实现

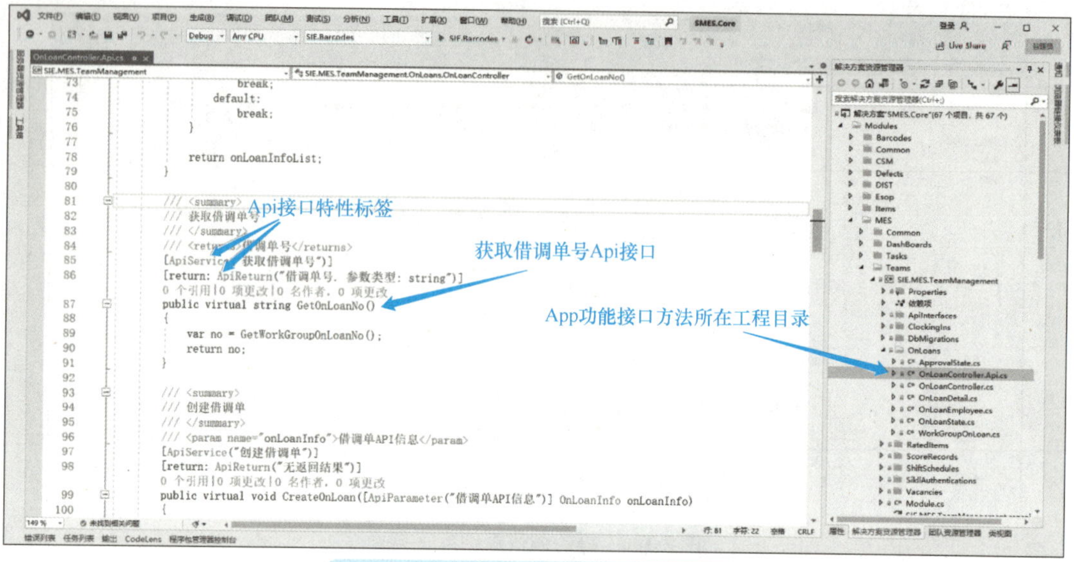

MES开发与应用

图 2-109　获取借调单号 Api 接口实现

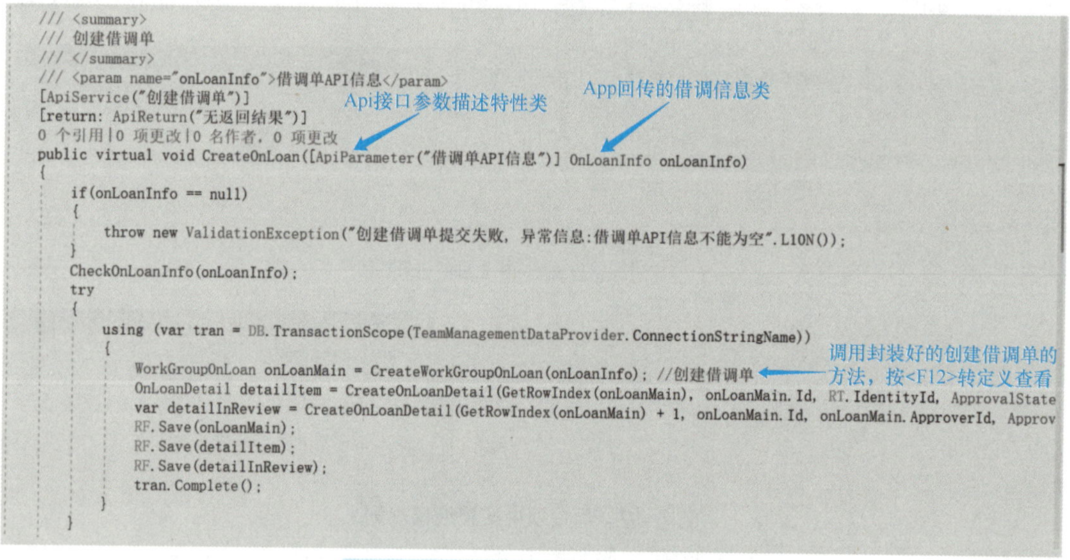

图 2-110　创建借调单 Api 接口实现

练习与思考

单项选择题

1. 需求分析的第一步是（　　）。
   A. 收集用户需求　　　　　　　B. 进行流程分析
   C. 进行功能页面设计　　　　　D. 定义功能
2. 输出业务流程图后，需要做什么（　　）。

A. 直接进行界面设计
B. 编写功能设计
C. 对业务流程图中的每一步进行详细的步骤说明
D. 定义功能
3. 对于需求分析的描述错误的是（　　）。
A. 收集客户详细的需求内容
B. 收集涉及的特殊业务场景
C. 只收集最终用户的需求
D. 根据用户需求输出业务流程图

模块3 车间配送管理模块

模块导读

MES主要的应用场所是生产现场，生产需要消耗物料，而物料需要仓库进行配送，因此衍生出了车间配送模块。此模块的最重要的功能是将车间的物料配送系统化管理，摆脱配送不规范的现状。

在本模块中将了解车间物料配送组织方式、现场物料叫料及配送管理、车间配送管理模块开发实践三部分的内容，旨在熟悉物料管理的基本概念，以及进行车间配送模块的开发实践。

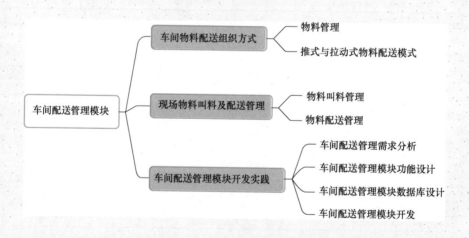

任务3.1 认识车间物料配送组织方式

任务目标

1. 了解物料管理的相关知识。
2. 了解推式与拉动式物料配送模式的相关知识。

任务描述

使学生对车间物料配送有基本的认识,以及对车间物料配送方式的具体实现方式有初步见解,为后续进行车间配送模块的开发实践提供坚实的业务知识基础。

任务分析

在本任务中,需要了解物料管理中物料、产品 BOM 的基本信息,方便进一步了解车间配送的两种方式——推式配送与拉动式配送,为后续的车间物料配送管理模块的开发实践提供足够的业务理解。

知识准备

3.1.1 物料管理

物料管理

物料是生产标准化的基础,对物料进行编码实现生产过程一料一号,为后续的物料追溯、物料配送等业务需求的实现提供数据支持。物料数据通常由上游 ERP 系统同步而来,车间配送的物料信息也来源于此。物料基本分类为原材料、半成品、成品。车间配送大部分情况下配送的都是原材料或者半成品。物料主数据界面如图 3-1 所示。

	物料编码	物料名称	规格型号	基本计量单位	基本分类	来源类型	启用扩展属性	状态	来源
15	MP22090009	后网罩		个	原材料		☐	可用	自建
16	MP22090010	扇叶		个	原材料		☐	可用	自建
17	MP22090003	连杆		支	原材料		☐	可用	自建
18	MP22090004	底座		个	原材料		☐	可用	自建
19	MP22090005	夹角螺母		个	原材料		☐	可用	自建
20	MP22090006	螺钉		个	原材料		☐	可用	自建
21	MP22090002	扇头		个	半成品		☐	可用	自建

图 3-1 物料主数据界面

了解完物料后,进一步了解产品 BOM。产品 BOM 是指产品的结构组成,是产品正确装配的必要前提,产品 BOM 一般为产品研发阶段定义的标准产品结构,实际生产视物料替代情况可能有所调整。车间配送的物料一般会配送到具体的消耗工位,而产品 BOM 体现工位上会消耗哪些物料及这些物料的主要来源。产品 BOM 界面如图 3-2 所示。

3.1.2 推式与拉动式物料配送模式

车间配送物料有两种配送模式,推式配送及拉动式配送。这两种方式可依据实际的生产场景进行选择。

1. 推式配送

车间物料推式配送功能适用于在 MES 中进行简单的物料追溯管理,不与仓库库存标签联动。此配送模式相对简单,对业务的要求不高,适用于产品生产过程较简单、所消耗物料种类少的生产模式,例如家电装配行业。推式配送的核心逻辑是:生产的上料工位开始生产时,物料需求就会产生,班组长或生产负责人可以通过配送管理创建配送需求,由仓库进行配送。配送方式是通过周转箱进行运载。

BOM编码	BOM名称	产品	产品名称	规格型号	单位	版本号	是否默认
19	JR-001	JR-001	JR-YCL-000001	304钢卷	304	kg	1.0	☑
20	001	001	J002	小米手机壳		个		☐
21	H1001010120...	H1001010120...	H1001010120...	V107-XT0072-...	2062*1539...	套		☑
22	砌块BOM	砌块BOM	0005MP2152	砌块		PCS		☑
23	wl0144	wl0144	wl0144	手机外壳		个		☑
24	CS002	CS002	0004MP2151	CS模组		PCS		☑
25	CS001	CS001	0001MP2151	CS电池		PCS		☑

物料名称	物料	规格型号	物料属性值	单位耗用量	单位名称	损耗率	来源类型
1 铝粉	0001MP2152			1	kg	0	外购
2 水泥	0002MP2152			1	kg	0	外购
3 石膏	0003MP2152			1	kg	0	外购
4 石灰	0004MP2152			0.8	kg	1	外购

图 3-2 产品 BOM 界面

对应的配送流程是：生产开始，工位消耗物料并产生需求；由班组长视生产消耗情况，提前创建配送需求；由仓库使用周转箱配送形成配送单；物料配送到现场的指定工位，由岗位负责人扫描周转箱条码进行上料操作。剩余物料或不合格物料可以通过下料进行处理。

配送流程逻辑图如图 3-3 所示。

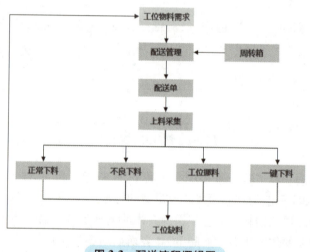

图 3-3 配送流程逻辑图

对应使用的系统功能为配送管理。配送管理界面如图 3-4 所示。

如图 3-4 所示，班组长手动创建的配送需求，可以知道配送什么物料、数量是多少、给哪个生产工单。仓库或线边仓收到配送需求后，使用周转箱进行物料装载，可以根据周转箱的运载量确定配送数量，以及选择配送的车间。

2. 拉动式配送

拉动式配送即拉动式车间物料配送，它主要适用于产品生产过程中物料种类多、生产消耗量较大且需要不断补充生产物料的行业，例如电子等行业。拉动式配送的核心原则是除非需要，否则就不配送物料。它的配送逻辑是：系统根据工位的物料水位，自动生成叫料单并发送给仓库，仓库进行分拣、发料并及时配送到产线或工位。

模块3　车间配送管理模块

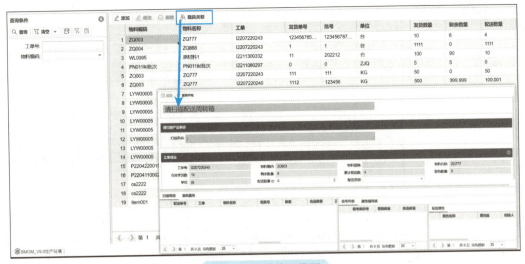

图 3-4　配送管理界面

对应的叫料配送流程是：生产开始，首工单进行手动叫料；系统监控工位物料水位，低于设置值时，自动发起叫料；生成叫料单；发送给仓库，仓库配送到车间工位，现场人员进行扫码接收。不合格或者剩余物料可扫码退料。

叫料配送流程逻辑图如图 3-5 所示。

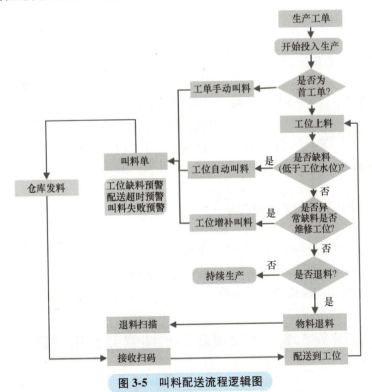

图 3-5　叫料配送流程逻辑图

对应使用的系统功能为叫料单管理。叫料单管理界面如图 3-6 所示。

左边为查询条件，用于选择需要查询具体产线的叫料单。右边上部为主体部分，显示的

89

MES开发与应用

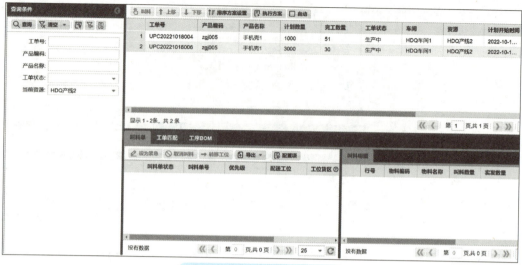

图 3-6 叫料单管理功能界面

是生产工单信息，可以清楚知道工单的状态、生产数量、生产地点等关键信息。右边下部可以查看对应生产工单所形成的叫料单，由它可以知道配送哪些物料到哪些工位。

 练习与思考

选择题

1. MES 的物料数据通常由上游（　　）系统同步而来。
   A. ERP   B. WMS   C. APS   D. QMS
2. 企业收到订单后，物料准备步骤中的第一步是（　　）。
   A. 根据产品组建 BOM 清单，计算其物料需求量
   B. 对于新物料，要执行物料号创建的流程，联系对应供货商
   C. 对于旧物料，要查看现有库存与需求
   D. 执行生产
3. 车间物料推式配送描述正确的是（　　）。
   A. 在 MES 中进行简单物料追溯管理，不与仓库库存标签联动
   B. 此配送模式相对复杂，对业务的要求高
   C. 适用于产品生产过程较复杂、所消耗物料种类多的生产模式
   D. 在 MES 中使用的功能是叫料管理

任务 3.2　认识现场物料叫料及配送管理

 任务目标

1. 了解叫料管理的相关功能。
2. 了解配送管理的相关功能。

任务描述

使学生对叫料管理功能、配送管理功能有基本的认识,学习两个功能的具体实现逻辑。

任务分析

在本任务中,需要了解叫料管理主要由哪些功能构成的,以及这些功能的作用是什么;了解配送管理主要由哪些功能构成,以及这些功能的作用是什么。

叫料管理主要有叫料单管理、工位叫料管理、物料接收、生产退料这四个功能。配送管理主要有周转箱定义、配送管理、配送单这三个功能。

知识准备

3.2.1 物料叫料管理

1. 叫料单管理

叫料单管理用于管理所有工单产生的叫料单,同时执行首工单的工单叫料,叫料的需求会发送到仓库,仓库进行发料。

物料叫料管理

叫料功能: ①手动单击叫料,即未生产处于发放状态工单可手动单击叫料;②工单叫料,是将产线所有工序物料进行高水位叫料,且要提前一个发料周期向仓库叫料。

发料周期: 根据经验数据统计得出的物料从仓库发出到车间接收整个过程中所需的时间,一般由工艺人员确定。

排序方案: 如果当前工单不是 APS 排产后的工单生产列队,可通过人工方式进行工单生产序列调整,调整后的顺序为工单切换时的自动叫料顺序。

转移工位: 当叫料单发起后且全部未接收的情况下,原需求工位转移到其他工位生产,可通过此功能进行叫料单工位转移。

工单匹配: 当前工单生产结束,需要切换到下一个工单生产前,系统自动统计当前工单与下一个工单工序 BOM 物料种类的并集,并用此并集数量计算在下一个工单工序 BOM 物料的占比,以辅助判断是否换料生产。

叫料单管理功能界面如图 3-6 所示。

叫料单管理的自动叫料是依靠调度预警来达到通知及跟进配送进度的,根据预警的配置可设置预警等级为高、中、轻,并在不同等级将消息推送给不同人员。系统提供了三种叫料预警,具体如下。

工位缺料预警: 当工位物料缺料时,使用工位剩余物料数量与工位最低水位的比值来触发工位缺料预警。

叫料单配送超时预警: 当叫料单发出,已经超出配送时间但仍未配送到位时,按超时等级配置来触发预警消息的发送。

工单自动叫料失败预警: 工单转产切换前,按照工单生产顺序及工单配送周期将自动触发工单的所有工序叫料,如果叫料失败,则会按预警配置等级推送消息给指定人员进行处理。

预警配置界面如图 3-7 所示。

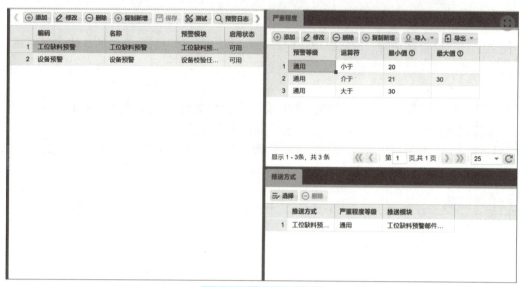

图 3-7 预警配置界面

2. 工位叫料管理

工位叫料管理主要发生在上料采集工位，当生产的待扣料数量低于工位最低水位时将触发叫料，系统自动产生叫料单，并推送到仓库进行物料配送，或者由现场生产人员根据经验判断，进行手动叫料，一般由班组长操作。

工位水位：通过工位配置工位存放某种物料的最高容量及最低水位值。

自动叫料：调度程序按一定的周期定时计算每个工位的在线物料数量（在线物料数量＝工位物料余量＋在途物料数量），当工位在线物料数量低于安全水位时，自动触发缺料叫料。

生产工位进行手动叫料的界面如图 3-8 所示。

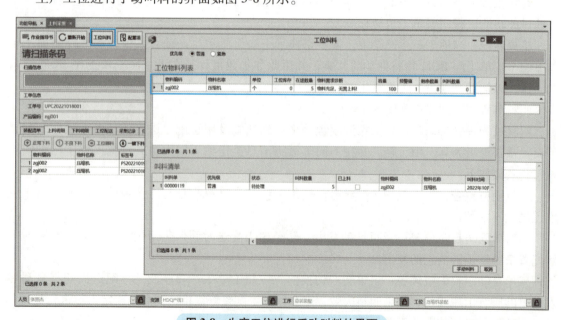

图 3-8 生产工位进行手动叫料的界面

增补叫料：当维修工位有出现物料报废，或工位需要试制导致物料报废时，需要触发增补叫料，增补叫料通过手动方式进行操作，如图3-9所示。

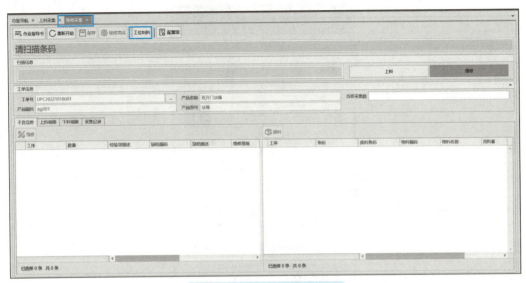

图 3-9　维修工位的增补叫料

物料校准：当物料因 BOM 不准确或异常导致账实不符，影响到工位叫料时，需进行物料校正。可通过物料校准调整物料批次的数量，调整数量不能大于原始数据，调整需要班组长权限。物料校准的功能界面如图3-10所示。

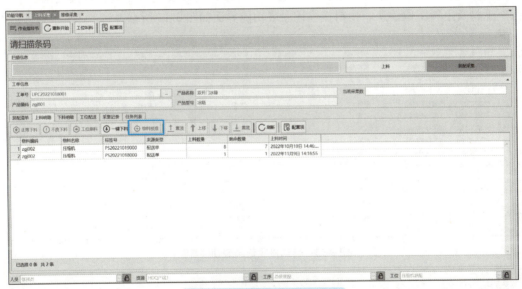

图 3-10　物料校准的功能界面

3. 物料接收

叫料单通过仓库备料发出后，物料员需要进行接收操作，接收后，根据物料条码才能进行上料操作。

物料接收：现场人员通过 PDA 扫描待接收的物料，支持连续扫描后一次提交，已经扫描的物料未提交前可删除。物料接收功能界面如图 3-11 所示。

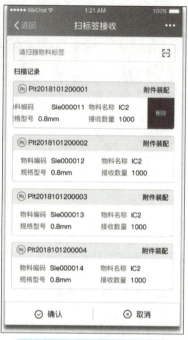

图 3-11 物料接收功能界面

物料接收记录表：已接收的物料可以通过物料接收记录表进行查询，查询结果可显示是否已经上料及上料工位信息。物料接收记录表功能界面如图 3-12 所示。

	标签号	物料编码	物料名称	规格型号	物料批次	接收数量	配送工位	是否已上料	上料工位
1	M2206270…	1120020082	栗坤-贴片肖特基二…		V20220627	10	H2	✓	A
2	M2206270…	1120020082	栗坤-贴片肖特基二…		V20220627	10	H2	☐	
3	IP2112210…	0002MP2152	水泥		V20211221	10	配料位	✓	配料位2
4	IP2112210…	0001MP2152	铝粉		V20211221	10	配料位	✓	配料位2
5	IP2112210…	0003MP2152	石膏		V20211221	10	配料位	✓	配料位2
6	IP2112210…	0004MP2152	石灰		V20211221	10	配料位	✓	配料位2
7	IP2112210…	0002MP2152	水泥		V20211221	10	配料位	☐	
8	IP2112210…	0002MP2152	水泥		V20211221	10	配料位	☐	
9	IP2112210…	0001MP2152	铝粉		V20211221	10	配料位	☐	
10	IP2112210…	0001MP2152	铝粉		V20211221	10	配料位	☐	
11	IP2112210…	0003MP2152	石膏		V20211221	10	配料位	☐	
12	IP2112210…	0003MP2152	石膏		V20211221	10	配料位	☐	
13	IP2112210…	0004MP2152	石灰		V20211221	10	配料位	☐	
14	IP2112210…	0004MP2152	石灰		V20211221	10	配料位	☐	

图 3-12 物料接收记录表功能界面

4. 生产退料

物料员在生产完成后物料需要退库时，需要进行退料操作。

生产退料：现场人员通过 PDA 扫描待退料的物料，支持连续扫描后一次提交，已经扫描的物料未提交前可删除。生产退料功能界面如图 3-13 所示。

物料退料记录表：已经退料的物料可以通过物料退料记录表进行操作记录的查询。物料退料记录表功能界面如图 3-14 所示。

图 3-13 生产退料功能界面

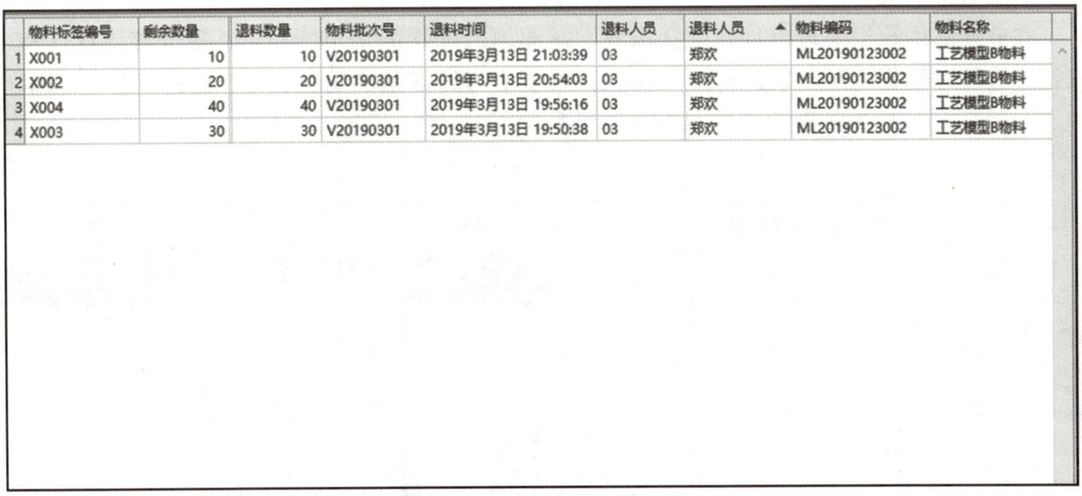

物料标签编号	剩余数量	退料数量	物料批次号	退料时间	退料人员	退料人员	物料编码	物料名称
1 X001	10	10	V20190301	2019年3月13日 21:03:39	03	郑欢	ML20190123002	工艺模型B物料
2 X002	20	20	V20190301	2019年3月13日 20:54:03	03	郑欢	ML20190123002	工艺模型B物料
3 X004	40	40	V20190301	2019年3月13日 19:56:16	03	郑欢	ML20190123002	工艺模型B物料
4 X003	30	30	V20190301	2019年3月13日 19:50:38	03	郑欢	ML20190123002	工艺模型B物料

图 3-14 物料退料记录表功能界面

3.2.2 物料配送管理

1. 周转箱定义

周转箱即运载物料的容器，每个容器会定义一个编码，通过系统进行统一管理。周转箱编码固定，可循环使用。

周转箱定义是指在 MES 中会定义周转箱的条码，即周转箱的编码，物料通过周转箱配送时，需要扫描此条码做绑定，周转箱状态变为"使用中"；物

物料配送管理

料配送到车间后,也是通过扫描此条码进行上料操作,上完料的周转箱状态会变为"闲置",可以被重新使用。

周转箱定义功能界面如图 3-15 所示。

	条码	类型	状态	默认容量
1	JR0006	配送周转箱	使用中	1
2	JR0007	配送周转箱	闲置	2
3	JR0008	配送周转箱	使用中	2
4	JR0009	配送周转箱	闲置	2
5	JR0010	配送周转箱	使用中	2
6	00001	配送周转箱	闲置	1

图 3-15 周转箱定义功能界面

2. 配送管理

配送管理:班组长可通过此功能界面创建工单对应物料的配送需求,仓库或者线边仓接收到需求后,通过关联载具的方式,按载具容量的大小进行物料的分批次配送。

在此功能中班组长可以创建配送需求,需要填写配送的工单、物料、数量等信息;仓库或线边仓可以根据配送需求进行载具关联,需要填写的信息是配送数量、配送资源(即生产地点)等信息。配送管理功能界面如图 3-16 所示。

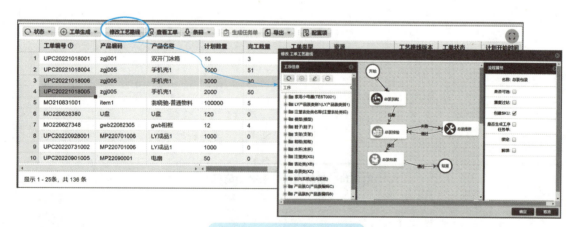

图 3-16 配送管理功能界面

3. 配送单

记录关联载具生成物料批次后,系统自动生成配送单,并且支持配送单标签的打印。

如配送单功能界面(图 3-17)所示,配送单记录仓库配送信息,如物料名称、数量、运送的载具号等;配送后上料的信息,如剩余数量、正常退料数量、不良退料数量等。

图 3-17　配送单功能界面

配送单的状态有两种，一种是"配送中"，表示该配送单还存在未配送数量；另一种是"已上料"，表示该配送单已配送完成。

 练习与思考

选择题

1. 以下对周转箱的描述正确的是（　　）。
   A. 周转箱编码固定，可循环使用
   B. 每个容器会定义多个编码，通过系统进行统一管理
   C. 周转箱编码固定，不可循环使用
   D. 周转箱编码不固定，可随意修改
2. 下面关于配送单的描述错误的是（　　）。
   A. 配送单记录仓库配送信息
   B. 配送单记录剩余数量、正常退料数量、不良退料数量
   C. 一个配送需求只有一个对应的配送单
   D. 一个配送需求可以对应多个配送单
3. 对于叫料管理的描述错误的是（　　）。
   A. 可以自动叫料
   B. 可以手动叫料
   C. 物料可以转移到其他工位
   D. 不可以设置叫料顺序

任务3.3　认识车间配送管理模块开发实践

 任务目标

1. 了解车间配送管理模块的需求分析步骤。
2. 了解车间配送管理模块的功能设计步骤。

3. 了解车间配送管理模块的数据库设计。
4. 了解车间配送管理模块开发。

任务描述

对车间配送管理模块中需求分析、功能设计、数据库设计、模块开发四部分的内容有基本的认识与实践。

任务分析

在本任务中,需要了解车间配送管理模块中需求分析的步骤,以及每一步需要输出的内容;了解车间配送管理模块中功能设计的步骤,以及每一步需要输出的内容;选取车间配送管理中特定的功能进行数据库设计和开发讲解。

知识准备

3.3.1 车间配送管理需求分析

车间配送管理需求分析可以分为以下四个步骤。

车间配送管理需求分析

1)业务场景描述:收集用户需求,形成具体场景并进行描述。

2)业务流程说明:把业务场景划分成一个个业务流程节点,并进行说明。

3)关键业务说明:对于特殊的业务,要单独进行描述,并进行具体逻辑说明。

4)定义功能:将全部业务场景划分为具体的功能点,并说明功能的作用。

本节选取车间配送管理模块为例,详细说明需求分析时每一步输出的内容。

1. 业务场景描述

车间配送管理模块的业务场景描述可以总结为如下内容:

生产部门按生产计划要求,向仓库或线边仓发起配送需求,仓库或线边仓收到需求后,使用周转箱进行批次配送,配送过程是使用条码进行物料的移动与上料。

车间配送管理模块的目标与价值可以总结为如下内容:

1)通过配送管理,创建配送需求,自动推送到仓库或线边仓进行拣配发货,提高了配送的效率,减少了配送传达的时间。

2)定义周转箱,将现场运转的载具进行条码化管理,载具的使用情况一目了然,提高了载具的使用率。

3)每次配送都自动生成配送单,记录了送货的详细信息,方便后续数据分析,降低了人工收集分析的工作量。

2. 业务流程说明

将所了解的业务场景进行流程梳理,得出车间配送管理模块业务的流程,如图3-18所示。

针对业务流程,对每一步进行详细的说明。车间配送管理业务流程见表3-1。

模块3 车间配送管理模块

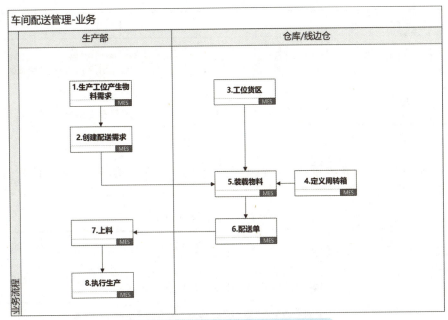

图 3-18 车间配送管理模块业务的流程

表 3-1 车间配送管理业务流程

编号	节点	步骤说明	输入文档	输出文档	负责部门/岗位
1	生产工位产生物料需求	现场生产工位持续消耗工位物料，因此会产生物料需求			生产部门
2	创建配送需求	车间班组长进行物料需求的创建，并同步到仓库或线边仓		配送需求	生产部门
3	工位货区	进行线边仓的工位货区管理，为不同的生产工位匹配对应的存放物料位置		工位货区	仓库/线边仓
4	定义周转箱	将配送物料的载具按条码进行管理，通过载具的使用情况得到清晰的记录		周转箱	仓库/线边仓
5	装载物料	仓库或线边仓接收到配送需求后，立即装载物料进行配送		配送单	仓库/线边仓
6	配送单	记录仓库/线边仓每次配送的物料信息	配送需求	配送单	仓库/线边仓
7	上料	配送物料送到对应生产工位，由对应工位操作人员扫描载具条码进行物料上料操作		工位库存	生产部门
8	执行生产	生产人员执行生产并消耗所接收物料			生产部门

3. 关键业务说明

车间配送管理业务流程中会有两个关键业务，分别是上料和配送单。车间配送管理关键业务说明见表 3-2。

MES开发与应用

表 3-2　车间配送管理关键业务说明

编号	业务情形	描述/方案
1	上料	1) 物料上料是使用生产采集的上料采集功能进行接收 2) 物料上料时，所对应的生产工位必须已经维护了对应的工位货区
2	配送单	1) 配送需求可以进行多次配送，每次配送都会生成一个配送单 2) 配送单上记载了配送的物料信息、载具信息及上料信息等

4. 定义功能

根据上述的业务流程和关键业务，需要定义出具体实现的功能，以车间配送管理为例，定义的功能见表3-3。

表 3-3　车间配送管理定义的功能

编号	功能名称	功能说明	终端	备注
1	周转箱	对已有的载具进行有效的物理管理，统计哪些可以使用、哪些正在使用，以预防配送跟不上生产的节奏	PC	B/S
2	工位货区	进行线边仓的工位货区管理，为不同的生产工位匹配对应的存放物料的物理位置	PC	B/S
3	配送管理	创建物料的配送需求，帮助生产发起需求	PC	B/S
4	关联载具	仓库或线边仓对配送的物料需求，通过关联配送载具进行分批发货处理	PC	B/S
5	配送单	记载了配送的物料信息、载具信息及上料信息等，为后续配送数据分析提供数据来源	PC	B/S

3.3.2　车间配送管理模块功能设计

本节主要提取了车间配送管理中的物料配送管理模块的内容进行功能设计的详细说明。

车间配送管理模块功能设计

功能设计主要分为两大步骤，第一步是输出物料配送管理整体的功能介绍图，如图 3-19 所示；第二步是针对具体功能进行功能点描述、功能界面设计、参数说明、功能逻辑说明。本节主要介绍的功能是配送管理和载具关联。

1. 配送管理

（1）功能点描述　配送管理功能主要实现了以下两个功能点：

1) 创建需求：创建车间配送的需求，同步给仓库或线边仓进行配送。

2) 配送信息：详细记录配送需求的物料信息、配送数量、剩余数量、不良数量等关键数据。

配送管理的功能点描述如图 3-20 所示。

（2）功能界面设计　配送管理的主界面如图 3-21 所示。

配送管理编辑界面如图 3-22 所示。

（3）参数说明　配送管理的主界面中查询功能的参数说明，见表3-4。

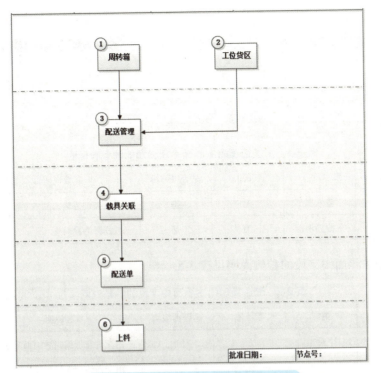

图 3-19 物料配送管理整体的功能介绍

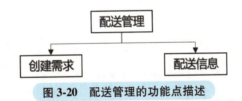

图 3-20 配送管理的功能点描述

	物料编码	物料名称	工单	发货单号	批号	单位	发货数量	剩余数量	配送数量
1	ZQ003	ZQ777	I2207220243	123456765…	123456787…	台	10	6	4
2	ZQ004	ZQ888	I2207220243	1	1	台	1111	0	1111
3	WL0095	原材料1	I2211300332	11	202212	台	100	90	10
4	PN011lkl批次	PN011lkl批次	I2211080297	0	0	—	5	5	0
5	ZQ003	ZQ777	I2207220243	111	111	kg	50	0	50
6	ZQ003	ZQ777	I2207220240	1112	123456	kg	500	399.999	100.001
7	LYW0005	铸件A	I2205180200	001	002	个	500	0	500
8	LYW00005	铸件A	I2205160196	002	001	个	100	0	100
9	LYW00005	铸件A	I2205120185	001	002	个	500	400	100
10	LYW00005	铸件A	I2205120184	002	001	个	200	100	100
11	LYW00005	铸件A	I2205120182	001	002	个	500	200	300
12	LYW00005	铸件A	I2205120180	002	001	个	500	200	300
13	LYW00005	铸件A	I2205120177	001	0001	个	500	400	100
14	LYW00005	铸件A	I2205110164	1002	1002	个	100	0	100
15	P2204220015	DDD01	I2204220055	1212	1234567	桶	10	10	0
16	P2204110002	Arl102	I2204140050	1233124	123	卷	2	2	0
17	cs2222	丁腈手套半成品	H2203300029-N22…	12121	111	桶	1.007	1.007	0
18	cs2222	丁腈手套半成品	I2203150013	11	333	桶	122	122	0
19	item001	物料1	I2201110005	11	1	桶	100	100	0

图 3-21 配送管理的主界面

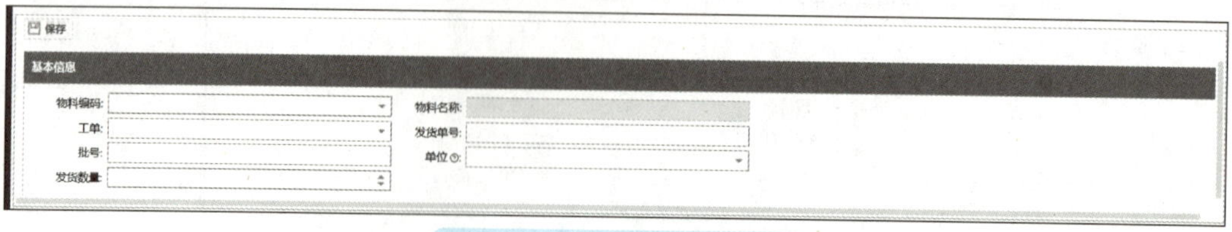

图 3-22 配送管理编辑界面

表 3-4 配送管理的主界面中查询功能的参数说明

编号	字段	类型	默认值	是否可编辑	参数说明	备注
1	工单号	输入框	无	是	模糊查询需输入"%"	—
2	物料编码	下拉查询框	无	是	数据源为物料	—

配送管理的主界面中字段的参数说明见表 3-5。

表 3-5 配送管理的主界面中字段的参数说明

编号	字段	类型	默认值	是否可编辑	参数说明	备注
1	物料编码	字符串	无	否	由配送管理编辑界面而来	—
2	物料名称	字符串	无	否	由配送管理编辑界面而来	—
3	工单	字符串	无	否	由配送管理编辑界面而来	—
4	发货单号	字符串	无	否	由配送管理编辑界面而来	—
5	批号	字符串	无	否	由配送管理编辑界面而来	—
6	单位	字符串	无	否	由配送管理编辑界面而来	—
7	发货数量	数值	无	否	由配送管理编辑界面而来	—
8	剩余数量	数值	无	否	剩余数量＝发货数量－配送数量	—
9	配送数量	数值	无	否	叠加每次配送的数量	—

配送管理的编辑界面中字段的参数说明见表 3-6。

表 3-6 配送管理的编辑界面中字段的参数说明

编号	字段	类型	默认值	是否必填	参数说明	备注
1	物料编码	下拉查询框	无	是	1）只能选择未禁用的物料 2）只能选择工单 BOM 的原材料/半成品/成品	—
2	物料名称	通过编码导出名称	无	是	通过物料编码导出物料名称	—
3	工单	下拉查询框	无	是	任何状态下的工单都可以被选择	—
4	发货单号	手动输入	无	是	任意	—

(续)

编号	字段	类型	默认值	是否必填	参数说明	备注
5	批号	手动输入	无	是	任意	—
6	单位	下拉查询框	无	是	单选,数据源为单位	—
7	发货数量	数值输入框	无	是	只输入大于0的正数	—

(4) 功能逻辑说明　配送管理的主界面的功能逻辑说明见表3-7。

表3-7　配送管理的主界面的功能逻辑说明

编号	操作步骤/按钮	功能逻辑说明
1	添加	打开添加界面
2	修改/删除	已做载具关联不能操作,按钮置灰
3	载具关联	进入"载具关联"功能

配送管理的编辑界面的功能逻辑说明见表3-8。

表3-8　配送管理的编辑界面的功能逻辑说明

操作步骤/按钮	功能逻辑说明
保存	1) 保存时,需要校验以下逻辑,通过后才能保存 2) 物料编码、物料名称、工单、发货单号、批号、单位、发货数量必填 3) 保存成功后,提示"保存成功",随即消失

2. 载具关联

(1) 功能点描述　载具关联功能主要实现了以下两个功能点:

1) 关联周转箱:选择空闲的周转箱进行扫码绑定,即装载物料。

2) 填写配送信息:根据周转箱的容量填写配送的具体数量与配送位置。

载具关联的功能点描述如图3-23所示。

图3-23　载具关联的功能点描述

(2) 功能界面设计　载具关联的主界面如图3-24所示。

(3) 参数说明　载具关联的主界面中工单信息的参数说明见表3-9。

表3-9　载具关联的主界面中工单信息的参数说明

编号	字段	类型	默认值	是否必填	参数说明	备注
1	工单号	文本框	无	是	配送管理选择行导出	—
2	物料编码	文本框	无	是	配送管理选择行导出	—
3	物料规格	文本框	无	男	配送管理选择行导出	—
4	物料名称	文本框	无	是	配送管理选择行导出	—
5	仓库发货数	文本框	无	是	配送管理选择行导出	—

(续)

编号	字段	类型	默认值	是否必填	参数说明	备注
6	剩余数量	文本框	无	是	配送管理选择行导出	—
7	累计配送数	文本框	0	是	叠加配送数量显示	—
8	缺陷数量	文本框	0	是	—	—
9	单位	文本框	无	是	配送管理选择行导出	—
10	配送数量	数值框	0	是	1）可输入正数 2）输入数量不能大于剩余数量	—
11	配送资源	下拉查询选择框	无	是	数据源为生产资源	—

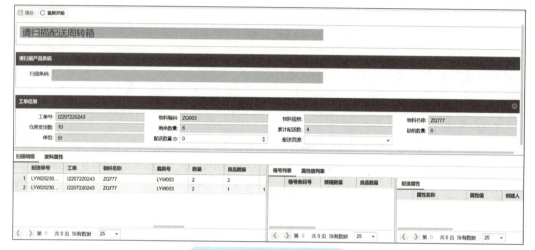

图 3-24 载具关联的主界面

载具关联的主界面扫描明细字段的参数说明见表 3-10。

表 3-10 载具关联的主界面扫描明细字段的参数说明

编号	字段	类型	默认值	是否必填	参数说明	备注
1	配送单号	字符串	无	是	系统配置，自动生成 固定列	—
2	工单	字符串	当前配送工单号	是	1）由"工单信息"区域导出 2）固定列	—
3	物料	字符串	当前配送物料号	是	1）由"工单信息"区域导出 2）固定列	—
4	载具号	字符串	当前配送载具号	是	扫描成功的周转箱号	—
5	数量	数值	当前配送数量	是	当前配送数量	—
6	良品数量	数值	—	是		

（续）

编号	字段	类型	默认值	是否必填	参数说明	备注
7	正常退料数	数值	0	是	上料采集中正常下料的累加数	—
8	已打印数量	数值	0	是	配送单打印数量	—
9	绑定日期	日期	当前时间	是	当前操作时间	—
10	状态	字符串	配送中	是	1）生成明细为：配送中 2）上料装配为：已上料	—
11	绑定人	字符串	当前操作人姓名	是	当前操作人姓名	—

（4）功能逻辑说明　载具关联的主界面的功能逻辑说明见表3-11。

表 3-11　载具关联的主界面的功能逻辑说明

编号	操作步骤/按钮	操作说明
1	扫描	1）校验： ① 周转箱条码已在系统中维护 ② 周转箱必须是闲置状态 ③ 产线是否有相应的班次 2）成功：提示"配送周转箱××扫描成功，请扫描箱号或提交" 3）失败： ① 周转箱××不存在 ② "箱号标签××不存在，请重新扫描箱号标签" ③ 未设置班次信息
2	提交	1）初始状态下，"提交"按钮不可用 2）扫描成功后，"提交"按钮可用 3）校验： ① 配送数量必须>0，且≤剩余数量 ② 产线不能为空 ③ 未扫描条码，"提交"按钮不可用 4）成功： ① 生成"扫描明细"数据，参考"载具关联—扫描明细" ② "提交"按钮可用
3	保存	保存时需校验：编码和名称必须唯一，编码和名称必填

3.3.3　车间配送管理模块数据库设计

图 3-25 为配送管理 UML 图，它记录了配送管理的相关信息、所属工单及配送物料信息，以及相关的配送明细，即各子实体列表。

图 3-26 为配送单 UML 图，它记录了配送单的相关信息、所属工单及配送物料信息、班次及绑定人等信息，以及相关的明细，包括配送的箱号和配送单属性值。

图 3-27 为箱号 UML 图，它记录了箱号的相关信息，以及相关的明细，包括配送单属性值和配送箱号不良信息。

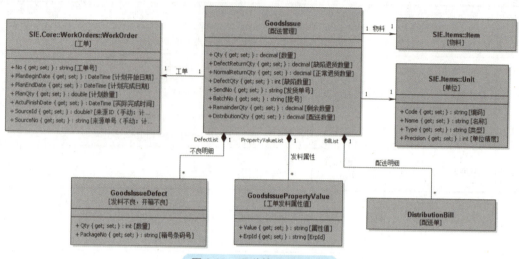

图 3-25 配送管理 UML 图

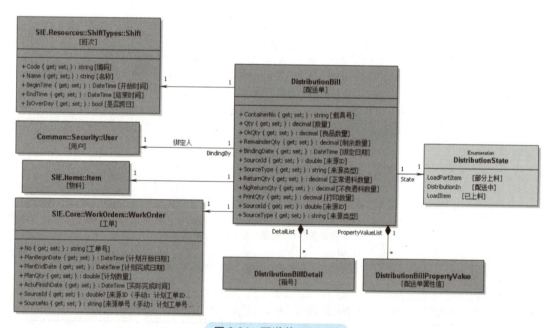

图 3-26 配送单 UML 图

图 3-28 为配送单属性值 UML 图，它记录了配送单属性值的相关信息，这里还描述了它与其父实体——配送单的关系。

图 3-29 为周转箱 UML 图，它记录了周转箱的相关信息及产品容量子实体列表。

3.3.4 车间配送管理模块开发

车间配送管理模块开发的大致流程：首先进行数据建模，然后生成代码并进行基本的视图配置，最后根据需求来对视图进行扩展或者对相关逻辑进行修改。

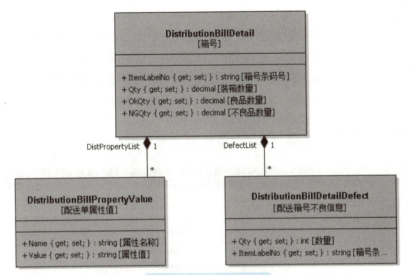

图 3-27 箱号 UML 图

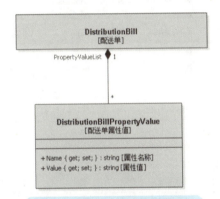

图 3-28 配送单属性值 UML 图

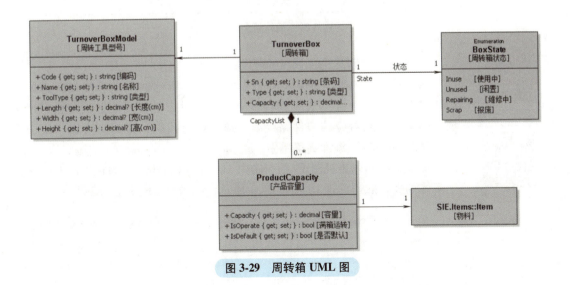

图 3-29 周转箱 UML 图

1. 周转箱模块的开发

车间配送管理模块开发：周转箱模块的开发

数据建模后的基本开发步骤是先把上节课所建的周转箱的 UML 用代码模板一键生成对象实体类，以及对应的视图配置类，然后把生成的类文件放到对应的文件路径下，最后运行代码，把对应模块"周转箱"添加到菜单中。此时单击"周转箱"模块，即可看见配置后的周转箱基本 UI。

在周转箱的列表视图配置代码中，最后用 ChildrenProperty（）方法添加产品容量子实体列表。周转箱 UI 如图 3-30 所示。

条码	类型	状态	默认容量	创建人
1 LYW003	配送周转箱	使用中	5000	李耀武[254...
2 ZQ003	配送周转箱	使用中	500	李耀武[254...
3 ZQ002	配送周转箱	使用中	500	李耀武[254...
4 ZQ001	配送周转箱	闲置	1	李耀武[254...
5 gj0718	栈板	闲置	1	郭静[10028]
6 001	配送周转箱	闲置	200	林振林[lzn]
7 LYW002	配送周转箱	闲置	1	李耀武[254...
8 LYW001	配送周转箱	使用中	500	李耀武[254...
9 3	工装车	闲置	1	系统内置管

产品容量

物料编码	物料名称	容量	满箱转运	是否默认
1 PN011lkl批次	PN011lkl批次	500	☐	☑
2 WL0088	背板	500	☐	☑

图 3-30　周转箱 UI

2. 配送管理和配送单模块的开发

车间配送管理模块开发：配送管理与配送单模块的开发

数据建模后的基本开发步骤是先把上节课所建的配送管理和配送单的 UML 用代码模板一键生成对象实体类，以及对应的视图配置类，然后把生成的类文件放到对应的文件路径下，最后运行代码，把对应模块"配送管理"和"配送单"添加到菜单中。

在配送单的列表视图配置代码中，最后用 ChildrenProperty（）方法添加子实体列表。配送管理 UI 如图 3-31 所示，配送单 UI 如图 3-32 所示。

物料编码	物料名称	工单	发货单号	批号	单位	发货数量	剩余数量	配送数量	缺箱数量	正常退货数量	缺箱退货数量
1 PN011lkl批次	PN011lkl批次	I2211080297	0	0	ZJQ	5	5	0	0	0	0
2 ZQ003	ZQ777	I2207220243	111	111	kg	50	0	50	0	0	0
3 ZQ003	ZQ777	I2207220240	1112	123456	kg	500	399.999	100.001	0	0	0
4 LYW00005	铸件A	I2205180200	001	002	LYW个	500	0	500	0	0	0
5 LYW00005	铸件A	I2205160196	002	001	LYW个	100	0	100	0	0	0
6 LYW00005	铸件A	I2205120185	001	002	LYW个	500	400	100	0	0	0

图 3-31　配送管理 UI

图 3-32 配送单 UI

练习与思考

单项选择题

1. 通过配送管理送到现场的物料需要进行上料操作，上料时扫描的条码是（　　）。
  A. 物料标签　　　B. 周转箱条码　　　C. 仓库标签　　　D. 配送单号
2. 下面对于工位货区的描述错误的是（　　）。
  A. 为不同的生产工位匹配对应的存放物料位置
  B. 在车间无对应的物理位置
  C. 在车间有对应的物理位置
  D. 不维护对应的工位货区，就无法进行配送管理
3. 关联载具时，对于配送数量填写错误的是（　　）。
  A. 可输入正值
  B. 不可输入正值
  C. 输入数量不能大于剩余数量
  D. 可以多次填写

模块4 生产执行模块

模块导读

MES 即制造执行系统,主要面向生产管理人员,实现生产管理信息化,以及管理组织的扁平化和紧密化。MES 能够通过信息的传递,对从订单下达到产品完成的整个产品生产过程进行优化管理,对工厂发生的实时事件及时、准确地做出相应的反应和报告,并进行相应的指导与处理。

在本模块中,将了解工序、工位、工艺路线、工单、派工、报工、数据采集方式、生产过程追踪等信息,并结合所学功能点,根据客户需求进行运用。

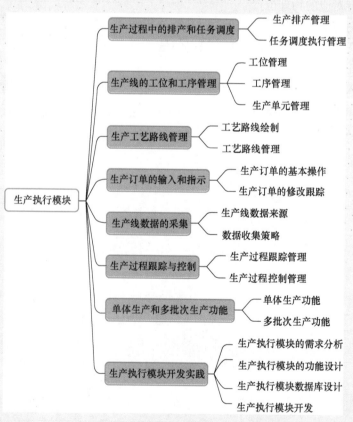

任务4.1　认识生产过程中的排产和任务调度

 任务目标

1. 了解任务单的创建方式。
2. 了解任务单派工、报工等操作。
3. 了解调度功能的用途及设置方式。

 任务描述

在进行生产任务单操作前，先了解实际业务需求，然后在系统中判断需要用到任务单相关的哪些功能，这些功能分别能够实现什么效果。

任务分析

在本任务中，学生需要了解任务单相关知识、掌握各任务单生成配置的含义、生成方式、手动生成任务单，对任务单派工、拆分、合并等操作能够理解并操作，方便后续根据客户需求，结合系统进行对应操作。还要了解调度功能的作用、使用方式、触发条件。

知识准备

4.1.1　生产排产管理

在生产执行过程中，可将工单按照具体生产要求拆分成任务单进行具体生产安排。排产管理流程如图4-1所示。

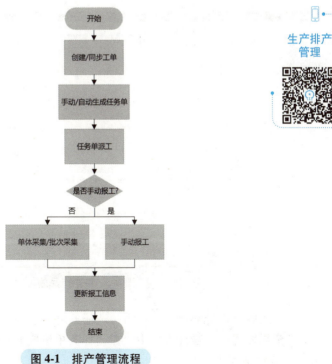

图4-1　排产管理流程

任务单生成前，需要先根据业务需求配置任务单生成条件及生成方式，配置完成后再根据配置的任务单生成方式在"工单"功能界面中自动或手动生成任务单。其步骤如下：

1）在"工艺路线"功能界面中，勾选"是否生成工序任务单"复选框，如图4-2所示。

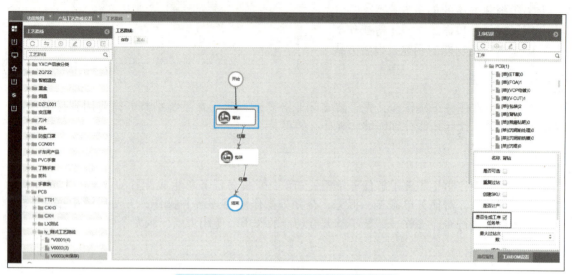

图4-2 "工艺路线"勾选生成工序任务单

2）在"工序"功能界面中，维护该工序对应的产品族，如图4-3所示。

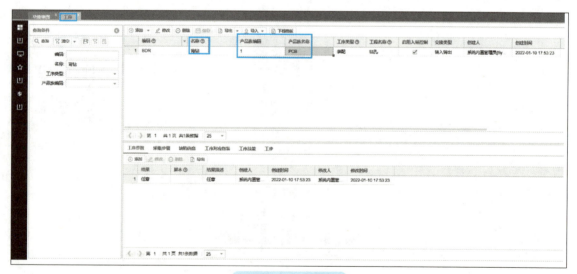

图4-3 维护产品族

3）在"产品族"功能界面中，按需勾选任务单生成条件，如图4-4所示。
4）在"全局配置项"功能界面中，在"任务单生成方式"中进行选择，如图4-5所示。任务单生成逻辑见表4-1。

模块4 生产执行模块

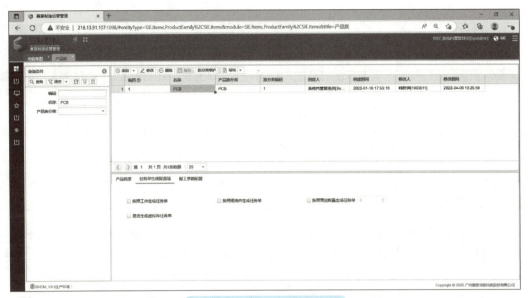

图 4-4 勾选任务单生成条件

图 4-5 选择任务单生成方式

表 4-1 任务单生成逻辑

功能	逻辑说明
按照工序生成任务单	1. 在创建工艺路线时，可通过勾选配置某个工序是否生成工序任务单（注意：工艺路线发布后不可编辑） 2. 在创建工单时，会以产品工艺路线高于产线工艺路线的优先级顺序，引用工艺路线数据，形成工单工艺路线 3. 在手动/自动生成任务单的过程中，选取生成任务单的工序，生成工序任务单
按照规格件生成任务单	1. 利用产品规格件对照表功能，维护产品与规格件的关联关系 2. 在手动/自动生成任务单的过程中，依据工单产品关联的规格件信息，生成规格件任务单 3. 按照各规格件编码不同，生成单独规格件编码的任务单

(续)

功能	逻辑说明
按照固定数量生成任务单	1. 勾选状态下，数量非零且必填 2. 填写的数量大于工单数量时，工单只生成一条任务数量（工单计划数量）的任务单 3. 工单计划数量与固定数量不成整数倍时，余数生成一条任务单
是否生成虚拟件任务单	1. "物料-基本资料"标签增加一个属性"是否虚拟件" 2. 工单产品需维护产品 BOM，任务单生成时，查询到产品 BOM 里存在虚拟件属性的物料，则生成虚拟件属性物料的虚拟件任务单 3. 虚拟件单独生成一条任务数量（工单计划数量×产品 BOM 物料单机定额的任务单）

其他说明：任务单生成规则可多选；例如：同时勾选了按照工序生成任务单和按照规格件生成任务单，则在任务单生成时，系统根据生成规则生成各规格件不同工序的任务单

任务单生成方式 1：自动创建。工单生成后，按照"工单"功能界面中工序对应的"产品族"子标签配置的生成条件，自动生成对应的任务单。工单自动生成任务单如图 4-6 所示。

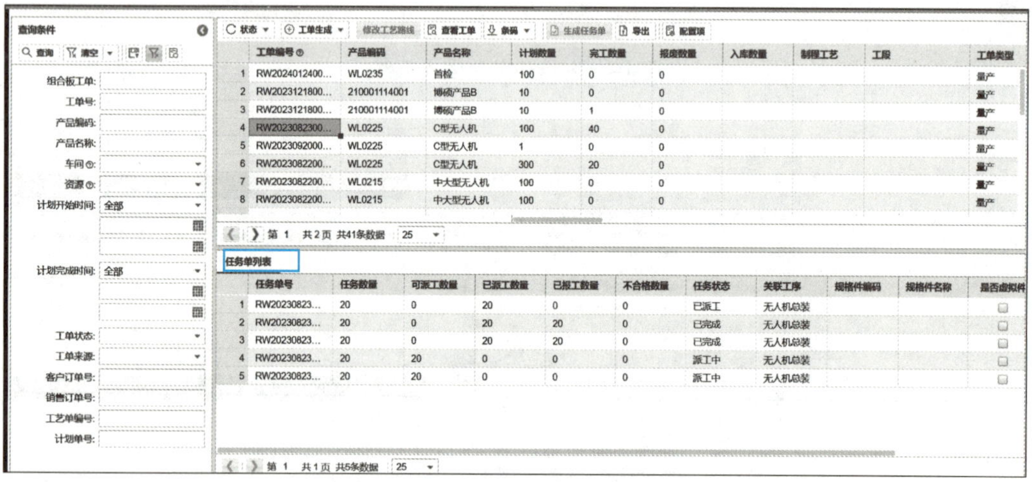

图 4-6 工单自动生成任务单

任务单生成方式 2：手动创建。工单生成后，需手动单击"工单"功能界面中"生成任务单"按钮，系统会按照"工单"功能界面中工序对应的"产品族"子标签配置的生成条件，生成对应的任务单。手动单击生成任务单如图 4-7 所示。

任务单生成后，可在"派工管理"功能界面中对新任务单进行派工，对在"已派工"状态中的任务单进行撤销派工、重新派工等操作。

任务单派工可派工资源为班组、员工组，或根据二级筛选，派工给特定员工，如图 4-8 所示。添加执行对象后，单击"派工"按钮，即派工成功。当任务单状态为"已派工"时，可单击"撤销派工"按钮，删除派工对象，重新派工。撤销派工如图 4-9 所示。

派工完成后，在"报工管理"功能界面中进行生产报工及在"派工管理"中查看派工给登录用户的任务单报工信息。用户可通过"产品族"功能中配置"报工方式"进行手动报工或自动报工，报工方式设置如图 4-10 所示。自动报工为采用"过站采集""批次采集"等方式进行报工记录，后续会有单独模块讲解两种采集方式。手动报工为在"报工管理"功能界面中，通过手动输入报工数据进行报工，如图 4-11 所示。报工完成后，可通过"报工记录"子标签进行报工数据查看，如图 4-12 所示。

模块4 生产执行模块

图 4-7 手动生成任务单

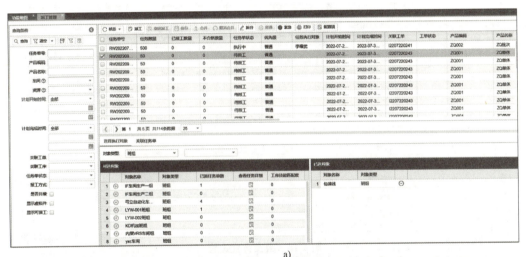

a)

b)

图 4-8 派工管理

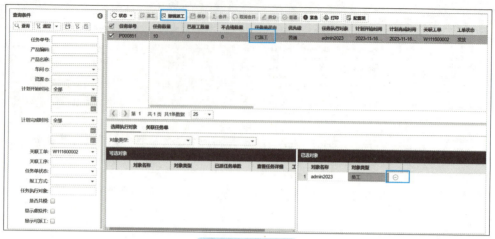

图 4-9 撤销派工

图 4-10 报工方式设置

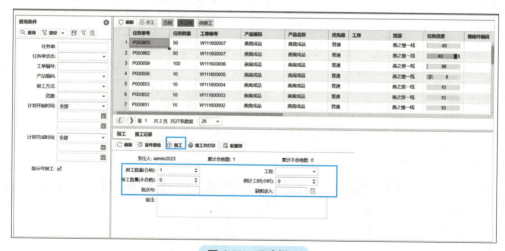

图 4-11 手动报工

模块4　生产执行模块

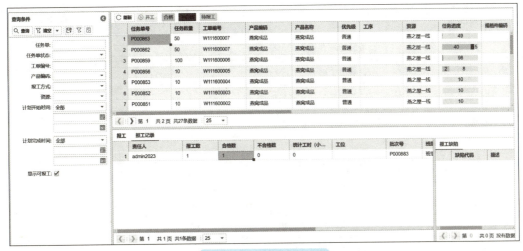

图 4-12　报工数据查看

4.1.2　任务调度执行管理

调度的功能其实就是按时间周期定时执行某个任务。调度任务设置界面如图 4-13 所示，调度任务设置字段含义见表 4-2。

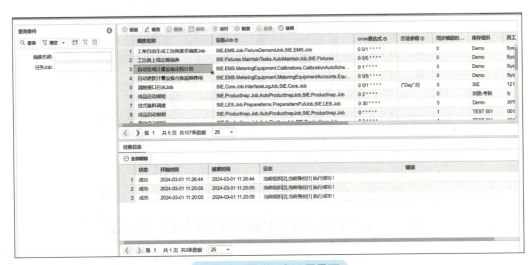

图 4-13　调度任务设置界面

表 4-2　调度任务设置字段含义

字段名	字段用途及说明
调度名称	默认以添加的任务名称作为调度名称
任务 Job	任务类名
cron 表达式	设置调度执行周期
方法参数	扩展字段

117

(续)

字段名	字段用途及说明
库存组织	当前的库存组织的 ID
员工	登录员工账号
最后运行时间	任务的最近一次运行时间
状态—主表	禁用/启用
状态—任务日志	调度的状态（不代表任务实际执行结果）
开始时间	调度开始时间
结束时间	调度结束时间
日志	任务执行的结果及相关信息
错误	调度执行错误记录的相关信息

调度执行频率通过 cron 表达式控制，cron 表达式是一个由 7 个子表达式组成的字符串，它的参数配置界面如图 4-14 所示。每个子表达式都描述了一个单独的日程细节。这些子表达式用空格分隔，分别表示：Second（秒）、Minute（分钟）、Hour（小时）、Day-of-Month（月中的日）、Month（月）、Day-of-Week（周中的天）、Year（Optional Field）［年（可选的域）］，可通过输入表达式反解析或通过选择触发频率自动生成表达式进行设置。

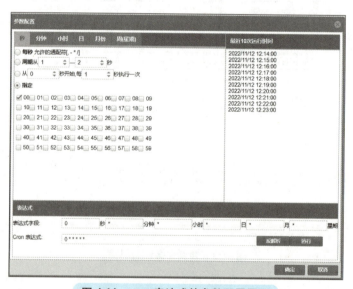

图 4-14 cron 表达式的参数配置界面

注意，对于单独触发器，有些日程需求可能过于复杂而不能用表达式表述，例如：上午 9:00—10:00 每隔 5min 触发一次，下午 1:00—10:00 每隔 20min 触发一次。这个解决方案就是创建两个触发器，两个触发器都运行相同的任务。

表达式设置完成后，系统会按照既定时间进行任务调度触发运行，若需要提前触发调度，则选中该调度任务，单击"运行"按钮后，单击"触发"按钮，即可提前触发该任务执行。

练习与思考

选择题
1. 任务单生成方式一共有（　　）种。
   A. 1　　　　　　B. 2　　　　　　C. 3　　　　　　D. 4
2. 任务单报工方式一共有（　　）种。
   A. 1　　　　　　B. 2　　　　　　C. 3　　　　　　D. 4
3. 报工管理任务进度中，数量一共有（　　）种状态。
   A. 1　　　　　　B. 2　　　　　　C. 3　　　　　　D. 4

任务 4.2　认识生产线的工位和工序管理

 任务目标

1. 了解工位管理的业务知识。
2. 了解工序管理的业务知识。
3. 了解生产单元管理的业务知识。

 任务描述

对工位管理、工序管理、生产单元管理的业务知识有一定的了解，以及了解每个功能的具体展示与业务说明。

任务分析

在本任务中，需要了解工位管理、工序管理、生产单元管理这三部分功能对应的业务，以及熟悉 MES 中工位管理、工序管理、生产单元管理的功能。

知识准备

4.2.1　工位管理

工位管理

工位是生产过程中最基本的生产单元，用于安排人员、设备、原料工具进行生产装配。管理者根据装配项目的需求，布置工位现场并安排工作成员和人数。

工位现场由工具及工具料架、零件及零件料架、工作设备、电源插口、水杯架等组成。

工位人员组成根据装配项目安排，一般一个工位由一人操作，有技工或操作工等。

了解工位的定义之后，接着以冰箱生产厂为例介绍工位在生产中的位置。
1）冰箱生产厂会划分为不同的车间，如门体车间、组装车间等，负责冰箱不同部位的生产。
2）车间会划分为不同的生产线体，如预装线体、总装线体、包装线体等，负责组装冰箱的不同部位。

3）线体会划分为不同的工段，如前预装工段、后预装工段等；前预装工段进行箱体的发泡，后预装工段进行组装或检验。

4）同一个工段会按作业岗位的不同划分为不同工序，如装配工序、检验工序等。

5）在同一岗位下，可能会有多人进行作业，故衍生出了工位。工位也是生产中最小的生产单元。

冰箱生产厂的生产单元结构（工位）如图 4-15 所示。

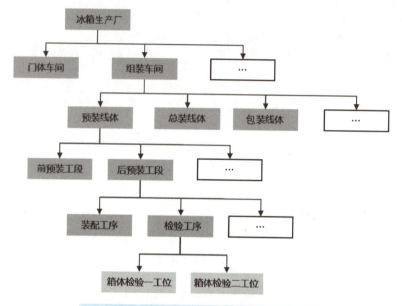

图 4-15　冰箱生产厂的生产单元结构（工位）

MES 的工位管理功能之一是记录全部生产工位信息。此功能会将工位绑定到具体生产线的具体岗位（即工序），目的是为生产时提供具体的信息记录载体。

工位管理的另一个功能是进行工位物料的管理。此功能可以绑定某一个生产工位所能使用的物料，并设置工位能容纳物料的最大数量，以及车间配送的预警值，为车间配送提供工位物料信息。工位管理功能界面如图 4-16 所示。

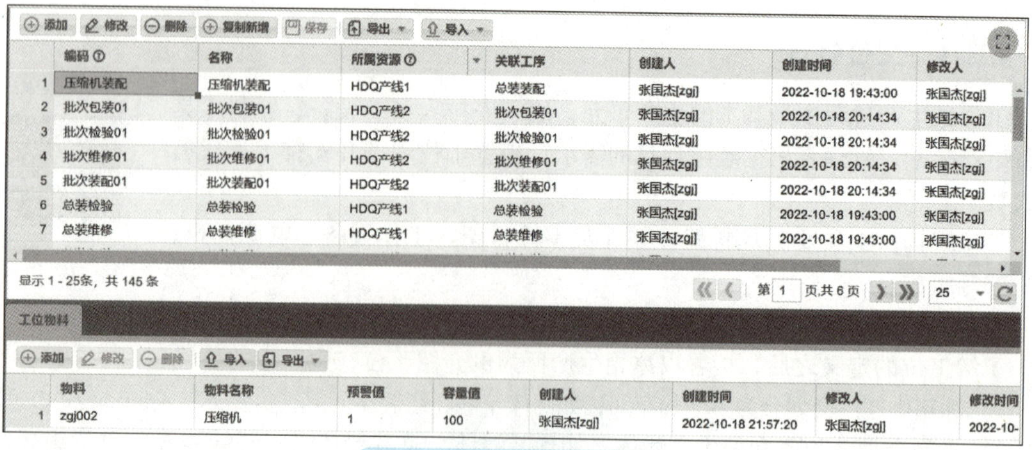

图 4-16　工位管理功能界面

4.2.2 工序管理

一个或一组工人,在一个工作地(机床设备)上,对同一个或同时对几个工件连续完成的那一部分工艺过程称为工序,它是组成生产过程的基本单位。

工序管理

根据性质和任务的不同,工序可分为工艺工序、检验工序、运输工序等。各个工序按加工工艺过程可细分为各个工步(即工位);按劳动过程可细分为若干操作。

例如,在冰箱组装行业,装配工序多用于关键件(压缩机、电路板等)组装的作业岗位;检验多用于商品检验、性能检验等依靠设备检验的作业岗位。

冰箱生产厂的生产单元结构(工序)如图 4-17 所示。

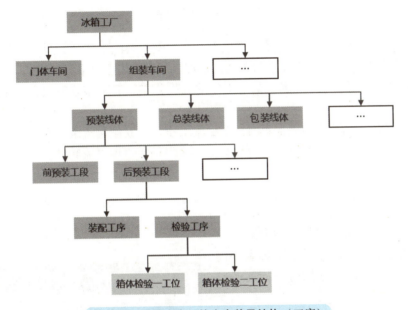

图 4-17 冰箱生产厂的生产单元结构(工序)

MES 的工序管理功能主要用于定义工序的基础信息、采集步骤、缺陷信息、工序对应的包装层级,供工艺路线的选择和生产采集使用。工序管理功能界面如图 4-18 所示。

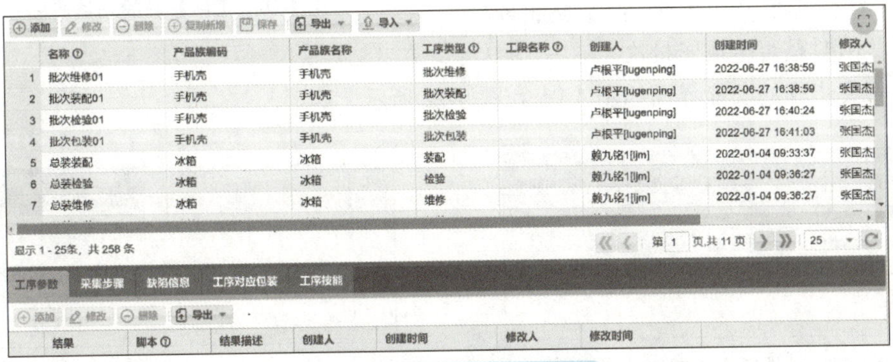

图 4-18 工序管理功能界面

工序类型分为单体工序和批次工序两种。单体工序包括装配、检验、维修、包装、返工；批次工序包括批次装配、批次检验、批次维修、批次包装。工序类型的划分如图 4-19 所示。

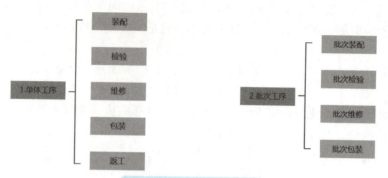

图 4-19 工序类型的划分

不同的工序类型在生成采集过程中流程不一样，例如装配工序，如果只是简单过站就需要执行过站采集操作，如果还需要进行关键件装配就可以使用上料采集功能。

工序参数可以根据业务情况定义某个工序的流程分支。工序参数中的三个字段详细说明如下：

1）结果：用于定义工序的流程走向。如检验工序，一般存在两条分支，表示检验成功或失败；装配工序，只有一条分支——"任意"，不需判断条件即可流转到下一工序。

2）脚本：只有批次检验工序，且只有当工序参数设置为自定义时，才需要维护脚本字段。

3）结果描述：分支执行的结果描述。

工序参数的功能界面如图 4-20 所示。

采集步骤可以用于维护工序采集条码的类型，单件工序与批次工序拥有不同的条码类型。

1）条码类型：需采集的条码类型如下，单件工序为生产条码，批次工序为批次条码。

2）出入类型（批次）：用于定义出站/入站的条码类型。

3）是否生成批次（批次）：定义批次工序在批次转出时是否生成子批次。

它们采集步骤的功能界面如图 4-21 和图 4-22 所示。

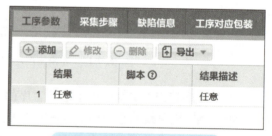

图 4-20 工序参数的功能界面

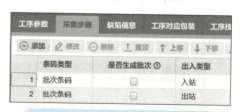

图 4-21 单件采集步骤的功能界面

图 4-22 批次采集步骤的功能界面

缺陷信息用于工序类型为检验或批次检验的工序，在检验过程可以选择各类缺陷，如图 4-23所示。

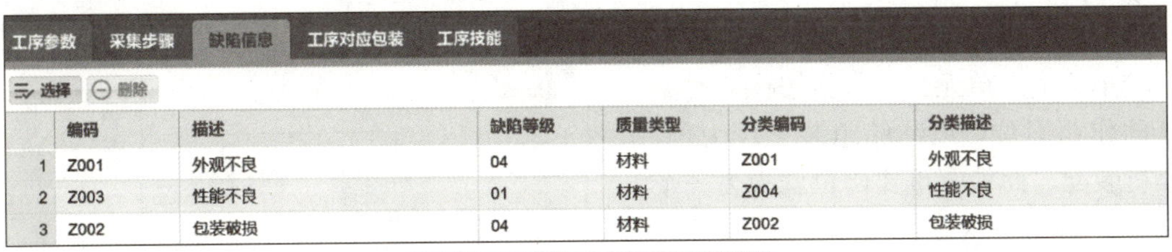
工序参数
采集步骤
缺陷信息
工序对应包装
工序技能
选择
删除
编码 描述 缺陷等级 质量类型 分类编码 分类描述
1 Z001 外观不良 04 材料 Z001 外观不良
2 Z003 性能不良 01 材料 Z004 性能不良
3 Z002 包装破损 04 材料 Z002 包装破损

图 4-23　缺陷信息的功能界面

工序对应包装用于包装或批次包装工序，可以拆分包装规则，由不同的工序来完成不同的包装层级。工序对应包装的功能界面如图 4-24 所示。例如，包装规则定义为：盒-箱-栈，生产线要用两道工序来完成包装采集，这时需采用“包装工序一”完成箱的采集，采用“包装工序二”完成栈的采集。

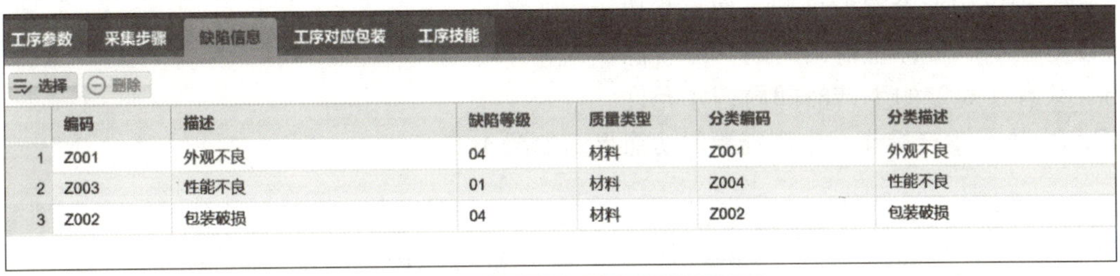
工序参数
采集步骤
缺陷信息
工序对应包装
工序技能
选择
删除
编码 描述 缺陷等级 质量类型 分类编码 分类描述
1 Z001 外观不良 04 材料 Z001 外观不良
2 Z003 性能不良 01 材料 Z004 性能不良
3 Z002 包装破损 04 材料 Z002 包装破损

图 4-24　工序对应包装的功能界面

工序技能用于记录该工序所必备的上岗技能。若工序添加了技能信息，员工在对应采集界面登录时，会校验当前员工是否有操作该工序的技能；如果拥有该技能，则可开始生产采集，如果没有该技能，则无法操作该工序。工序技能的功能界面如图 4-25 所示。

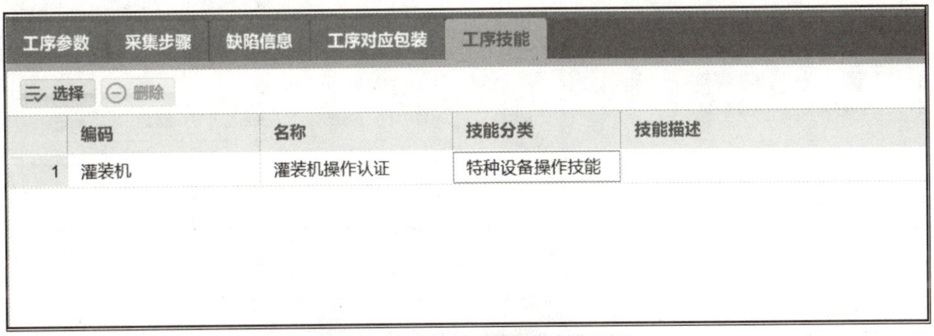
工序参数
采集步骤
缺陷信息
工序对应包装
工序技能
选择
删除
编码 名称 技能分类 技能描述
1 灌装机 灌装机操作认证 特种设备操作技能

图 4-25　工序技能的功能界面

4.2.3　生产单元管理

在 MES 中，生产单元可以进行三个层级的划分与管控。生产单元的划分如图 4-26 所示。

1）生产资源：一个相对完整的生产单元能够独立完成一组零件或成品的生产。例如，一个生产车间、一条生产线体或者一个生产设备，都可以视为一个生产资源。以冰箱组装工厂为例，通常会将生产资源定义到线体层间而不是车间。

2）生产工序：可以视为生产资源下一个较小的生产单元，一般指按作业类型划分的作业岗位。以冰箱组装工厂为例，压缩机装配、商检等重要岗位就视为一个工序。

3）生产工位：这是生产中最小的作业单元，一般依附于工序之下，某一工序的作业人数就是该工序下作业工位的多少。例如，对于同样的箱体检验工序，会有多人操作，故一个人视为一个工位，也会最小的生产单元。

MES 提供生产资源的维护界面，此功能可以定义生产资源生产的时间，即资源日历，只有在规定的生产时间内，才允许在 MES 中执行生产操作。生产资源的功能界面如图 4-27 所示。

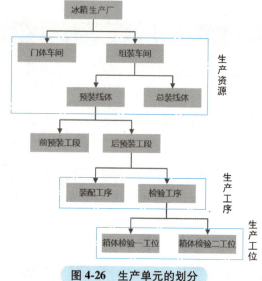

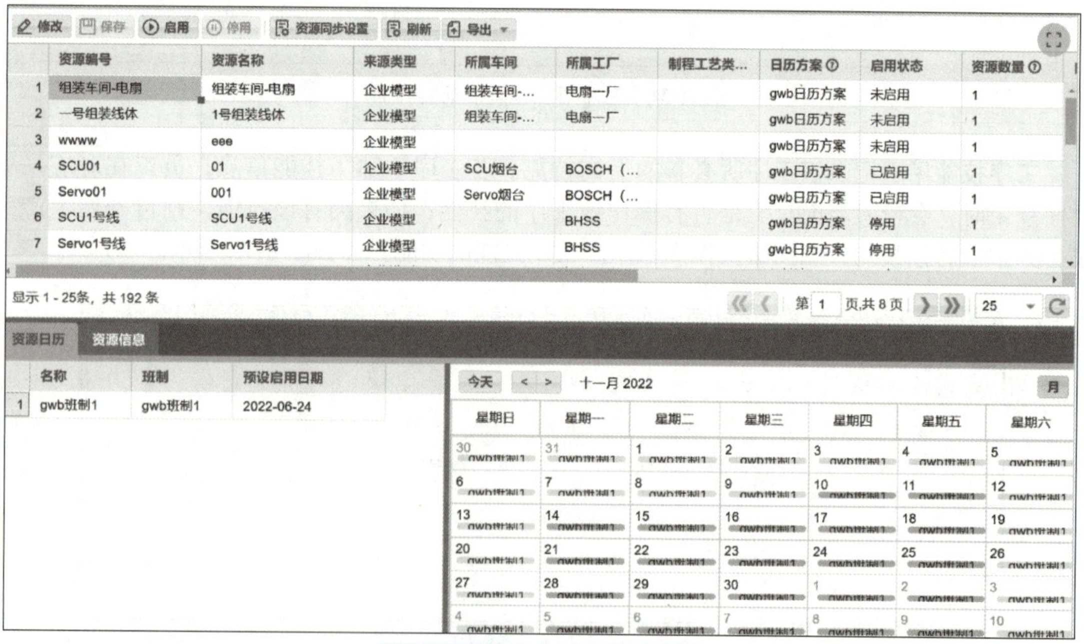

图 4-26 生产单元的划分

图 4-27 生产资源的功能界面

生产资源级管控：生产人员都需要获取对应的生产资源操作权限，方可在 MES 中进行生产活动；目的是防止不相关的人员对生产数据干扰。

生产资源级管控是依靠"员工维护"中"资源列表"的功能实现的，其功能界面如图 4-28 所示。

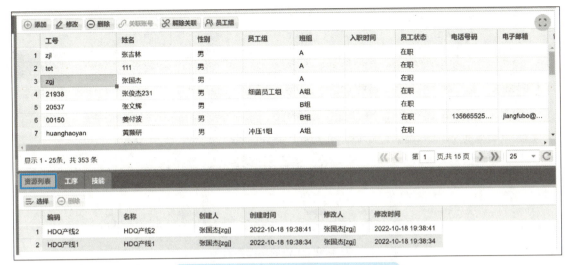

图 4-28 员工维护中资源列表的功能界面

生产工序级管控：对于在同一个生产资源下生产的人员，按岗位的不同，进行第二次权限控制，防止不同岗位的人错误执行生产。对于不同的工序，可以依靠工艺路线功能对生产步骤进行严格限制与管理。

生产工序级管控是依靠"员工维护"中"工序列表"的功能实现的，其功能界面如图 4-29 所示。

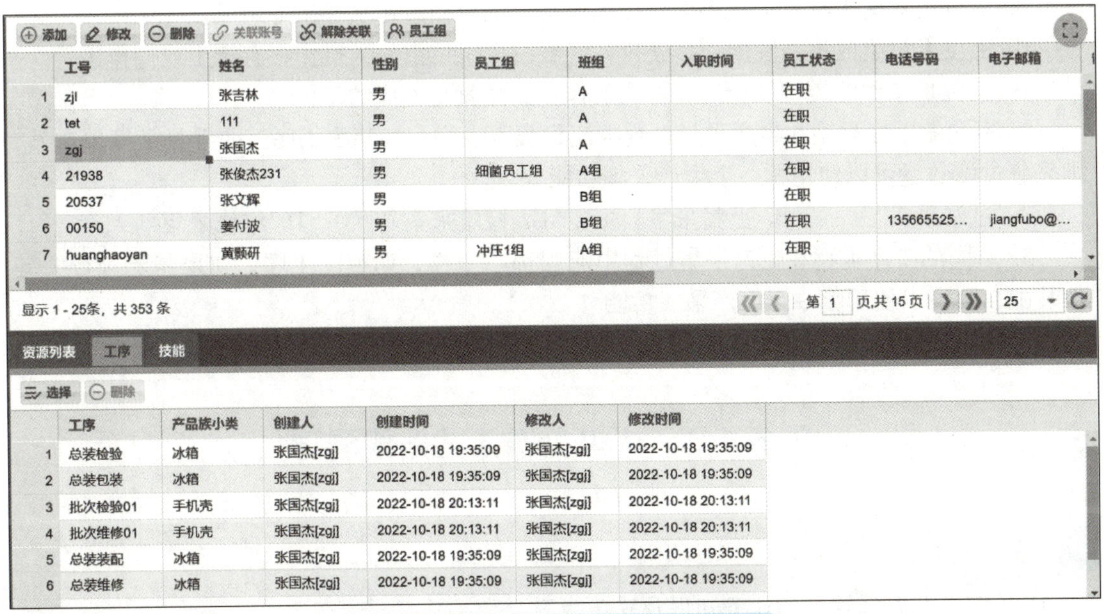

图 4-29 员工维护中工序列表的功能界面

生产工位级管控：把工位绑定到对应资源与工序之下，所有的生产执行信息都将根据工位级进行记录，为后续生产数据分析提供依据。

生产工位级管控是依靠工位的功能实现的，其功能界面如图 4-30 所示。

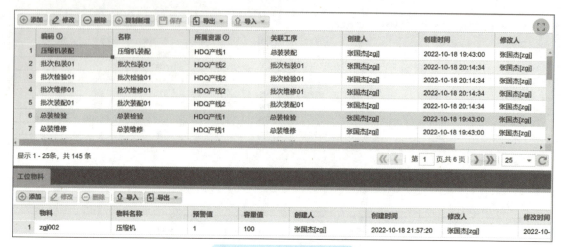

图 4-30　工位的功能界面

练习与思考

选择题

1. 下面对工位的描述错误的是（　　）。
   A. 工位是生产过程最基本的生产单元
   B. 工位现场由工具及工具料架、工作设备、电源插口、水杯架等组成
   C. 工位人员组成根据装配项目安排，一般一个工位由一人操作，有技工或操作工等
   D. 工位是按作业类型区分的，不用的作业类型就是不同的工位

2. 不同的工序类型在生产采集过程中流程都不一样，如装配工序，如果只是简单过站，则采集过站数量可以使用哪一个生产采集功能（　　）。
   A. 过站采集　　　　B. 上料采集　　　　C. 检验采集　　　　D. 维修采集

3. 不同的工序类型在生产采集过程中流程都不一样，如装配工序，如果需要进行关键件装配，则可以使用哪一个生产采集功能（　　）。
   A. 过站采集　　　　B. 上料采集　　　　C. 检验采集　　　　D. 维修采集

任务 4.3　认识生产工艺路线管理

任务目标

1. 了解工艺路线绘制的业务知识及其功能。
2. 了解工艺路线管理的业务知识及其功能。

任务描述

对工艺路线绘制、工艺路线管理的业务知识有一定的了解，以及了解每个功能的具体展

模块4 生产执行模块

示与业务说明。

任务分析

在本任务中,需要了解工艺路线绘制、工艺路线管理两部分功能对应的业务,以及了解其 MES 功能的使用。在工艺路线绘制中,需要学习工艺路线绘制是如何进行的,有哪些特殊的功能设置。在工艺路线管理中,需要学习工艺路线管控的方法,以及对应的使用场景。

知识准备

4.3.1 工艺路线绘制

工艺路线用来表示企业产品在企业的加工路线(加工顺序),并能够提供相关联的加工物料。它的作用可以总结为以下三点。

1)规划产品的生产路线:定义产品的加工顺序。
2)实现生产路线灵活配置:按生产需求配置不同的生产工艺路线。
3)解决生产信息的孤岛化:对于每个加工工序的生产信息,能够按条码级别进行收集并关联,解决工序间生产信息共享的问题。

在 MES 中,工艺路线绘制的界面如图 4-31 所示。

工艺路线绘制

图 4-31 工艺路线绘制的界面

左侧工艺路线面板:按产品族分类展示其下的工艺路线版本。
中间面板:工艺路线展示及编辑区域。
右侧工序面板:上部为按产品族分类展示其下的相关工序,可以拖动到中间面板进行绘制;下部为工序的流程数据与工序 BOM 设置的维护面板。

绘制工艺路线,就是拖动右侧工序面板中的工序,将它放到中间面板,按要求首尾相连,即为工艺路线。绘制好的工艺路线如图 4-32 所示。

深蓝色:表示装配类的工序,一般是生产执行中负责组装的岗位;在 MES 中对应上料采集与过站采集两个功能。

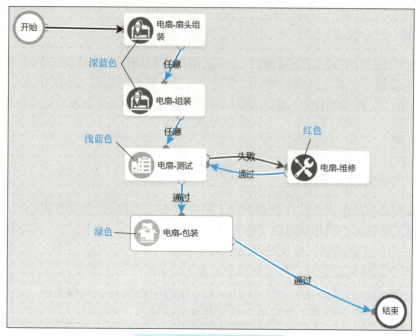

图 4-32　绘制好的工艺路线

绿色：表示检验类的工序，一般是生产中负责质量控制的岗位；在 MES 中对应检验采集功能。

浅蓝色：表示包装类的工序，一般是生产环节中进行打包包装的岗位；在 MES 中对应包装采集功能。

红色：表示维修类的工序，一般是生产环节中负责对不合格品进行维修的岗位，通常会与检验岗位成对出现或有一对多的关系；在 MES 对应维修采集功能。

在绘制工艺路线时，选中其中一个工序，可以设置对应的流程属性参数，如图 4-33 所示。

1）是否可选：指当前工序采集是否可以跳站（即是否为必须执行的生产步骤），常用于检验岗位。某些检验岗位因质量要求或节拍控制，只会记录缺陷产品，故设置为可选工序。

2）重复过站：指当前工序采集可以重复扫描，常用于存在多人操作的工序，即存在多个作业工位的岗位。

3）创建 SKU：勾选此复选框表示 WMS 的条码表与 MES 的条码一致；不勾选则表示二者不一致。如果 MES 的条码下线后不把条码写到 WMS 中，WMS 就没办法入库，常用于最后一道工序为包装工序的情况下，必须勾选此选项。

图 4-33　流程属性参数设置界面

4）是否生成工序任务单：指按工序生成需要执行的任务单，常用于执行任务单管理模式的生产。

工序 BOM 设置，通过按分类添加或物料添加方式，配置该工序所使用的相关物料信息；配置的工序 BOM 物料会与生产订单的工单 BOM 匹配，并形成工单的工序 BOM；形成工序

BOM 的产品，在经过该工序时，MES 会校验装配的物料及其耗用量。工序 BOM 设置界面如图 4-34 所示。

图 4-34 工序 BOM 设置界面

4.3.2 工艺路线管理

工艺路线管理

工艺路线管理在 MES 中有以下两种方式。

1）产线工艺路线设置：通过产线来设置工艺路线，当维护了以产线为目标的工艺路线，在工单选择资源时，可带出产线资源下的工艺路线并进行绑定。

2）产品工艺路线设置：通过产品来设置工艺路线，当维护了以产品为目标的工艺路线，在工单选择产品时，可带出产品关联的工艺路线并进行绑定。

当维护了"产品工艺路线设置"或"产线工艺路线设置"，生产工单才可以选择工艺路线，当两者都存在的情况下，系统默认以"产品工艺路线设置"为生产执行的首选工艺路线。

产线工艺路线设置的使用场景：产线工艺路线适合多批次、少品种的生产，与产品在产线上生产的步骤一致，例如，冰箱组装产线等流水线生产的产品。

在 MES 中，产线工艺路线设置的功能界面如图 4-35 所示。

图 4-35 产线工艺路线设置的功能界面

MES 的产线工艺路线设置可以为不同类型的工单设置独特的工艺路线。例如，量产与试产的工单虽然在同一产线生产，但是试产的工单相对量产的工单来说，检验、装配的岗位都有不一样的需求，甚至不用走完整个生产线就能完工下线。

产线工艺路线存在有效期：同一产线、工单类型、时间范围内，产线工艺路线只能有一条；超过时间范围后该产线工艺路线失效，需配置新的产线工艺路线。

此功能是为了保证同一工单类型在同一时间段内产线只会存在一条工艺路线，并且记录产线不同时期使用的历史工艺路线。

产品工艺路线设置的使用场景：产品工艺路线适合小批量、多品种的生产，产品在产线上生产的步骤差异较大。例如，对于机加工产线，不同的产品会有独特的加工步骤，即生产工艺路线不一致。

在 MES 中，产品工艺路线设置的功能界面如图 4-36 所示。

图 4-36　产品工艺路线设置的功能界面

MES 的产品工艺路线设置也可以为不同类型的工单设置独特的工艺路线。例如，量产与试产的工单虽然生产的是同一产品，但是试产的工单相对量产的工单来说，产品的检验、装配岗位都有不一样的需求，甚至有额外的加工工序。

产品工艺路线存在有效期：同一产品、工单类型、时间范围内产品工艺路线只能有一条；超过时间范围后，该产品工艺路线失效，需配置新的产品工艺路线。

此功能是为了保证同一工单类型的同一产品，在同一时间段内生产时只有一条工艺路线，并且记录产品不同时期使用的历史工艺路线。

练习与思考

选择题

1. 下面对于工艺路线的描述错误的是（　　）。
   A. 表示企业产品在企业的一个加工路线
   B. 按生产需求配置不同的生产工艺路线
   C. 能够按条码级别进行收集并关联，解决工序间生产信息共享的问题
   D. 在 MES 中工艺路线有 3 种使用方式

2. 对于一个进行压缩机安装的岗位,在绘制工艺路线时,应该选用何种工序类型( )。
   A. 包装   B. 检验   C. 维修   D. 装配

3. 对于一个对关键组装部位进行详细检查的岗位,在绘制工艺路线时,应该选用何种工序类型( )。
   A. 包装   B. 检验   C. 维修   D. 装配

任务 4.4　认识生产订单的输入和指示

任务目标

1. 了解工单中各字段来源、用途及部分字段的修改方式。
2. 了解工艺路线修改的区别。

任务描述

了解生产管理过程中,工单的意义及工单中各字段的含义。了解工单内容哪些字段可修改,以及发生变更时如何修改。了解在不同地方修改产品工艺路线的区别。

任务分析

在本任务中,需要学习工单部分数据的修改方式、影响范围及产品工艺路线修改操作。后续能够结合用户需求,在系统中进行对应的修改操作。

知识准备

4.4.1　生产订单的基本操作

工单是由一个和多个作业组成的简单作业计划,它是上级部门下达任务,下级部门领受任务的依据。工单功能关系图如图 4-37 所示。MES 中工单来源于 ERP、APS 排程结果、手工导入或添加,可在系统维护工单的主数据、工艺路线、工序 BOM、包装规则、打印设置、属性及工单的状态,可导入、关联条码。工单界面如图 4-38 所示。

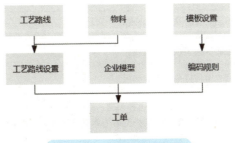

图 4-37　工单功能关系图

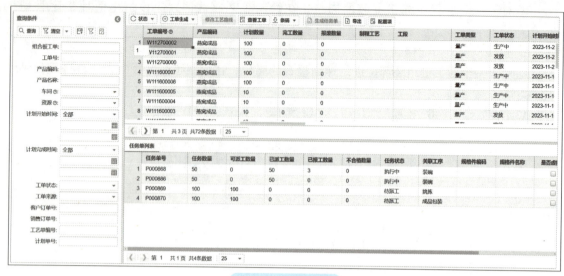

图 4-38　工单界面

工单状态共有六种,部分状态可通过"状态"按钮进行切换。工单状态如图 4-39 所示。

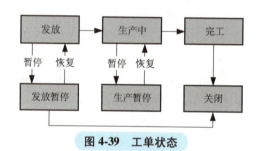

图 4-39　工单状态

在工单详情界面中各子标签及字段含义见表 4-3。

表 4-3　工单字段含义

字段名	字段用途及说明	标签
工单编号	添加工单时,会根据设置的工单号生产规则生成,系统内唯一	工单信息
工厂	企业模型中层级为工厂的资源	工单信息
客户	工单所属的客户,非必填	工单信息
客户订单号	该工单对应的客户订单号,非必填	工单信息
ERP 工单	该工单对应的 ERP 单号,非必填	工单信息
销售订单号	该工单对应的销售订单号,非必填	工单信息
工单类型	有"量产""试产""返修"三种类型,不同类型的工单工艺路线可能不一样,系统中依据不同类型的工单引用不同的工艺路线	工单信息
车间	企业模型处定义的车间	工单信息

（续）

字段名	字段用途及说明	标签
资源	企业模型处定义的资源	工单信息
产品	物料基础数据处定义的物料编码	工单信息
计划数量	该工单计划需生产的数量	工单信息
订单数量	工单所属订单对应成品的订单数量，如果没有，则为空	工单信息
工段	工段中定义的数据	工单信息
制程工艺	所选工段对应的制程工艺	工单信息
计划开始时间	生产时读取上游系统的数据，或者添加、导入时填写，排产完成后更新时间	工单信息
计划结束时间	生产时读取上游系统的数据，或者添加、导入时填写，排产完成后更新时间	工单信息
工艺路线版本	所选择的工艺路线版本号	工单信息
属性	该工单所属产品的属性，如颜色等，需要在物料基础数据处定义，工单处选择已定义好的属性及属性值	属性
值	属性的值，如颜色可以为太空银、经典白等，需要在物料基础数据处定义可选值	属性
物料信息	工单BOM是工单上料、上料防错、上料扣料的基础数据，系统中根据"工艺路线"的"工序BOM"和"工单BOM"中的信息取交集自动生成，也可手工维护	工单BOM、工序BOM
包装信息	包装规则默认显示物料设置的默认包装规则，若物料关联多个包装规则，可通过"选择"功能做切换操作 工单在包装工位进行包装时，需根据工单处设置的包装规则进行，可单层包装，也可多层嵌套包装 条码生成规则：包装层级的每一层需要配置包装的条码生成规则及打印模板，包装采集时才能正常包装 工序对应包装子页签：将包装规则按工序拆分	包装规则
操作信息	记录工单从生成到关闭整个生命周期的操作、状态变更的记录	工单日志
条码规则	配置工单生产条码的生成规则，需提前在编码规则界面设置好规则，在此处选择条码规则	打印设置
标签模板	配置工单生产条码的打印模板，需提前在模板界面设置好模板	打印设置
包装模板	当把生产条码当作包装条码时，需设置包装标签的模板	打印设置
工序图形	显示该工单生效的工艺路线，如果要修改工艺路线，可单击"修改工艺路线"按钮进行修改。只有"暂停"状态的工单才可以修改工艺路线	工艺路线

4.4.2 生产订单的修改跟踪

工单只有在"暂停"状态下才可以修改,生产中的工单能修改的数据有:车间、资源、属性、工单 BOM、工序 BOM、包装规则、打印设置、工艺路线。工单修改界面如图 4-40 所示。除工艺路线外,其他数据通过单击"工单生产"按钮弹出"修改"选项进行修改,工艺路线的修改:单击"工单"功能上方"修改工艺路线"按钮进行修改。

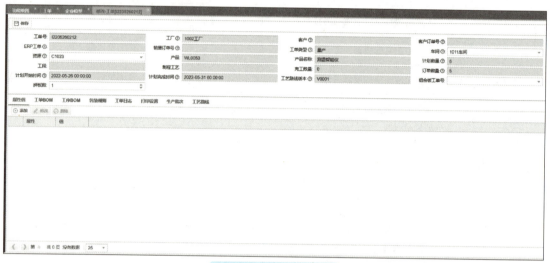

图 4-40　工单修改界面

工单数据修改分为三种情况:①工单未生成,需修改产品基本数据,这种情况直接在产品对应的基础数据设置功能中修改完成后,后续工单生成时会自动带出;②工单已生成、未生产,这种情况除了第一步的基础数据需修改外,还需暂停工单,重新引用该产品最新设置,例如:更新包装规则、工艺路线;③工单已有部分开始生产,对于已生产的产品,工艺路线可通过产品"工艺路线"功能进行修改,对于未生产的产品,进行第二步的修改后,后续生产产品即可按照新设置进行引用。

 练习与思考

选择题

1. 工单状态一共有（　　）种。
   A. 4　　　　　　B. 5　　　　　　C. 6　　　　　　D. 7
2. 以下哪个不是生产类型（　　）。
   A. 量产　　　　　B. 返工　　　　　C. 试产　　　　　D. 委外
3. 下面对于工单说法不正确的是（　　）。
   A. 添加工单时,工单号可进行修改
   B. "生产中暂停"状态的工单可以修改工艺路线
   C. "发放暂停"状态的工单可以修改包装规则
   D. 工单必须先暂停才能关闭

任务 4.5　认识生产线数据的采集

生产线数据
的采集

任务目标

1. 了解设备采集的作用。
2. 了解人工采集的作用。

任务描述

认识 MES 中有哪些数据采集技术，其作用分别是什么。

任务分析

在本任务中，需要认识到 MES 的数据采集针对什么业务场景，使用什么采集技术；能够了解不同数据采集的区别。

知识准备

4.5.1　生产线数据来源

MES 中数据来源如下。

1. 通过条码方式收集的数据

条码方式可收集的数据主要包括：产品批号、物料批号、加工资源编号、运输资源编号、人员编号、异常类别、异常现象、设备状态（维修、保养、故障停机等）、作业开始、作业结束等。条码可以提高数据录入的准确性，提高录入速度，且成本较低。因此，建议尽可能将数据进行分类，然后编码处理，转化成条码的方式表达，以便现场数据采集。

2. 必须录入的数据

必须录入的数据指系统必须直接从外部获得的数据。系统可以通过规格基础定义功能以及过程数据基础定义功能自行建立属于企业的数据收集项目库，例如产品的编码、产品流程、工序名称、工艺条件目标等。

3. 系统自动生成的数据

生产过程中的部分由事件触发的数据可以由系统在过程中自动收集，主要包括工序开始操作的时间、结束时间、设备状态等。这一类的数据，可由时间触发之后，根据原本设定的基础数据，由系统自动收集。

4. 设备采集数据

某些行业对设备的温度、压力、湿度等有严格要求，可以增加各类传感器或其他设备数据来源。实时、准确的生产数据采集是 MES 成功的重要基础。

5. RFID 采集数据

在一些制造行业中，由于完全依据订单进行生产，因此，自动化的物流跟踪是顺利生产的前提条件。对于每道生产工序，必须要对产品进行明确的识别，以避免如错误添加了原料、包装不对等问题。在装配流水线上应用 RFID 技术可以大量地生产产品，在生产流水线上配有 RFID 系统，使用可重复使用的电子标签，该标签上带有详细的所有记录信息，在每个工作点都有 RFID 读写器，这样可以保证产品在每个生产环节的正确性。

目前系统中，设备采集传输的数据多数用在看板、报表的数据显示，或其他一些与硬件对接的接口数据传输中，为 MES 生产执行提供数据支持。人工数据采集主要为 C/S 结构过站采集、上料采集、批次采集、包装采集等。包装采集界面如图 4-41 所示。

图 4-41　包装采集界面

4.5.2　数据收集策略

MES 中生产采集是通过对生产全过程数据的采集，形成高效、全面、准确的作业流程，并能及时处理生产过程中的异常。操作流程包含上料采集、过站采集、检验采集、维修采集、包装采集。生产采集没有必然的关联关系，都是通过工艺路线来确定采集的步骤，可以是 N 对 N，也可以是 N 对 1。C/S 结构采集操作流程主要目的是为产品流程追溯提供数据支持。

设备数据的采集通常会根据 MES 需求，通过接口传输数据，如 OEE 车间看板、设备参数预警、设备参数上下限预警等。

传统制造企业通常都是通过手工报表的形式来提交、处理数据，所以数据基础薄弱。如果合理运用、处理生产制造过程中生产的数据，可以使数据顺畅地流通而产生有效价值，也就是能让企业管理者知道在生产过程中发生了什么，这样有助于帮助诊断和解决问题。因此，传统制造企业要实现数字化转型，就要在获取设备、人工采集数据后，提升数据分析能力，将生产管理过程中的数据进行详细的统计和分析来帮助领导者智能决策。

制造企业管理生产数据的作用和意义体现在以下几个方面：

1. 提高产品生产率，需要管理生产数据

在制造行业，生产率的重要性不言而喻，它直接与企业的产值、利润、竞争力挂钩。在很多制造企业中，不同车间、小组、工人的生产率、材料损耗、产品合格率都存在相当大的差别。例如，有些车间在生产条件类似的前提下，产品合格率明显偏低，或是材料损耗率显著偏高，这显然会给生产带来很大的负面影响。

在 MES 中，能够实时展示生产中的各项数据，并通过数据下钻精准地定位问题所在。例如，企业在发现某天生产率显著偏低，数据下钻后发现是某一生产小组生产状况异常，导致整个产线都受到影响，进一步数据下钻后发现，是因为某关键材料的供货不足，在发现这个问题之后，则可迅速调整生产计划，让这个本来可能需要耗费很长时间才能解决的问题在极短的时间就得到解决。

2. 让企业管理更加科学，需要管理生产数据

在相当长的一段时间内，传统制造企业在管理决策方面都是处于"拍脑袋"的状态。虽然财务、人力各个部门也会提交一些表单，但是这些表单基本都是按照各个应用系统来划分的，如 ERP 系统表、OA 系统表、MES 表……这些表的数据太过琐碎，管理者由于时间与精力有限，基本上不可能认真阅读每个表单。对于这些问题，可以通过 MES，对这些数据进行整合，按照需要汇总和展示。

练习与思考

选择题

1. 下面说法正确的是（　　）。
   A. C/S 结构上料采集功能中能查看当前生产订单上料情况
   B. C/S 结构响应速度比 B/S 结构的慢一些
   C. C/S 结构不需安装
   D. C/S 结构上料采集的输入框只支持扫描枪扫码输入

2. 关于上料采集功能，下面说法错误的是（　　）。
   A. 采集时，工单状态不能暂停或关闭
   B. 已维护当前时间段有的班制
   C. 在员工维护功能里维护当前操作员具体资源和工序的权限
   D. 工序类型除检验类型外，其余都可在上料采集中进行采集

3. 下面说法错误的是（　　）。
   A. 检验采集之前需要在"员工维护"界面维护员工与账号、资源、工序的关系，必须为该员工维护检验工序
   B. 检验采集之前需要在"缺陷代码"界面维护缺陷信息以供选择
   C. 过站采集可以进行上料操作
   D. 返工采集扫描的条码只能是返工工单生成的条码

任务 4.6　认识生产过程跟踪与控制

任务目标

1. 了解生产过程跟踪管理的相关知识和对应功能。
2. 了解生产过程控制管理的相关知识和对应功能。

任务描述

生产过程跟踪与控制是及时检查订单的生产进度,以保证订单产品能够准时完工,按时交货。在生产计划执行过程中,各种生产条件都有可能发生变化,如设备发生非计划性停机、操作人员发生变动、物料不能及时供应等,都会使生产计划不能按时完成,因此需要通过一系列有效的控制活动来保证计划的执行。

 任务分析

在本任务中,需要了解生产过程跟踪管理和生产过程控制的基础知识和相关功能,能够对生产过程有深层次的理解,并能够结合系统功能对生产过程进行跟踪和控制。

 **知识准备**

4.6.1 生产过程跟踪管理

生产过程跟踪管理

生产跟踪是指提供工件在任意时刻的位置及其状态信息。状态信息应包括:工件加工者,各组件原料的供应者、批量、批号、当前生产状态,生产警报,返工情况,以及与产品有关的其他信息。

生产过程跟踪管理的作用:每个产品通过唯一标识号,实现在线跟踪历史操作记录,该历史记录向用户提供产品组件及每个最终产品使用情况的可追溯性。

对产品生产流程在线跟踪查看,能够及时发现生产流程问题,及时控制问题节点,保证生产的顺利进行。

1. 工单生产状态跟踪

在系统"工单"界面可以通过工单号跟踪到工单的生产总进度,包括计划数量和完工数量的对比、工单当前的状态和生产完成后成品入库的数量,能够实时查询出工单的总进度。工单界面如图4-42所示。

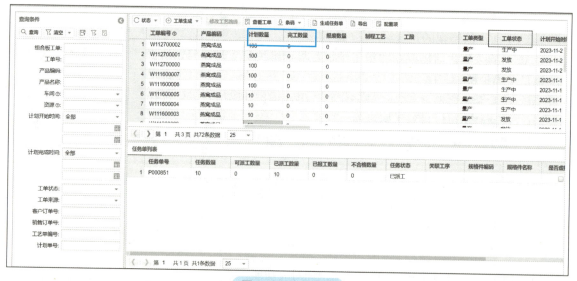

图4-42 工单界面

2. 工单详细状态跟踪

在系统"工单查看"界面可以通过工单号跟踪到工单的详细信息,包括工单 BOM、工序 BOM、工单日志和工艺路线。

通过工单 BOM 可以看到该工单需要装配的所有物料信息,通过工序 BOM 可以看到该工单需要绑定的关键物料信息,通过工单日志可以查询到该工单的操作记录和对应操作人,通过工艺路线能够看到工单需要流转的全部工序(即顺序)。工单查询界面如图 4-43 所示。

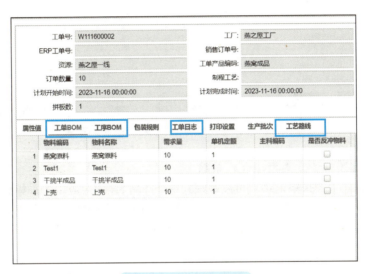

图 4-43 工单查询界面

3. 生产通用报表(主表)跟踪

生产通用报表(主表)能够从产品条码层面跟踪到具体产品的生产进度和生产过程中的相关信息。其中,当前工序为该条码(SN)截至当前最后采集过站的一个工序,下一工序为该 SN 当前准备需要采集过站的工序,通过"是否已完工"和"是否报废"字段可看到 SN 的整体状态。生产通用报表(主表)界面如图 4-44 所示。

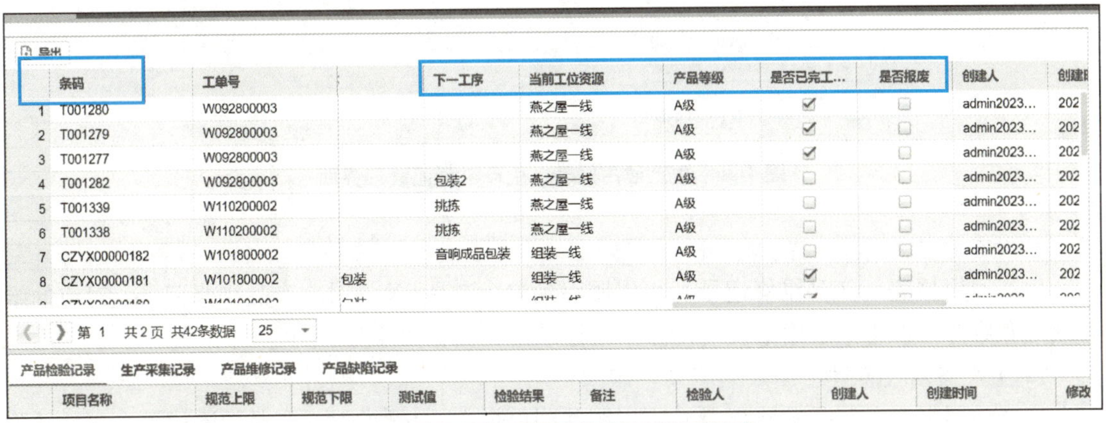

图 4-44 生产通用报表(主表)界面

4. 生产通用报表（产品检验记录）跟踪

生产通用报表（产品检验记录）可以跟踪到单个产品 SN 的对应产品检验记录，该记录是通过检验项目采集功能带出的对应工序的每一个检验项，包含检验项目、检验类型、检验标准、测试值和测试结果。生产通用报表（产品检验记录）界面如图 4-45 所示。

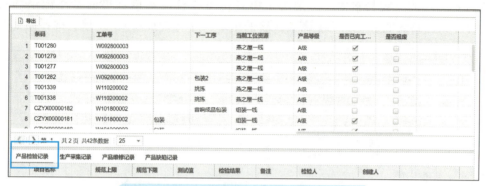

图 4-45　生产通用报表（产品检验记录）界面

5. 生产通用报表（生产采集记录）跟踪

生产通用报表（生产采集记录）可以跟踪到单个产品 SN 的对应生产采集记录，包括每个已采集工序的数据记录，并能够跟踪到装配工序绑定的关键件信息和检验采集工序的测试结果。

生产通用报表（生产采集记录）界面如图 4-46 所示。

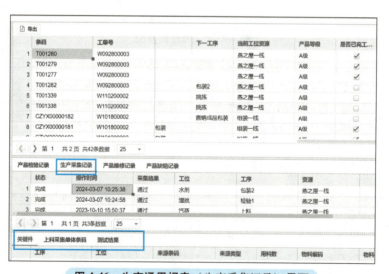

图 4-46　生产通用报表（生产采集记录）界面

6. 生产通用报表（产品维修记录）跟踪

生产通用报表（产品维修记录）可以跟踪到单个产品 SN 的对应产品维修记录、对应的维修缺陷和维修人。生产通用报表（产品维修记录）界面如图 4-47 所示。

7. 生产通用报表（产品缺陷记录）跟踪

生产通用报表（产品缺陷记录）可以跟踪到单个产品 SN 的对应产品缺陷记录，包括缺陷维修后判定的缺陷责任和维修措施。生产通用报表（产品缺陷记录）界面如图 4-48 所示。

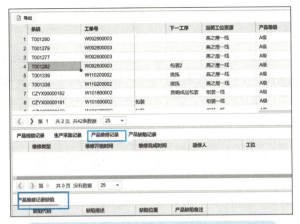

图 4-47　生产通用报表（产品维修记录）界面

图 4-48　生产通用报表（产品缺陷记录）界面

8. 产品工艺路线跟踪

产品工艺路线能够根据 SN 查询跟踪到对应产品的生产过程进度和总体情况。界面中工序变灰代表该工序已采集，其余代表还未采集的工序，从而使管理人员直观地看到单个产品的生产进度情况。产品工艺路线界面如图 4-49 所示。

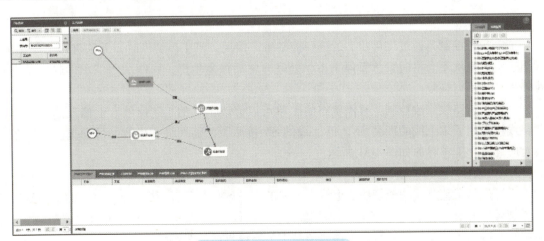

图 4-49　产品工艺路线界面

4.6.2 生产过程控制管理

生产过程控制是指为确保生产过程处于受控状态，对直接或间接影响产品质量的生产、安装和服务过程采取作业技术和生产过程的分析、诊断和监控。对企业而言，生产过程控制是为了让原料投入到成品落地这整个生产环节的生产质量得到控制，保证生产出符合质量要求的产品。

生产过程控制管理的作用在于对生产过程的质量控制进行系统安排，对直接或间接影响过程质量的因素进行重点控制并制订实施控制计划，确保过程质量。

1. 工艺路线控制

通过工艺路线功能管控产品的生产流程顺序，实现单项校验控制生产过程。在数据采集过程中，根据相应的工序流程属性的选择，系统会自动校验工序采集方式，例如是否必须采集。这意味着在某些情况下，可以根据实际情况选择是否采集数据，甚至可以跳过某些工序直接进入下一步操作。此外，系统也支持重复采集已经完成的工序的功能。

工艺路线界面如图 4-50 所示。

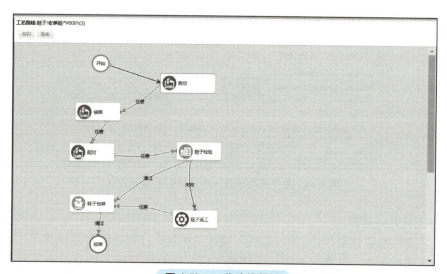

图 4-50　工艺路线界面

2. 工单控制

工单状态控制是通过工单状态的选择控制生产情况。当工单暂停时，无法进行工单采集，常用于生产批次不合格时紧急暂停工单，处理异常后恢复生产；强制关闭工单即将工单强制暂停生产，不可恢复。

工单工艺路线修改控制：暂停状态的工单可以修改工单的工艺路线，但修改后的工单工艺路线仅作用于未上线的产品 SN，已上线的 SN 按原工艺路线继续生产，可通过产品工艺路线对应修改。工单界面如图 4-51 所示。

3. 产品工艺路线控制

通过产品工艺路线功能管控已上线生产中的产品 SN 的工艺路线，选中相应的条码号后单击"暂停"按钮，重新定义当前工序或修改工艺路线后，单击"启用"按钮，该产品 SN 就会按修改后的工艺路线校验采集工序。产品工艺路线界面如图 4-52 所示。

图 4-51　工单界面

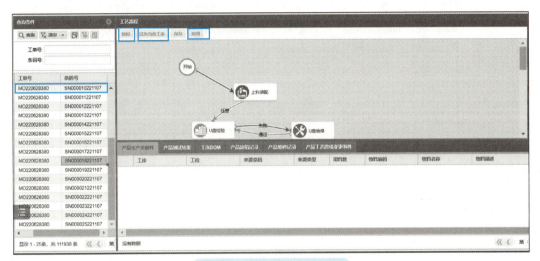

图 4-52　产品工艺路线界面

4. 工序 BOM 控制

通过工单的工序 BOM 界面管控生产过程中需要装配的关键物料，控制错料、漏料、多料情况的发生，在装配采集时校验工序 BOM 是否按对应物料和单位用量装配，完成后才允许过站。工序 BOM 界面如图 4-53 所示。

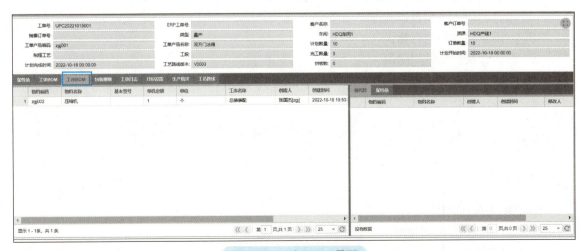

图 4-53　工序 BOM 界面

5. 工序技能控制

通过"工序技能"界面维护、管控生产过程，采集节点和人员技能的关联关系，控制生产过程中人员的工序操作权限，做到持证上岗管理，保证工序的正常产出。工序技能界面如图4-54所示。

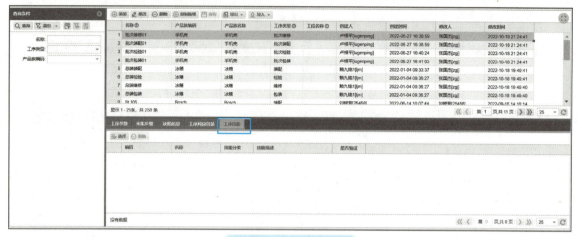

图 4-54　工序技能界面

选择题

1. 以下哪个不是生成过程跟踪与控制的内容（　　　）。
   A. 生产进度　　　B. 设备停机　　　C. 人员变动　　　D. 生产环境
2. 以下哪个不是生产过程控制的内容（　　　）。
   A. 设备的控制与维护　　　　　　B. 合格产品的控制
   C. 过程更改控制　　　　　　　　D. 文件控制
3. 对于不合格产品控制的描述不正确的是（　　　）。
   A. 严格执行不合格控制程序
   B. 对不合格产品进行标识
   C. 对不合格产品进行隔离
   D. 不合格产品可以混放在合格品区

任务 4.7　认识单体生产和多批次生产功能

任务目标

1. 了解什么是单体生产。
2. 了解什么是多批次生产。
3. 了解单体生产的采集功能和多批次生产的采集功能，并明白二者的差异。

任务描述

在进行生产采集操作前，先了解实际业务需求，判断生产产品属于单体生产还是批次生产，然后在系统中判断需要应用到生产采集的功能，以及这些功能分别能够实现的效果。

任务分析

在本任务中，需要了解单体生产和多批次生产的相关知识，对于生产方式的定义能够有更清晰的认知，对单体生产的过站采集、上料采集、检验采集、维修采集、包装采集，以及多批次生产的批次过站采集、批次上料采集、批次检验采集、批次维修采集、批次包装采集等功能，能够理解并操作，方便后续能够根据客户需求，结合系统进行对应操作。

知识准备

4.7.1 单体生产功能

单体生产功能

通常来说，产品具有唯一序列码，人们把能够实现精确追溯的产品称为单体产品。

在生产执行过程中，当需要采集产品条码信息，绑定并记录生产相关的信息，并能够按照工艺路线设定的工序顺序生产，并需要系统具有防止跳站、错站、漏站等管控的业务场景时就会使用单体生产的模式。单体生产主要适用于离散组装行业中单体价值较大、装配工艺复杂、需要按单件进行追溯和管理的场景。单体生产流程如图 4-55 所示。

单体生产管理按各行业应用经验总结可分为上料、检验、过站、包装、维修共 5 种工序采集类型。MES 对应开发了相关的采集功能，具体如下。

上料采集：用于对产品在生产过程中需要绑定物料并通过系统防错与质量追溯的工站。

检验采集：用于实现产品在生产过程中不合格品检验信息的采集与追溯的工站。

过站采集：用于只需要记录节点信息，对产品生产工序顺序的控制，保证成品的一致性的工站。

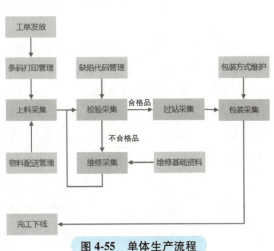

图 4-55 单体生产流程

包装采集：用于对发货时的外箱包装信息采集的工站。目前支持正常包装和加入包装。

维修采集：用于对检验后的不合格品填写维修信息的采集与追溯的工站。

1. 上料采集

上料采集流程如图 4-56 所示。

业务说明：

装配采集：校验资源工序匹配后判断是否存在工序 BOM，带出装配清单，进行产品工位扣料，若工位物料不足，则要进行上料。

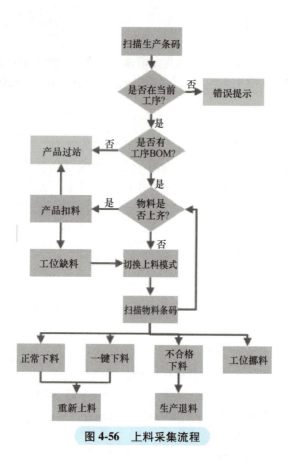

图 4-56 上料采集流程

上料：扫描物料标签条码即可上料，上料后系统支持工位物料的管理。

操作指导书：查看资源工序提前维护的 ESOP 文件，采集功能通用。

上料采集界面如图 4-57 所示。

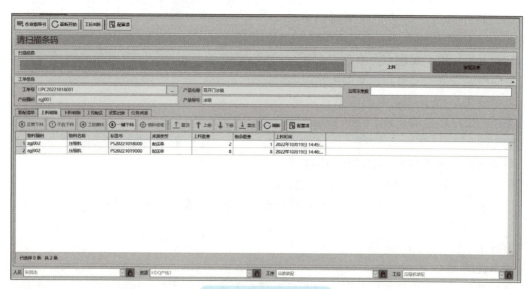

图 4-57 上料采集界面

2. 检验采集

检验采集流程如图 4-58 所示。

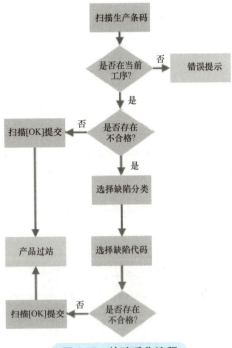

图 4-58 检验采集流程

业务说明：

检验采集将记录产品在工序的检验结果，在工单信息界面可查看当班不合格品数量。合格品直接单击"提交"过站，不合格品需记录具体的缺陷内容后提交。

检验采集界面如图 4-59 所示。

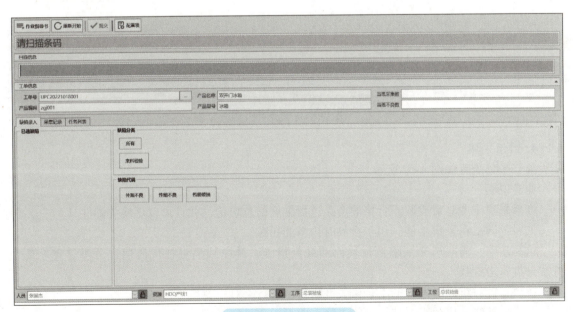

图 4-59 检验采集界面

3. 过站采集

过站采集流程如图 4-60 所示。

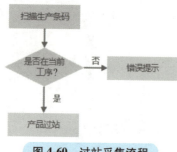

图 4-60　过站采集流程

业务说明：

过站采集记录节点信息，对产品生产工序顺序进行控制，保证成品的一致性。

过站采集界面如图 4-61 所示。

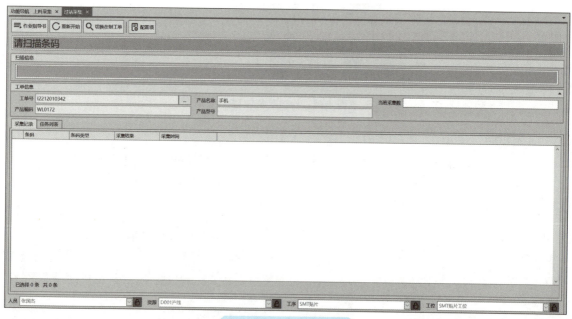

图 4-61　过站采集界面

4. 维修采集

维修采集流程如图 4-62 所示。

业务说明：

维修采集主要是对检验不合格的产品进行维修信息登记，并且可以更换关键件。

上料：同上料采集功能，用于换料时物料的扣减。

填写缺陷：需要选择缺陷责任代码和维修措施，其中缺陷责任代码通过分类管理功能，可按分类单击查找。

换料：针对维修时发现的不合格关键物料，进行一对一替换。

上线：维修完成后需要选择上线工序，即下一个采集工序。

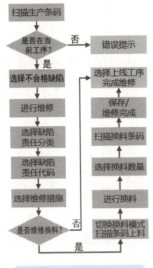

图 4-62　维修采集流程

维修采集界面如图 4-63 所示。维修录入、换料、上料界面如图 4-64 所示。

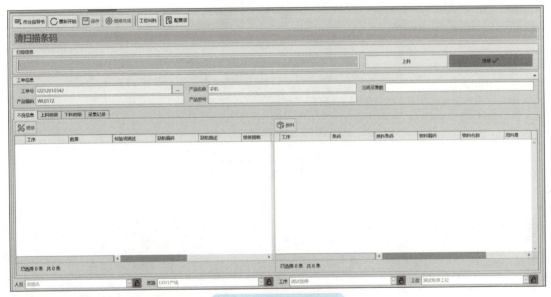

图 4-63　维修采集界面

5. 包装采集

包装采集流程如图 4-65 所示。

业务说明：

支持正常包装和加入包装。

手工打包：手工完成包箱。

自动打包：根据包装规则自动生成箱号完成装箱，但不会自动生成下级外箱。

自动级联打包：自动生成多层级的外箱。

根据规则配置自动生成条码及条码打印输出。

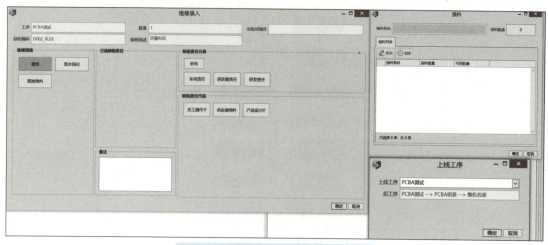

图 4-64 维修录入、换料、上料界面

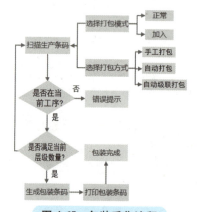

图 4-65 包装采集流程

包装采集界面如图 4-66 所示。

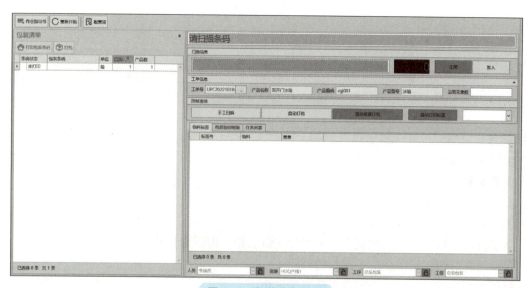

图 4-66 包装采集界面

4.7.2 多批次生产功能

通常来说，将按批次信息追溯、不具备产品的唯一序列号的产品称为批次产品。

多批次生产功能

对于量比较多、体积比较小、价值相对较低的产品，单件追溯成本相对较高、必要性低、体积小追溯不方便，因此采用批次追溯方式来满足工厂的追溯需要。企业对产品实行批次管理，可实现分批追溯，便于分析和处理质量问题，防止不合格情况扩大。生产过程中按照唯一批号进行装配、过站、检验、维修和包装等作业，需借助 MES 的生产采集功能采集并记录生产过程中的信息，以便后续按照批号追溯。MES 多批次采集功能适用场景为不以单个产品作为追溯对象，而是以多件产品作为一个整体在各工序间流转并追溯物料、质量信息的离散制造行业，如机械加工、装备制造行业。多批次采集功能特点如下：

1) 延用单件追溯的模式作为批次模式，只是追溯的对象代表的产品数量由 1 件变为多件。
2) 以生产过程的最小转运单元为追溯单元。
3) 建立多样化的批次生成机制以适应不同业务场景。
4) 采集工序建立载具转换机制。
5) 完善载具功能，如类型、型号、容量与产品匹配关系等。
6) 采集工序建立拆、合批的规则机制，并记录拆、合批的前后批次关系。
7) 建立采集信息与拆、合批后的追溯信息汇总。
8) 采集工序建立批次加工时段机制，单一工序分解为转入与转出操作。

1. 批次生成

业务说明：

批次生成在批次采集模式下使用。批次生成的数量可按工单、产品、载具预设值生成，或自定义批次数量，如果生成子批次，则生产采集时使用生成的子批次条码作业。批次打印模板维护时需要正确选择模板类型，否则批次生成时不能正常加载打印模板。批次生成界面如图 4-67 所示。

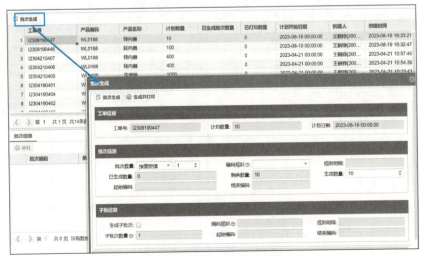

图 4-67 批次生成界面

2. 批次上料采集

业务说明：

批次上料采集将记录生产批次的转入和转出信息，并根据转出的批次数量来记录物料消耗。批次上料采集主要针对批次产品在装配工序进行配送接收、批次上料、生产配送等一系列业务操作，以减少人为防呆的情况和使用条码采集方式加快生产。批次上料采集界面如图4-68所示。

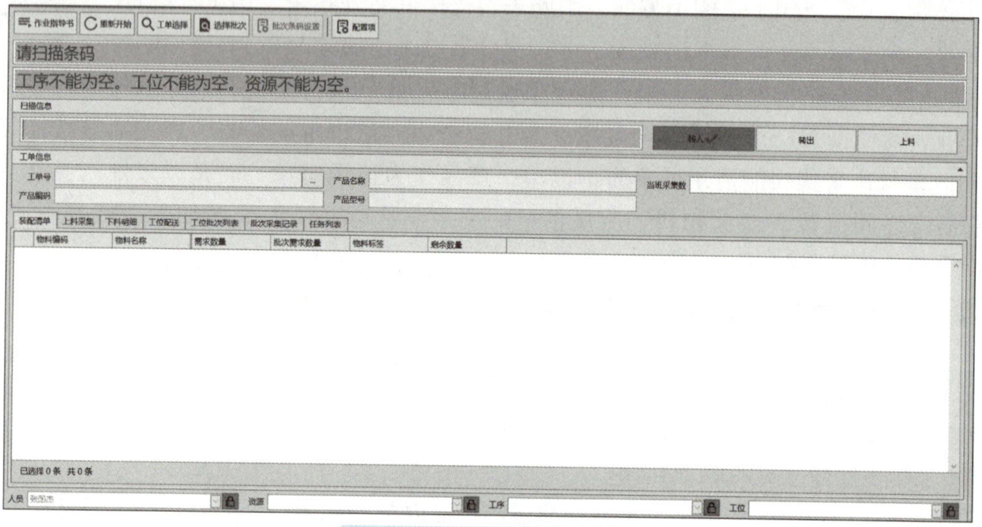

图4-68 批次上料采集界面

3. 批次检验采集

业务说明：

在批次检验时，会存在批次拆批和合批的情况，不合格的产品将会被从原批次数量中剔除，并生成一个新的批次去做维修，原批次将继续后工序生产。批次检验采集主要针对批次产品在检验工序，能够进行缺陷信息的快速录入，以减少人为填单的时间浪费，加快生产，也避免了检验单据管理的不可预见性问题。批次检验采集界面如图4-69所示。

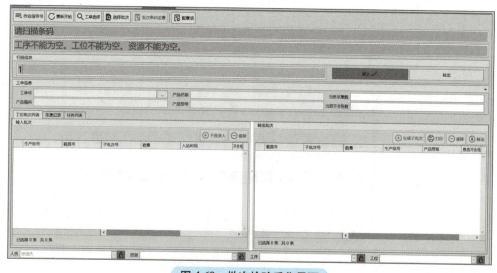

图4-69 批次检验采集界面

4. 批次过站采集

业务说明：

批次过站采集针对批次产品过站的操作与记录，同一次批次的子批可通过转出合并成一个批次，或针对一个大的批次进行拆批转出。批次过站采集通过扫描批次条码，记录批次的装配、过站信息、批次内拆分合并等操作，实现了批次产品的工序过站任务，为批次追溯的实现提供数据基础。批次过站采集界面如图 4-70 所示。

图 4-70　批次过站采集界面

5. 批次维修采集

业务说明：

批次维修采集将记录不合格批次的维修情况，包含维修措施和不合格原因等。它主要用于维修员针对检验工序检测出的有缺陷的批次产品，在确认缺陷后，选择进行维修或者换料的工作，维修完成录入维修措施和缺陷责任，选择工序重新上线。批次维修采集界面如图 4-71 所示。

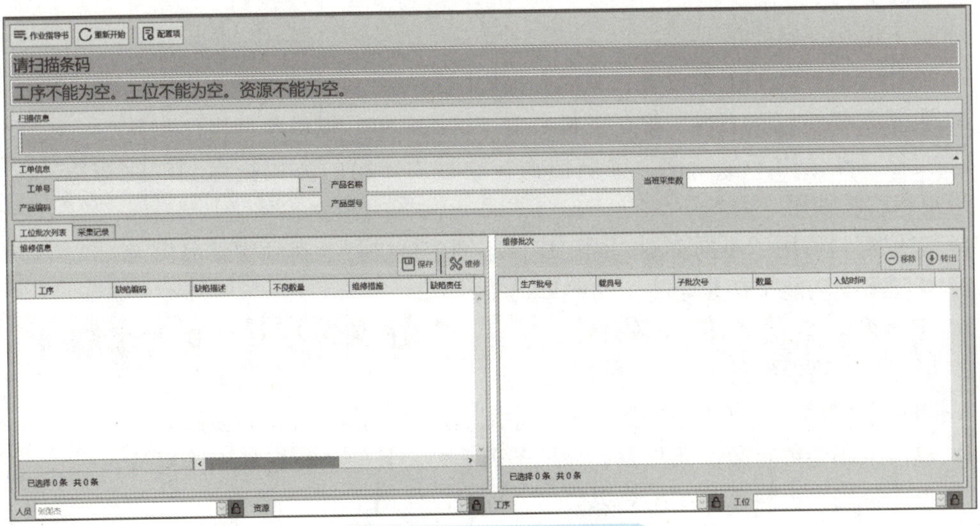

图 4-71　批次维修采集界面

6. 批次包装采集

业务说明：

批次包装采集与包装采集功能作用相同，操作模式同样支持手工扫码、自动打包、自动级联打包的方式，但同一个包装单元仅允许同一批次的子批次包入。批次包装采集界面如图 4-72 所示。

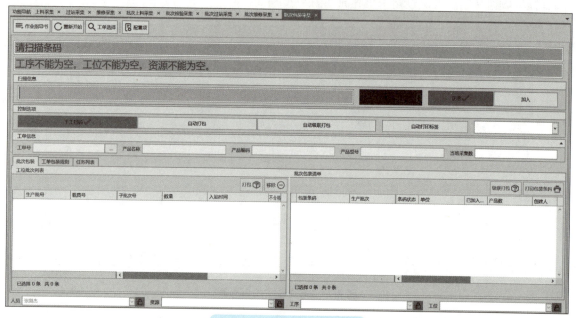

图 4-72　批次包装采集界面

选择题

1. 以下说法正确的是（　　）。
   A. 线边仓到产线的上料业务，只能扫描周转箱，上料后可以下料、工位挪料操作
   B. 上料采集中包含上料采集、下料采集、过站采集、挪料 4 种操作业务
   C. 过站采集适用于生产前，提前把物料通过周转箱的方式拖运到产线旁边，以便装配、采集和后续使用
   D. 工位挪料适用于不同资源、同工序、不同工位进行上料的挪料操作

2. 装配采集功能按钮位于哪个功能里（　　）。
   A. 上料采集　　　B. 单体采集　　　C. 装配采集　　　D. 过站采集

3. 以下描述错误的是（　　）。
   A. 单体条码用于定义上料的数量和仓库配送信息，供上料采集使用
   B. 单体条码能够重复的条件是，除了条码号外，其他的数据都不能相同
   C. 单体条码在上料采集和维修采集中，都可以使用
   D. 单体条码可以通过模板导入方式进行添加

模块4　生产执行模块

任务4.8　认识生产执行模块开发实践

任务目标

1. 了解生产执行模块需求分析的步骤。
2. 了解生产执行模块功能设计的内容。

任务描述

以电子装配生产执行流程和包装管理的需求为例，详细说明需求分析每步需要输出的内容。
以单体采集的生产执行为例，详细说明功能设计每步输入的内容。

任务分析

在本任务中，需要了解生产执行模块的需求来源和分析过程，以及生产执行模块具体的采集功能设计方案。

知识准备

4.8.1　生产执行模块的需求分析

需求分析步骤可分为：业务场景描述、业务作业流程说明、关键业务情形说明和定义功能四个步骤，如图4-73所示。

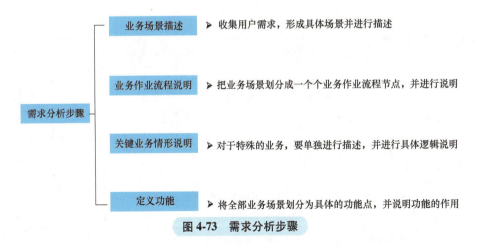

图4-73　需求分析步骤

1. 业务场景描述

业务描述：在电子产品装配过程中，不仅涉及的原材料物料种类较多，而且装配的点位又多又复杂，物料防错和追溯要求高。物控根据生产计划进行备料，在生产前按不同物料的管控要求进行物料防错，在制品经过 SMT、DIP、组装三大工段，采用不同的工单采集在制品的生产信息和原材料信息，包装完成后入成品仓。

目标价值：根据生产计划进行 JIT 备料和前加工处理，减少线边物料库存积压，提高物料

155

周转率。不同工段采用不同的物料管控模式进行物料防错,大幅度减少错料风险,降低错料成本。在制品条码化管理,增强在制品的过程管理,卡控不合格品的流转,实现全流程的质量追溯。通过智能转产,能将共用料、工装治具等转移到下个工单,有效减少转产时间,解决生产资源准备不齐全导致停工待产的问题。

2. 业务作业流程说明

业务作业流程如图 4-74 所示。电子产品装配流程步骤说明见表 4-4。

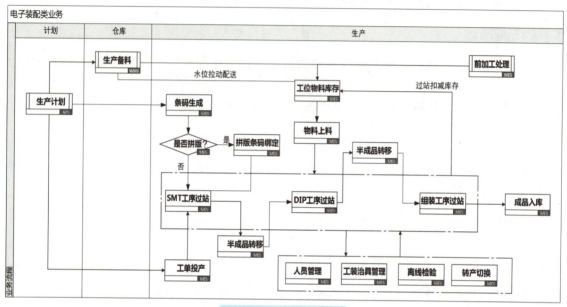

图 4-74 业务作业流程

表 4-4 电子产品装配流程步骤说明

编号	节点	步骤说明	输入文档	输出文档	负责部门/岗位
1	基础数据	系统实施前需提前维护以下基础数据:工艺路线、装配清单、设备分区、站位维护、产品料站表			工程部、设备部
2	条码生成	SMT 工段的工单生成或者导入 SN 条码			生产部
3	拼版条码绑定	需要拼版生产的产品需要绑定拼版条码和 SN 条码的关系			生产部
4	工单投产	确定工单在 SMT 工序生产时,更新工单的上线状态			
5	工位物料库存	仓库根据生产计划进行生产备料后配送至工位需要前加工处理的物料加工后增加工位库存			物控部
6	物料上料	SMT 工序物料上料时需要根据产品料站表进行绑定物料和站位、飞达的关系,物料用完时进行接料 DIP 工序和组装工序物料按工序或工位进行管控,上料需根据工序装配清单进行绑定物料和工序或工位关系	工单料站表、工序 BOM		生产部

(续)

编号	节点	步骤说明	输入文档	输出文档	负责部门/岗位
7	SMT 工序过站	SMT 工序扫描 SN 条码、拼版条码、载具过站，扣减设备的物料库存，绑定条码与物料标签的关系 SMT 工段完成后入库，由下工段工单进行领料生产			生产部
8	DIP 工序过站	DIP 工序扫描 SN 条码、拼版条码、载具过站，扣减工位的物料库存，绑定条码与物料标签的关系 DIP 工段完成后入库，由下工段工单进行领料生产			生产部
9	组装工序过站	组装工序扫描 SN 条码、拼版条码、载具过站，扣减工位的物料库存，绑定条码与物料标签的关系 DIP 工段完成后入库到成品仓			生产部

3. 关键业务情形说明

电子产品装配关键业务情形说明见表 4-5。

表 4-5 电子产品装配关键业务情形说明

编号	业务情形	描述/方案
1	物料上料	物料不同的管控方式采用不同的上料方式： SMT 工段：工单生产前，不仅需要维护工序物料清单，还需要按产品+设备维护料站表，在工单下发时生成工单的料站表；上料时，需要扫描物料标签和站位编码进行绑定，根据工单料站表进行物料防错校验 DIP/组装工段：工单生产前，维护工单的工序物料清单；上料时，需要选择设备后扫描物料标签，校验工序物料清单进行物料防错
2	半成品转移	上工段完成的半成品进入半成品仓，由下工段进行领料生产；领料时，领取的半成品条码（SN 条码和拼版条码）自动关联下一工段工单
3	工序过站	工序过站时，按需进行人员管理、工装治具管理、离线检验和转产切换

4. 定义功能

电子产品装配定义功能见表 4-6。

表 4-6 电子产品装配定义功能

编号	功能名称	功能说明	终端	备注
1	领料管理	按库存水位拉动式、工单进度拉动式，手动创建领料单 接收领料单，增加线边物料库存	PC	
2	前加工管理	按配置生成前加工任务 执行前加工任务，生产对应的物料标签		
3	产品料站表	维护或导入产品标准料站表	PC	

(续)

编号	功能名称	功能说明	终端	备注
4	工单料站表	比对工单 BOM 和产品料站表的差异后进行调整或强制通过，生成工单料站表	PC	
5	工单投产	更新工单上线状态，上线后的工单才能进行上料、工序采集等操作	PC	
6	上料管理	按不同物料管控进行上料，上料时执行物料防错	PC	
7	过站采集	绑定在制品条码和物料标签的关系 对原材料按用量进行扣减 生成在制品的过站记录	PC	
8	检验采集	检验工序过站采集 记录不合格在制品的不合格信息后触发不合格流程，合格在制品流向下工序		
9	智能转产	工单切换时，系统指导需要更换或保留的物料		

4.8.2 生产执行模块的功能设计

1. 整体功能介绍

1）生产执行过程中，需要设置采集点，采集产品条码信息，以记录产品生产流程中的信息。

2）根据工序类型的不同，采集点需配置的采集功能有所差异。

3）产品按照工艺路线设定的工序顺序生产，系统通过采集产品条码信息，防止跳站、错站、漏站。

4）上料采集需要对产品用到的关键零部件做物料的防错管理。

5）检验采集需要根据实际检验结果，记录缺陷原因。

6）维修采集对检验采集提出的缺陷做维修处理，提交维修措施或者换料。

7）包装采集对需要进行包装的产品自动生成和打印出包装条码。

生产执行模块业务管理流程如图 4-75 所示。

2. 过站采集

（1）过站采集流程图　过站采集流程如图 4-76 所示。

（2）过站采集需求描述

1）作业指导书：单击弹出 ESOP 看板，显示当前产品-工序关联的文档。

2）重新开始：清除已扫描的数据及已显示的异常消息提醒。

3）配置项：配置扫描枪端口信息及与计算机或其他设备通信串口参数。

4）消息提示框：显示采集成功/失败时的异常信息。

5）扫描框：采集条码信息。

6）工单信息：显示当前正在生产采集的工单信息。

7）采集记录：显示已扫码采集的条码信息，包括是（"PASS"）和否（"NG"）的条码。

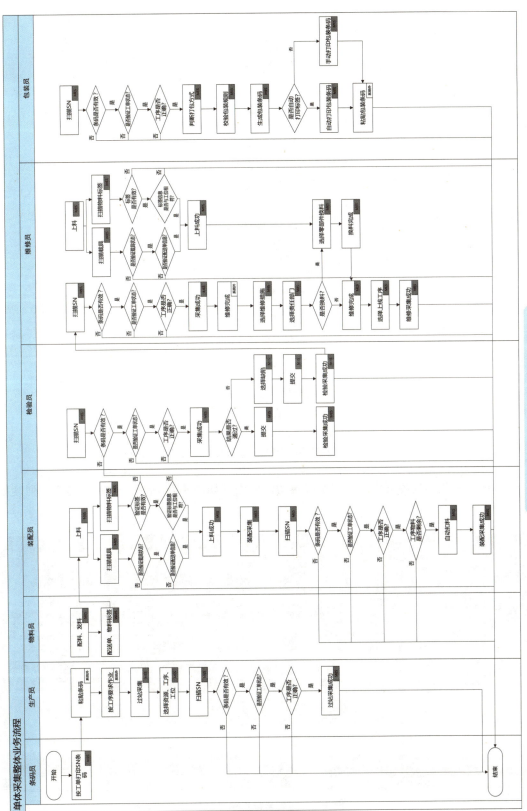

图 4-75 生产执行模块业务管理流程

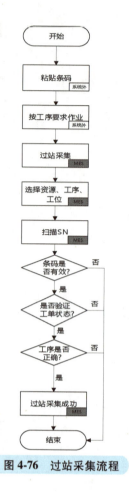

图 4-76 过站采集流程

（3）过站采集功能界面设计　过站采集功能界面图如图 4-77 所示，过站采集任务列表如图 4-78 所示。

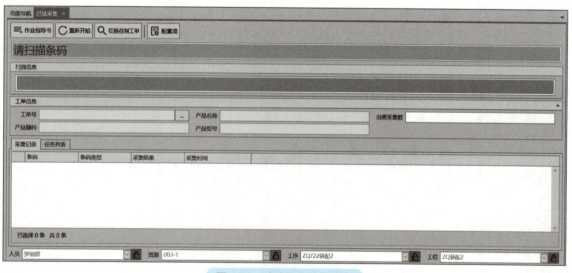

图 4-77 过站采集功能界面

图 4-78　过站采集任务列表

1) 过站采集界面字段说明见表 4-7。采集记录列表字段说明见表 4-8。

表 4-7　过站采集界面字段说明

字段	类型	默认值	必录	是否可编辑	字段说明
状态栏	标签控件			是	显示操作提示或错误提示 扫描条码： 1. 若条码所在工单已关闭，显示"工单已暂停，不允许生产" 2. 若工位所在产线没有设置班次，显示"没有设置班次，不允许生产" 3. 未到当前工序，显示"[生产条码：×××]产品未上线，上线工序为×××" 4. 重复过站（存在后续工序），显示"[生产条码：×××]采集工序不正确，上线工序为×××" 5. 重复过站（不存在后续工序），显示"[生产条码：×××]产品已生产完成，非返工或验证工单不允许再生产" 6. 采集成功，显示"[条码：×××]采集成功，请继续扫描产品条码" 7. 成功切换工单，显示"工单已切换，由[×××]切换到[×××]" 8. 若采集成功且成功切换工单，两种提示信息均要显示 [条码]Sup0017280]采集成功,请继续扫描产品条码 工单已切换,由[GD180903001]切换到[GD180831012]
扫描信息	文本框			是	扫描的条码信息
工单号	文本框			否	该工序在产工单编码
产品名称	文本框			否	产品编码对应的产品名称
产品编码	文本框			否	工单编码对应的产品编码
产品型号	文本框			否	产品型号
当班采集数	文本框			否	当前班次的采集数
人员	弹出框	当前登录人员		是	所有员工信息

(续)

字段	类型	默认值	必录	是否可编辑	字段说明
资源	弹出框			是	当前人员可以访问的资源
工序	弹出框			是	当前人员可以访问的工序
工位	弹出框			是	该工序下所有的工位

表 4-8 采集记录列表字段说明

字段	类型	默认值	是否必录	备注
条码			是	扫描的条码
条码类型			是	采集工序设置的条码类型
采集结果			是	采集工序设置的采集结果
采集时间			是	操作时间

2）过站采集逻辑说明见表 4-9。

表 4-9 过站采集逻辑说明

功能	逻辑说明
作业指导书	打开采集工序的作业指导书
重新开始	重置扫描状态
配置项	打开配置项界面 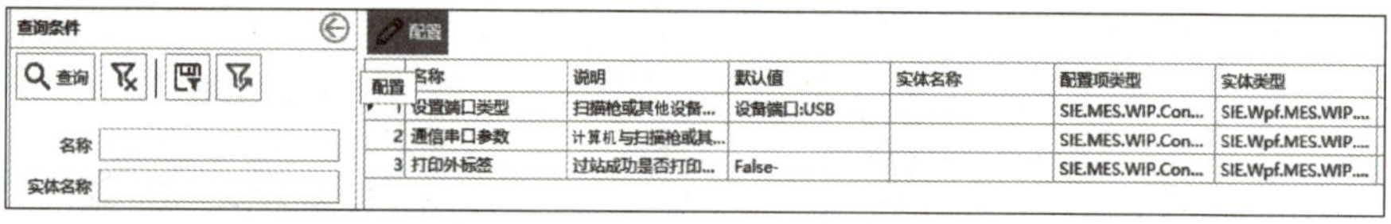
扫描条码	条码不属于在产工单，切换工单信息，更新工单编号、产品编码、产品名称、产品机型栏 条码采集成功后，条码信息追加到采集记录列表，包括条码、条码类型、采集结果、采集时间；当班采集数加1，班次转换时采集数清零
查看工单	单击工单查看按钮，打开工单信息界面，显示当前工单编号、数量、工单状态、销售订单、分配车间、计划开始时间、计划完成时间，以上信息均来自工单基本信息 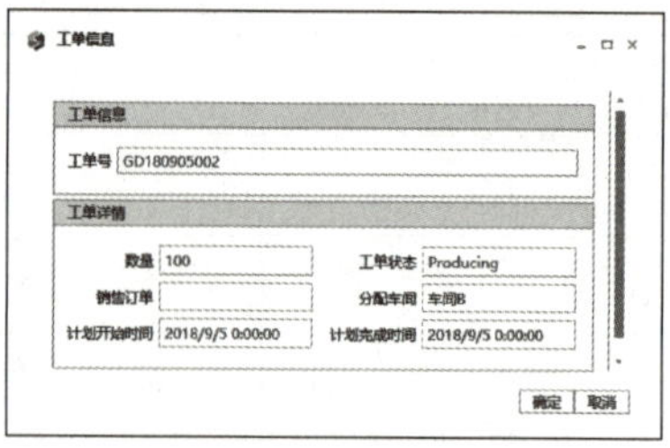
工单信息分栏	可以折叠隐藏或者展开

3. 上料采集

（1）上料采集流程　上料采集流程如图 4-79 所示。

模块4 生产执行模块

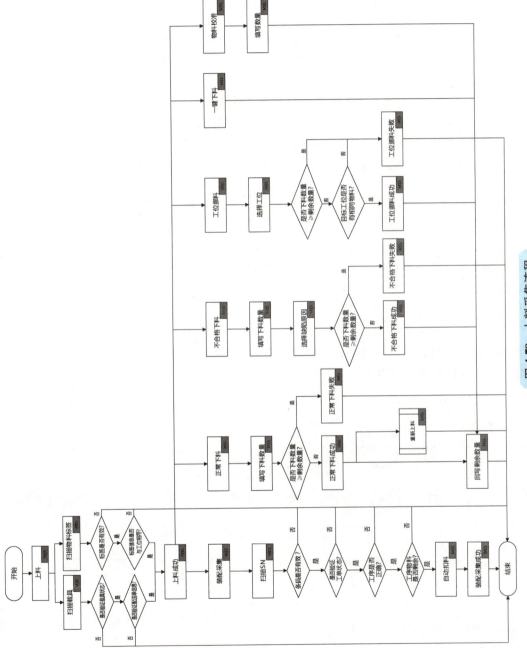

图 4-79 上料采集流程

（2）上料采集需求描述

1）作业指导书：单击弹出 ESOP 看板，显示当前产品-工序关联的文档。

2）重新开始：清除已扫描的数据及已显示的异常消息提醒。

3）配置项：配置扫描枪端口信息及与计算机或其他设备通信串口参数。

4）消息提示框：显示采集成功/失败时的异常信息。

5）扫描框：采集条码信息。

6）工单信息：显示当前正在生产采集的工单信息。

7）采集记录：显示已扫码采集的条码信息，包括是（"PASS"）和否（"NG"）的条码。

8）上料：采集物料信息，包括物料标签、配送单信息。

9）装配采集：采集产品条码信息，获取工单、工序数据。

10）正常下料：针对已上料未用完的物料进行正常下料操作。

11）不良下料：针对已上料，但在生产过程中发现物料不合格的物料进行不合格下料操作，填写缺陷信息。

12）工位挪料：同资源、同工序、不同工位之间挪料，以实现工位间物料的灵活使用。

13）一键下料：一键操作正常下料，减少正常下料操作。

14）物料校准：当实际物料剩余数量与系统剩余数量存在差异时，进行物料校准。

15）重新上料：对正常下料的物料重新上料使用。

16）工位叫料：参考拉动式物料配送管理模块内容。

（3）上料采集功能界面设计　　上料采集功能界面如图 4-80 所示，上料明细界面如图 4-81 所示，下料明细界面如图 4-82 所示，工位配送界面如图 4-83 所示，采集记录界面如图 4-84 所示，任务列表界面如图 4-85 所示。

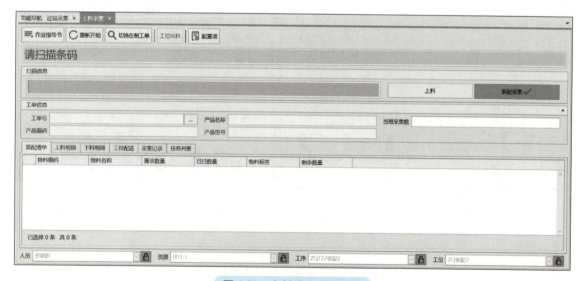

图 4-80　上料采集功能界面

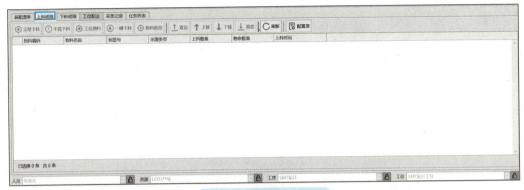

图 4-81 上料明细界面

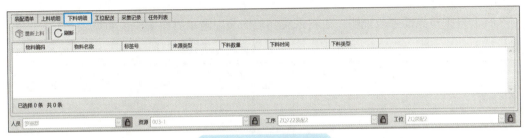

图 4-82 下料明细界面

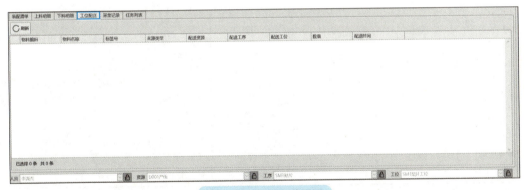

图 4-83 工位配送界面

图 4-84 采集记录界面

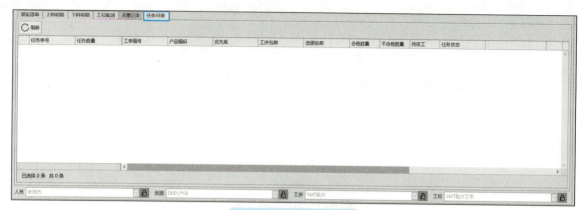

图 4-85　任务列表界面

（4）上料采集界面字段说明　上料采集功能中装配清单界面字段说明见表 4-10。

表 4-10　装配清单界面字段说明

字段	类型	默认值	是否可编辑	字段说明
物料编码	字符串	无	否	带出工单工序 BOM
物料名称	字符串	无	否	带出工单工序 BOM
需求数量	数值	无	否	带出工单工序 BOM
已扫数量	数值	0	否	1. 已扫数量不能大于需求数量 2. 批次扣料：已扫数量=需求数量 3. 单体用料：已扫数量=装配累加的单体条码次数
物料标签	字符串	无	否	1. 批次扣料：物料标签=显示的配送批次号 2. 单体用料：物料标签=装配累加的单体条码号
剩余数量	数值	无	否	1. 批次扣料：剩余数量=剩余数量 2. 单体用料：剩余数量=装配累加的单体条码次数

上料采集界面字段说明见表 4-11。

表 4-11　上料采集界面字段说明

字段	类型	默认值	是否可编辑	字段说明
物料编码	字符串		否	上料成功的物料编码
物料名称	字符串		否	上料成功的物料名称
标签号	字符串		否	上料成功的配送单号、物料标签号，配送管理物料显示配送单号，叫料单管理物料显示标配号
来源类型	字符串		否	配送管理——配送单，叫料单管理——叫料单

(续)

字段	类型	默认值	是否可编辑	字段说明
上料数量	数值		否	上料成功的配送数量
剩余数量	数值		否	上料数量-扣料数量
上料时间	日期		否	当前操作时间

下料明细界面字段说明见表4-12。

表4-12　下料明细界面字段说明

字段	类型	默认值	是否可编辑	字段说明
物料编码	字符串	无	否	工位挪料成功的物料编码
物料名称	字符串	无	否	工位挪料成功的物料名称
标签号	字符串	无	否	工位挪料成功的配送单号、物料标签号，配送管理物料显示配送单号，叫料单管理物料显示标配号
来源类型	字符串	无	否	配送管理——配送单，叫料单管理——叫料单
下料数量	字符串	无	否	输入的下料数量
下料时间	字符串	无	否	下料操作时间
下料类型	数值	无	否	正常下料、不合格下料

工位配送界面字段说明见表4-13。

表4-13　工位配送界面字段说明

字段	类型	默认值	是否可编辑	字段说明
物料编码	字符串	无	否	工位挪料成功的物料编码
物料名称	字符串	无	否	工位挪料成功的物料名称
标签号	字符串	无	否	工位挪料成功的配送单号、物料标签号，配送管理物料显示配送单号，叫料单管理物料显示标配号
来源类型	字符串	无	否	配送管理——配送单，叫料单管理——叫料单
配送资源	字符串	无	否	配送单、叫料单对应的配送资源
配送工序	字符串	无	否	工位挪料时，目标工序与当前采集界面的工序相同
配送工位	字符串	无	否	工位挪料时选择的工位
数量	数值	无	否	工位挪料成功时输入的数量
配送时间	日期+时间	无	否	工位挪料成功时的时间

（5）功能逻辑说明　上料采集功能逻辑说明见表4-14，下料功能逻辑说明见表4-15。

表 4-14　上料采集功能逻辑说明

操作步骤/功能按钮	操作说明
装配采集	需切换到"装配采集"功能方可进行装配操作 初始时切换到装配功能

扫描提交	扫描验证：
	1. 公用功能是否满足
	2. 产品条码必扫描
	3. 产品条码是否存在
	4. 产品条码的工单不能是关闭或暂停状态
	
	（流程属性：是否可选 □；重复过站 ✓；创建SKU □；名称 ZXX上料）
	
	5. If（重复过站＝真）：可重复扫描，扫描结果以最后一个为准
	　Else：不能重复扫描，需提示
	6. 产品条码属于同工位不同工单，需自动切换工单，如下：
	
	工单已切换,由[GD1809030000264]切换到[GD180903263]
	
	成功操作：
	　If（物料是拉动式）
	　{
	　If（上料剩余量>单机定额量 || 上料剩余量<单机定额量）
	　　自动扣减上料的剩余数量，同时回写工位货区的库存数量，且可以为负数
	　If（上料剩余量＝单机定额量）
	　　用单体条码装配，同时回写工位货区的库存数量
	　}
	　If（物料是推式 || 储备式）
	　{
	　If（上料剩余量>单机定额量）
	　　自动扣减上料的剩余数量，同时回写工位货区的库存数量，不可以<0
	　If（上料剩余量＝单机定额量 || 上料剩余量<单机定额量）
	　　用单体条码装配，同时回写工位货区的库存数量
	　}
	增加、修改"装配清单"信息：
	If（装配清单无数据）
	　增加行信息
	Else
	　修改"已扫数量""物料标签""剩余数量"三个字段的值
	If（装配清单已扫数量＝需求数量）
	　自动提交
	Else
	　扫描单体条码

装配清单	动态显示值，参考显示参数要求

(续)

操作步骤/功能按钮	操作说明
重新开始	框架通用
作业指导书	框架通用
配置项	框架通用
工位叫料	属于拉动式物料配送管理模块内容，具体逻辑参考拉动式物料配送管理功能设计文档

表 4-15　下料功能逻辑说明

操作步骤/功能按钮	操作说明
正常下料	1. 单个批次"正常下料"操作 2. 弹出模拟键盘窗口，如下： 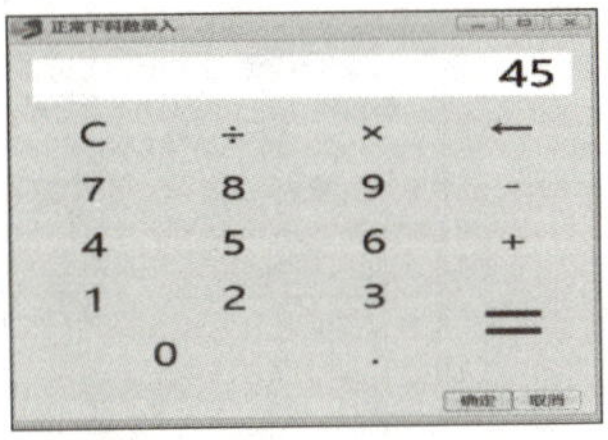 要求：可以键盘输入，也可以鼠标单击 验证：输入数量<剩余数量且输入数量>0 成功： 1）回写上料明细中的剩余数量，剩余数量=上料数量-下料数量 2）生成下料明细数据 3）清除选择行 4）回写工位货区对应货位的物料库存数量 5）回写"载具关联"功能配送单号对应的退料数量 6）回写"配送单"功能配送单号对应的退料数量
不合格下料	1. 单个批次"不合格下料"操作 2. 弹出不合格信息窗体，如下 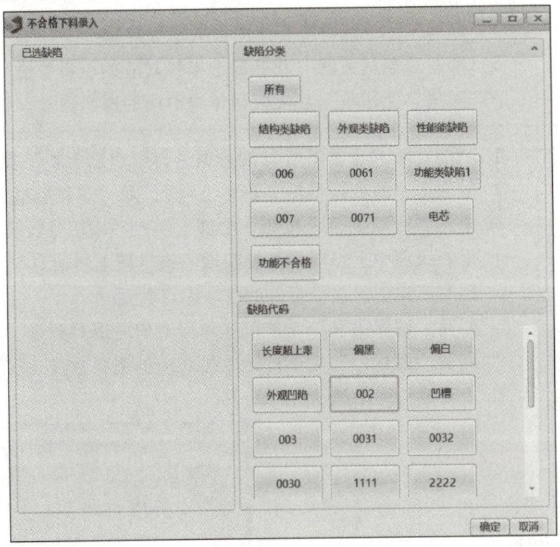

(续)

操作步骤/功能按钮	操作说明
不合格下料	要求： 1）加载所有缺陷分类和缺陷代码 2）可以根据选中的缺陷分类级联刷新缺陷代码 3）单击一个缺陷代码弹出模拟键盘窗口 要求：可以键盘录入也可以鼠标单击录入 验证：文本数量>0，否则不加入已选缺陷 验证：单击"确定"按钮，验证数量是否大于剩余数量 成功： 1）回写上料明细中的剩余数量，剩余数量=上料数量-下料数量 2）生成下料明细数据 3）清除选择行 4）回写工位货区对应货位的物料库存数量 5）回写"载具关联"功能配送单号对应的退料数量 6）回写"配送单"功能配送单号对应的退料数量
重新上料	1. 只能针对"正常下料"的数据进行"重新上料"操作 2. 如果选中的数据不是"正常下料"，则"重新上料"按钮不可用，否则相反 3. 单击"重新上料"按钮，全部上料，不用切分数量 4. 上料采集中上料明细页签新增一条重新上料信息 5. 回写工位货区对应货位的物料库存数量 6. 回写"载具关联"功能配送单号对应的退料数量 7. 回写"配送单"功能配送单号对应的退料数量 8. 上料成功弹出提示框，如下：

（续）

操作步骤/功能按钮	操作说明
工位挪料	1. 单个批次"工位挪料"操作 2. 弹出"工位挪料"窗口，如下：  要求： 1）配送数量只能输入正整数 2）目标产线下拉选择查询框 3）目标工序为原工序且不能修改 4）目标工位不是原工位 验证： 1）输入数量<剩余数量且输入数量>0 2）目标产线、目标工位必选 3）工位的货区相同不能挪料 4）工位未采集不能挪料 成功： 1）回写"上料明细"中的剩余数量，剩余数量=上料数量-下料数量 2）生成工位配送数据 3）选中行不再被选中 4）目标工位存在多个货位时，需输入货位名称，如下：  成功后扣减当前工位剩余数量，增加目标工位剩余数量，并新增一条目标工位的"工位配送"信息，如下：  显示名称：物料编码、物料名称、标签号、来源类型、配送线别、配送工位、配送工序、数量、配送时间

4. 检验采集

（1）检验采集流程　检验采集流程如图4-86所示。

（2）检验采集需求描述

1）作业指导书：单击弹出 ESOP 看板，显示当前产品-工序关联的文档。

2）重新开始：清除已扫描的数据及已显示的异常消息提醒。

3）配置项：配置扫描枪端口信息及与计算机或其他设备通信串口参数。

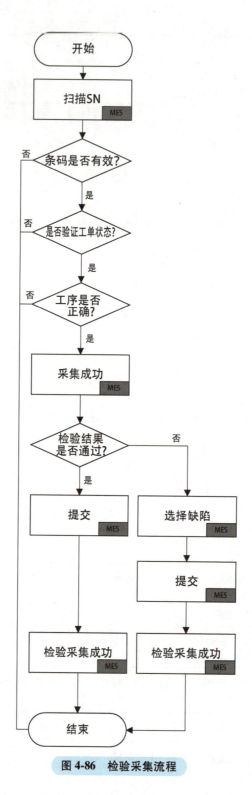

图 4-86 检验采集流程

4)消息提示框:显示采集成功/失败时的异常信息。

5)扫描框:采集条码信息。

6）工单信息：显示当前正在生产采集的工单信息。

7）采集记录：显示已扫码采集的条码信息，包括是（"PASS"）和否（"NG"）的条码。

8）缺陷录入：对检验结果为不合格的产品，录入缺陷信息。

提交：提交已选择缺陷的不合格的条码信息或提交检验结果为合格的条码信息。

（3）检验采集功能界面设计　检验采集功能界面如图4-87所示。

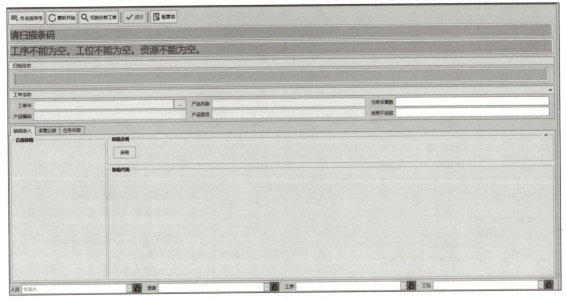

图4-87　检验采集功能界面

（4）检验采集界面字段说明　检验采集主界面字段说明见表4-16，采集记录界面字段说明见表4-17，生产因素选择区字段说明见表4-18。

表4-16　检验采集主界面字段说明

字段	类型	默认值	是否可编辑	字段说明
工单号	字符串		否	扫描条码信息带出工单号
产品名称	字段		否	扫描条码带出工单产品名称
当班采集数	数值		否	记录当前功能界面采集条码数量 退出检验采集功能时归为0 生产因素（人员、资源、工序、工位）变更时不影响当班采集数量
产品型号	字符串		否	工单生产产品型号
产品编码	字符串		否	工单产品编码
当班不合格数	数值		否	采集结果为失败的数量 退出检验采集功能时归为0 生产因素（人员、资源、工序、工位）变更时不影响当班不良数量

表 4-17 采集记录界面字段说明

字段	类型	默认值	是否可编辑	字段说明
条码	字符串		否	检验采集工序完成采集的条码号
条码类型	字符串		否	生产条码
采集结果	字符串		否	通过/失败 无缺陷录入，扫描条码—提交：通过 又缺陷录入，扫描条码—录入缺陷—提交：失败
采集时间	日期		否	提交成功时间

表 4-18 生产因素选择区字段说明

字段	类型	默认值	是否可编辑	备注	字段说明
人员	下拉查询选择框	二次登录默认	是	默认不可编辑	选取登录人员
资源	下拉查询选择框	二次登录默认	是	默认不可编辑	1. 首次选取企业模型是资源 2. 二次登录自动选取
工序	下拉查询选择框	二次登录默认	是	默认不可编辑	1. 首次登录时，获取该登录账号在员工维护中有权限的工序 2. 二次登录自动选取
工位	下拉查询选择框	二次登录默认	是	默认不可编辑	1. 首次选取已选择工序中的工位 2. 二次登录自动选取

（5）检验采集功能逻辑说明　检验采集功能逻辑说明见表 4-19。

表 4-19 检验采集功能逻辑说明

操作步骤/功能按钮	操作说明
扫描、提交	扫描验证： 1. 验证条码状态（可用/报废），报废条码不允许进行采集 2. 验证条码类型，是否与当前工序采集步骤相符 3. 验证条码工单信息和工单状态，生产中暂停或者强制关闭状态的工单，不允许进行条码生产采集 4. 验证条码工艺路线信息，是否处于当前采集工序；若不是，则报错提示条码当前所处工序 5. 验证是否有已扫描、未提交的条码数据，若有，则出现以下提示： 上一条码未提交,扫[OK]提交或者重新开始 成功操作： 1. 提示过站成功，如下： [606]过站成功 2. 无缺陷录入的条码过站成功：产品继续正常生产，条码信息按照工艺路线流入下一道工序；当班采集数+1；生成该条码采集结果为通过的记录 3. 有缺陷录入的条码过站成功：产品下线维修，条码信息流入维修工序；当班采集数+1；当班不合格数+1；生成该条码采集结果为失败的记录

(续)

操作步骤/功能按钮	操作说明
缺陷录入	操作流程：扫描条码—单击缺陷分类—选择缺陷代码—提交 1. 缺陷分类引用缺陷代码分类功能维护的数据 2. 缺陷代码引用缺陷代码功能维护的数据 3. 使用缺陷代码分类功能添加/删除/修改分类数据的结果，实时同步至缺陷分类选择框 4. 使用缺陷代码功能添加/删除/修改缺陷数据的结果，实时同步至缺陷代码选择框 5. 单击"所有"按钮，显示所有缺陷分类和缺陷数据 6. 选择某项缺陷分类，则默认显示该缺陷分类的缺陷代码可选项 7. 缺陷代码可多选 8. 删除已选缺陷代码：单击右上角的删除键 划伤 注：已选缺陷代码右下角数字在不合格下料时录入，检验采集功能缺陷代码不合格下料数量默认为1，且不可修改
查看工单信息	1. 工单信息的读取和切换通过扫描条码时实现，读取条码工单信息 2. 扫描条码后，单击工单信息按钮 ... ，显示工单详细信息
重新开始	框架通用
作业指导书	框架通用
配置项	框架通用

5. 维修采集

（1）维修采集流程　维修采集流程如图 4-88 所示。

（2）维修采集需求描述

1）作业指导书：单击弹出 ESOP 看板，显示当前产品-工序关联的文档。

2）重新开始：清除已扫描的数据及已显示的异常消息提醒。

3）配置项：配置扫描枪端口信息及与计算机或其他设备通信串口参数。

4）消息提示框：显示采集成功/失败时的异常信息。

5）扫描框：采集条码信息。

6）工单信息：显示当前正在生产采集的工单信息。

7）采集记录：显示已扫码采集的条码信息，包括是（"PASS"）和否（"NG"）的条码。

8）上料：采集物料信息，包括物料标签/配送单信息。

9）维修：采集检验判定存在缺陷的产品条码，获取缺陷信息，进行维修，填写维修措施和缺陷责任。

10）换料：对需要替换零部件的产品做换料操作。

11）工位叫料：参考拉动式物料配送管理模块内容。

12）维修完成：维修完成后选择工序上线。

（3）维修采集功能界面设计　维修采集界面如图 4-89 所示，维修上料界面如图 4-90 所示，维修采集记录界面如图 4-91 所示。

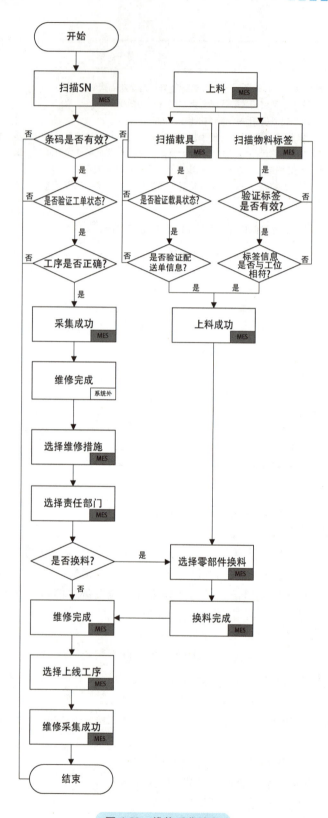

图 4-88 维修采集流程

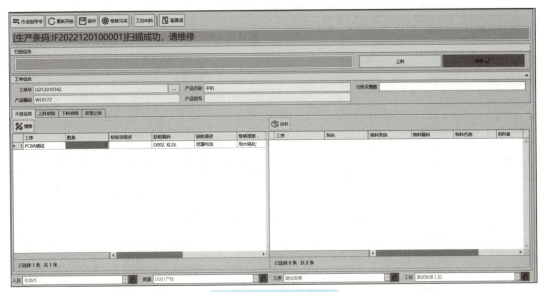

图4-89 维修采集界面

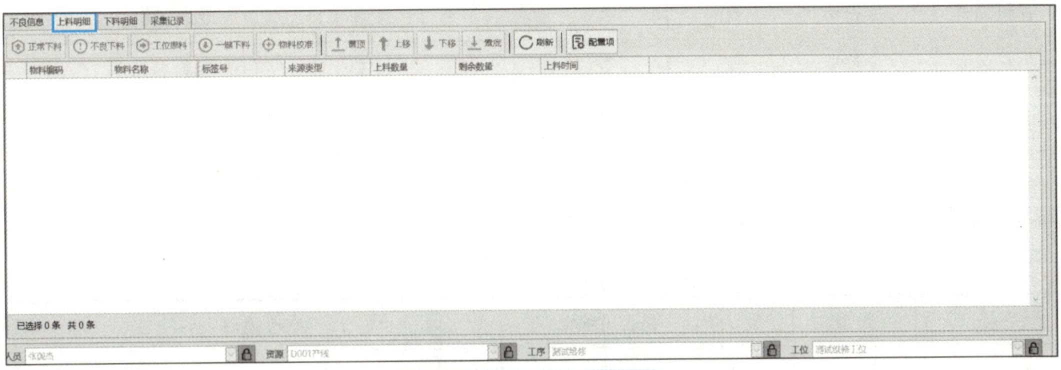

图4-90 维修上料界面

图4-91 维修采集记录界面

（4）维修采集界面字段说明　维修采集主界面字段说明见表4-20，维护采集上料和下料明细界面字段说明见表4-21和表4-22。

表 4-20　维修采集主界面字段说明

字段	类型	默认值	是否可编辑	备注	字段说明
不合格信息-工序	字符串	无	否		扫描缺陷条码时带出缺陷录入工序
检验项描述	字符串	无	否		扫描缺陷条码时带出
缺陷编码	数值	无	否		扫描缺陷条码时带出
缺陷描述	字符串	无	否		扫描缺陷条码时带出
维修措施	字符串	无	否	必选	维修录入时选择，选择项在"维修措施"功能维护
缺陷责任	字符串	无	否	必选	维修录入时选择，选择项在"缺陷责任"功能维护
备注	字符串	无	否		维修备注信息，由用户根据需求录入
换料-工序	字符串	无	否		扫描缺陷条码时带出工序 BOM 的上料工序
条码	字符串	无	否		上料采集工序 BOM 物料条码
换料条码	字符串	无	否		单体条码/批次上料配送单号
物料编码	字符串	无	否		上料采集工序 BOM 物料编码
物料名称	字符串	无	否		上料采集工序 BOM 物料名称
用料量	数值	无	否		工序 BOM 物料用量
是否换料	复选框	否	否		换料操作完成后，默认勾选，标记此物料进行换料

表 4-21　维修采集上料明细界面字段说明

字段	类型	默认值	是否可编辑	字段说明
物料编码	字符串	无	否	上料成功的物料编码
物料名称	字符串	无	否	上料成功的物料名称
标签号	字符串	无	否	上料成功的配送单号
来源类型	字符串	无	否	配送单
上料数量	数值	无	否	上料成功的配送数量
剩余数量	数值	无	否	上料数量-扣料数量
上料时间	日期	无	否	当前操作时间

表 4-22　维修采集下料明细界面字段说明

字段	类型	默认值	是否可编辑	备注	字段说明
物料编码	字符串	无	否		略
物料名称	字符串	无	否		略
标签号	字符串	无	否		略

(续)

字段	类型	默认值	是否可编辑	备注	字段说明
来源类型	字符串	无	否		略
下料数量	字符串	无	否		输入的下料数量
下料时间	字符串	无	否		下料操作时间
下料类型	数值	无	否		正常下料、不合格下料

（5）维修采集功能逻辑说明　维修采集主界面功能逻辑说明见表 4-23。维修采集上料、下料功能逻辑说明见表 4-24 和表 4-25。

表 4-23　维修采集主界面功能逻辑说明

操作步骤/功能按钮	操作说明
维修	需切换到"维修采集"功能方可进行维修操作 初始时切换到维修功能
扫描提交	扫描验证以下内容： 1. 公用功能是否满足 2. 产品条码必扫 3. 产品条码是否存在 4. 产品条码的工单不能是关闭或暂停状态 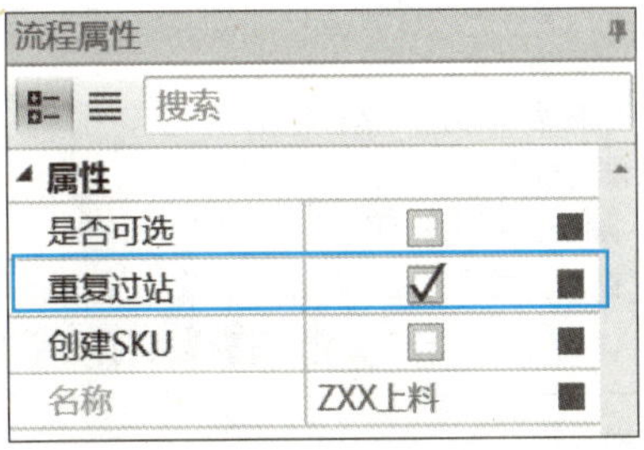 [流程属性对话框图片] 5. 如上图"流程属性"对话框中所示：If（重复过站=真） 　可重复扫描，扫描结果以最后一个为准 Else 　不能重复扫描，需提示 6. 产品条码属于同工位不同工单需自动切换工单，如下：  工单已切换,由[GD1809030000264]切换到[GD180903263] 7. 产品条码是否属于当前工序 成功操作如下： 1. 显示"扫描成功，请维修"，如下：  [生产条码:SN18082300004743]扫描成功，请维修 2. "不良信息"列表带出不合格（不良）信息明细，如下： 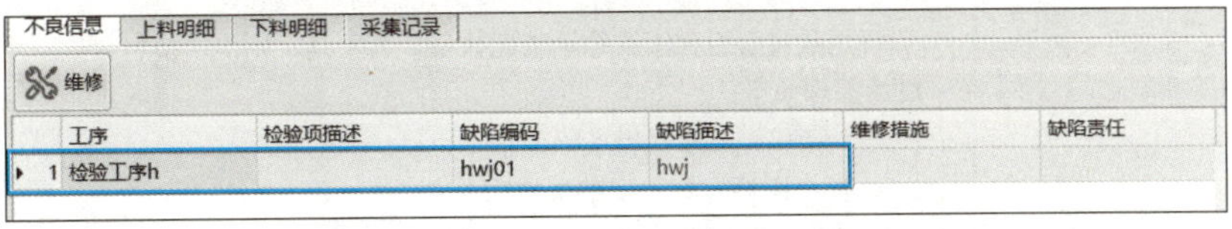

（续）

操作步骤/功能按钮	操作说明
扫描提交	3. 针对产品条码有工序 BOM 且经过上料采集，在进行维修采集时，显示工序 BOM 上料明细数据，如下： | 工序	条码	换料条码	物料编码	物料名称	用料量 | | --- | --- | --- | --- | --- | --- | | 组装工序h | PS180823046 | | 1831100030 | HDMI转接线 | 1 | | 组装工序h | PS180823047 | | 1831100029 | 电源线 | 1 |
上料	针对有工序 BOM 的工单，可进行单体或者批次上料，上料数据供维修换料时使用；具体请见 4.8.2 节上料采集功能介绍
维修	**维修前提如下：** 1. 产品条码经检验工序判定缺陷，扫描产品条码时带出缺陷信息 2. 维修措施已维护 3. 缺陷责任已维护 **维修录入以下内容：** 1. 缺陷责任录入：选择缺陷责任分类→选择缺陷责任代码，缺陷责任可多选；删除已选项，可以单击右上角 "×" [组长责任] 实现 2. 维修措施：维修措施可多选；单击选择维修措施项，状态变更由 [固定] 变为选中状态 [固定]，再次单击取消 **确定时验证以下内容：** 1. 缺陷责任必填项是否填写 2. 维修措施必选项是否选择 **维修完成操作：** 1. 提示选择上线工序 2. 提示"维修完成，请扫描条码"，如下： [SN18082300004744]维修完成，请扫描条码
换料	**换料前提如下：** 1. 产品条码对应产品编码存在工序 BOM 2. 产品条码经上料工序完成工序 BOM 装配采集 3. 维修采集——上料动作已完成，生成上料明细 4. 实际维修中存在换料的需求 **换料操作如下：** 1. 选中一行工序 BOM 物料 2. 单击"换料" 3. 选择/扫描换料条码 4. 确定后退出 **确定时验证以下内容：** 1. 换料条码是否存在 2. 换料数量与装配数量是否一致，若不一致，则报错提示"换料数量不能大于装配数量" 3. 换料编码与选择的工序 BOM 装配件编码是否一致 4. 可用数量是否大于或等于装配数量，若不是，则提示换料数量不足 **成功操作如下：** 1. 换料条码栏显示换料条码信息 2. 是否"换料"复选框默认勾选 3. 可用数量按照用料量扣减

（续）

操作步骤/功能按钮	操作说明
选择上线工序	维修完成→选择上线工序，如下： 1. 上线工序可选项为产品工艺路线的所有工序 2. 产品条码需在所选工序上线 3. 产品条码上线工序结果回写至产品工艺路线，产品条码自上线工序重新上线
重新开始	框架通用
作业指导书	框架通用
配置项	框架通用

表 4-24　维修采集上料功能逻辑说明

操作步骤/功能按钮	操作说明
上料按钮	需切换到上料功能方可进行上料操作 初始时切换到维修功能
扫描提交	扫描验证以下内容： 1. 公用功能是否满足 2. 周转箱条码是否存在 3. 周转箱条码是否在"使用中"状态 4. 物料编码是否在工单工序 BOM 中存在，若不存在，则弹出如下对话框： 无法上料,工单[GD180823222]工序BOM不存在物料[1831100030],是否继续上料 成功路线：当周转箱物料在工位货区指定了多个接收货位时，需扫描指定货位编码，提示如下： 请扫描其中的货位编号::test3,test4,test6 成功操作如下： 1. 提示上料成功 2. 生成上料明细数据 3. 回写工位货区相对应的货位物料库存数量 4. 回写（载具关联/配送单）的状态为已上料 5. 回写周转箱状态为闲置
上料明细	1. 只显示工位上料成功且剩余数量不为 0 的数据 2. 剩余数量＝上料数量-维修换料数量
重新开始	框架通用
作业指导书	框架通用
配置项	框架通用

表 4-25　维修采集下料功能逻辑说明

操作步骤/功能按钮	操作说明
正常下料	单个批次"正常下料"操作，弹出模拟键盘窗体，如下： 要求：可以用键盘输入，也可以用鼠标单击 验证：输入数量<剩余数量且输入数量>0 成功操作如下： 1）回写上料明细中的剩余数量，剩余数量=上料数量-下料数量 2）生成下料明细数据 3）清除选择行 4）回写工位货区对应货位的物料库存数量 5）回写载具关联功能配送单号对应的退料数量 6）回写配送单功能配送单号对应的退料数量
不合格（不良）下料	单个批次"不良下料"操作，弹出"不良下料录入"对话框，如下： 要求： 1）加载所有缺陷分类和缺陷代码 2）可以根据选中的缺陷分类，联级刷新缺陷代码 3）单击一个缺陷代码，弹出模拟键盘窗体 要求：可以用键盘录入，也可以单击录入 验证：文本数量>0，否则不加入已选缺陷

（续）

操作步骤/功能按钮	操作说明
不合格（不良）下料	验证：单击"确定"按钮，验证数量是否大于剩余数量 成功操作如下： 1）回写上料明细中的剩余数量，剩余数量=上料数量-下料数量 2）生成下料明细数据 3）清除选择行 4）回写工位货区对应货位的物料库存数量 5）回写载具关联功能配送单号对应的退料数量 6）回写配送单功能配送单号对应的退料数量
重新上料	1. 只能针对"正常下料"的数据进行"重新上料"操作 2. 若选中的数据不是"正常下料"，则"重新上料"按钮不可用，否则相反 3. 单击"重新上料"按钮，全部上料，不用切分数量 4. 上料采集中上料明细标签内新增一条重新上料信息 5. 回写工位货区对应货位的物料库存数量 6. 回写载具关联功能配送单号对应的退料数量 7. 回写配送单功能配送单号对应的退料数量 8. 上料成功，弹出对话框如下：
工位挪料	单个批次"工位挪料"操作，弹出"工位挪料"对话框，如下： 要求： 1）配送数量只能输入正整数

(续)

操作步骤/功能按钮	操作说明
工位挪料	2）目标产线下拉选择查询框 3）目标工序为原工序且不能修改 4）目标工位不是原工位 验证： 1）输入数量<剩余数量且输入数量>0 2）目标产线、目标工位必选 3）工位的货区相同不能挪料 4）工位未采集不能挪料 成功操作如下： 1）回写"上料明细"中的剩余数量，剩余数量=上料数量-下料数量 2）生成工位配送数据 3）选中行不再被选中 4）目标工位存在多个货位时，需输入货位名称 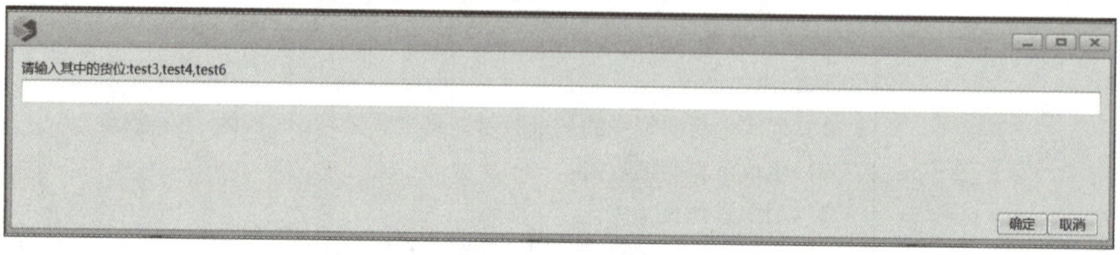 成功后扣减当前工位剩余数量，增加目标工位剩余数量，并新增一条目标工位的"工位配送"信息，如下： 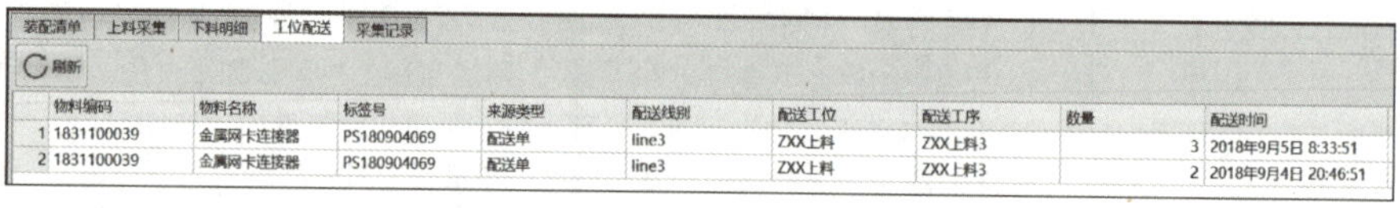 显示名称：物料编码、物料名称、标签号、来源类型、配送线别、配送工位、配送工序、数量、配送时间

6. 包装采集

（1）包装采集流程图　包装采集流程如图 4-92 所示。

（2）包装采集需求描述

1）作业指导书：单击弹出 ESOP 看板，显示当前产品-工序关联的文档。

2）重新开始：清除已扫描的数据及已显示的异常消息提醒。

3）配置项：配置扫描枪端口信息及与计算机或其他设备通信串口参数。

4）消息提示框：显示采集成功或失败时的异常信息。

5）扫描框：采集条码信息。

6）工单信息：显示当前正在生产采集的工单信息。

7）采集记录：显示已扫码采集的条码信息，包括是（"PASS"）和否（"NG"）的条码。

（3）包装采集功能界面设计　包装采集功能界面如图 4-93 所示。

（4）包装采集界面字段说明　包装采集界面字段说明见表 4-26。

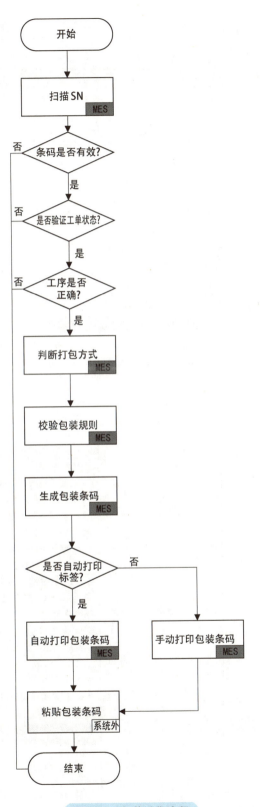

图 4-92 包装采集流程

MES开发与应用

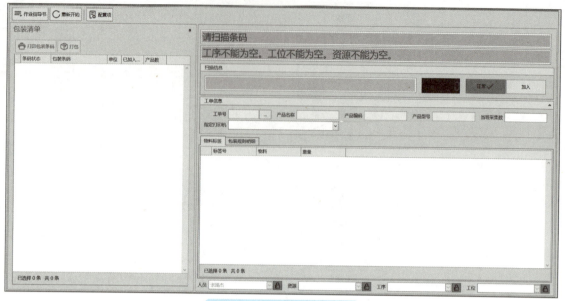

图 4-93 包装采集功能界面

表 4-26 包装采集界面字段说明

字段	类型	默认值	必录	可编辑	字段说明
状态栏	标签控件			否	显示操作提示或报错提示 扫描条码： 1. 若条码所在工单已关闭，显示"工单已暂停，不允许生产" 2. 若工位所在产线没有设置班次，显示"没有设置班次，不允许生产" 3. 未到当前工序，显示"[生产条码：×××]产品未上线，上线工序为×××" 4. 重复过站（存在后续工序），显示"[生产条码：×××]采集工序不正确，上线工序为×××" 5. 重复过站（不存在后续工序），显示"[生产条码：×××]产品已生产完成，非返工或验证工单不允许再生产" 6. 采集成功，显示"[条码：×××]采集成功，请继续扫描产品条码" 7. 成功切换工单，显示"工单已切换，由[×××]切换到[×××]" 8. 若采集成功且成功切换工单，两种提示信息均要显示 [条码:Sup0017280]采集成功,请继续扫描产品条码 工单已切换,由[GD180903001]切换到[GD180831012]
扫描信息	文本框			是	输入条码信息
产品重量	文本框			否	显示产品重量，来自物料基础资料
工单号	文本框			否	包装工序在产工单编码

(续)

字段	类型	默认值	必录	可编辑	字段说明
产品名称	文本框			否	产品编码对应的产品名称
产品编码	文本框			否	工单编码对应的产品编码
产品型号	文本框			否	产品型号
当班采集数	文本框			否	当前班次的采集数
人员	弹出框	当前登入人员		是	所有员工信息
资源	弹出框			是	当前人员可以访问的产线
工序	弹出框			是	当前人员可以访问的产线下工序
工位	弹出框			是	该工序下所有的工位

（5）包装采集功能逻辑说明　包装采集功能逻辑说明见表4-27。

表4-27　包装采集功能逻辑说明

功能	逻辑说明
作业指导书	单击以打开采集工序的作业指导书
重新开始	单击以刷新包装清单列表，重置扫描状态
配置项	单击以打开配置项界面，如下： 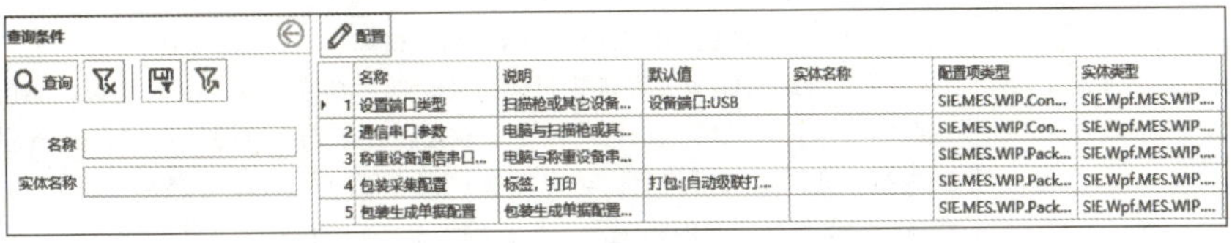
打印包装条码	单击以打印所选包装的条码
打包	用于产品打包存在尾数时，可手动打包成箱或栈板等包装号
包装清单	每次采集成功，在清单列表显示对应的包装结构，如下： 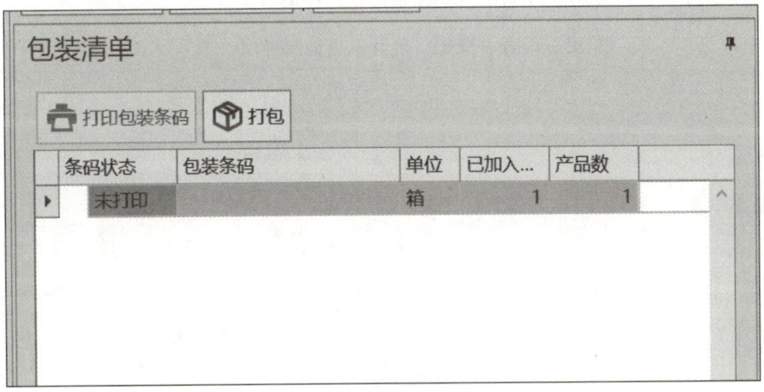 打包已完成最外层包装的数据后，从清单移除，不再显示

（续）

功能	逻辑说明
正常模式	单击切换至正常模式，状态栏显示如下信息： 请扫描条码 已切换扫描模式:正常 向同一包装加入条码，状态栏显示"［条码：×××］采集成功，请继续扫描产品条码" 新增包装层级显示"请扫描条码" 手动扫码：扫描单位条码，只生成上一层包装结构，在不重置状态的情况下，后续条码加入该包装，直到满足单位个数。如果扫描状态被重置或中断，扫描单位条码会生成新上一层包装结构。手动扫码不会生成包装条码 例如，扫描主单位条码后，会生成它的上层包装结构"内箱—主单位"。如果内箱包含的主单位数量未达到规则设置数量，继续扫描，主单位条码仍放置于该内箱；如果内箱包含的主单位条码数量满足规则设置数量，继续扫描，主单位条码会生成新的上层包装结构"内箱—主单位" 扫描内箱条码后，会生成它的上层包装结构"外箱—内箱" 扫描外箱条码后，会生成它的上层包装结构"栈板—外箱" 自动打包：功能逻辑与手动扫码一样，但会自动生成包装条码 自动级联：按包装规则，从最内层往外形成包装层次、自动生成包装条码，直到完成整个包装结构
加入模式	单击切换至加入模式，状态栏显示如下信息： 请先扫描同一包装里的条码,或者双击目标包装,进行加入扫码。 已切换扫描模式:加入 确定目标包装后，状态栏显示"包装［××（指待包装单位）］识别成功，请扫描要加入［××（指待包装单位）］包装条码"。如果后续扫描条码符合上一次包装规则，则提示不变。如果已装满包装设置数量，重置界面，后续扫描条码不符合上一次包装规则，则切回提示信息"请先扫描同一包装里的条码，或者双击目标包装，进行加入扫码" 加入模式有以下两种操作方式： 1. 扫描待加入包装内的任一条码，确定目标包装，然后扫描待加入的内层包装条码 2. 双击待加入的包装，确定目标包装，然后扫描待加入的内层包装条码 例如，内箱存放的主单位为两个，现已存在条码为 SN001 的产品，现在需要将产品 SN002 放入该内箱。选择加入模式后，可以扫描产品条码 SN001，确定待加入的内箱，然后扫描产品条码 SN002，或者双击该内箱记录，再扫描产品条码 SN002
手动扫码	选择此项，扫描条码后，若满足任一包装层级结构，则不自动生成条码
自动打包	选择此项，扫描条码后，若满足任一包装层级结构，则自动生成条码
自动级联打包	选择此项，扫描条码后，若满足包装结构，按包装层级自动生成条码、打包
自动打印标签	选择此项自动打印包装标签，否则不打印
查看工单	单击工单查看按钮，打开工单信息界面，如下： 显示当前工单号、数量、工单状态、销售订单、分配车间、计划开始时间、计划完成时间，以上信息均来自工单基本信息
工单信息分栏	单击按钮可以折叠隐藏或展开

4.8.3 生产执行模块数据库设计

本节学习生产通用报表的功能及生产执行模块数据库设计。

图 4-94 为生产通用报表界面展示图。表头信息有产品的条码、拼版码、组合板工单号、工单号、关联条码、是否 hold、工单类型、工单数量、工艺流程名称等；子表有产品检验记录、生产采集记录、产品维修记录、产品缺陷记录。

生产通用报表作用是展示生产执行过程中的各种信息。

生产执行模块
数据库设计

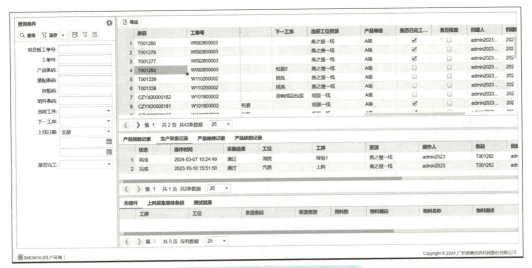

图 4-94　生产通用报表界面展示图

图 4-95 为生产采集记录总体结构 UML 图。

生产产品版本就是生产通用报表的表头，信息有容器条码、条码、客户条码、关键件、版本、是否已完工下线、型号等。产品检验记录、生产采集记录、产品维修记录、产品缺陷记录是生产通用报表的子表。

图 4-96 为产品检验记录 UML 图。产品检验记录显示采集的检验项目的检验结果。记录的信息有项目名称、规范下限、规范上限、测试值、备注等。

图 4-97 为生产采集记录 UML 图。生产采集记录显示每一工序的过站记录。记录的信息有操作时间、工序、资源、采集结果、班次、关键件、操作人。

图 4-98 为产品维修记录 UML 图。产品维修记录显示的信息有返修时间、返修人、资源、班次、工位、工序、缺陷列表。

图 4-99 为产品缺陷记录 UML 图。产品缺陷记录显示的信息有缺陷编码、缺陷位置、维修时间、维修人、工序、工位、检验项目、班次、资源、维修措施列表、缺陷责任列表。

4.8.4　生产执行模块开发

1. 生产采集运行时结构说明

图 4-100 是生产采集运行时 UML 图，它展示了四个实体的属性，分别是生产采集运行时产品（product）、运行时工艺路线（routing）、运行时工序（process）和运行时工序 BOM（bom），以及这四个实体之间的关系。图 4-101 是生产采集运行时产品（product）的实体代码。

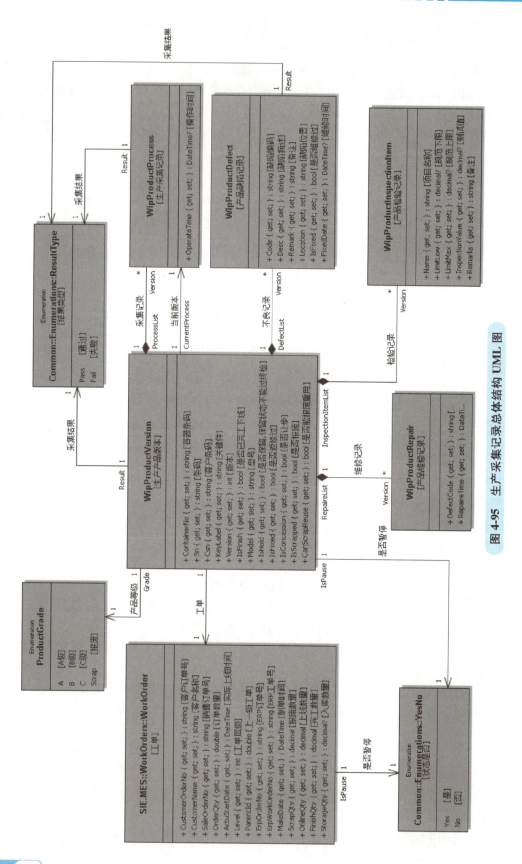

图 4-95 生产采集记录总体结构 UML 图

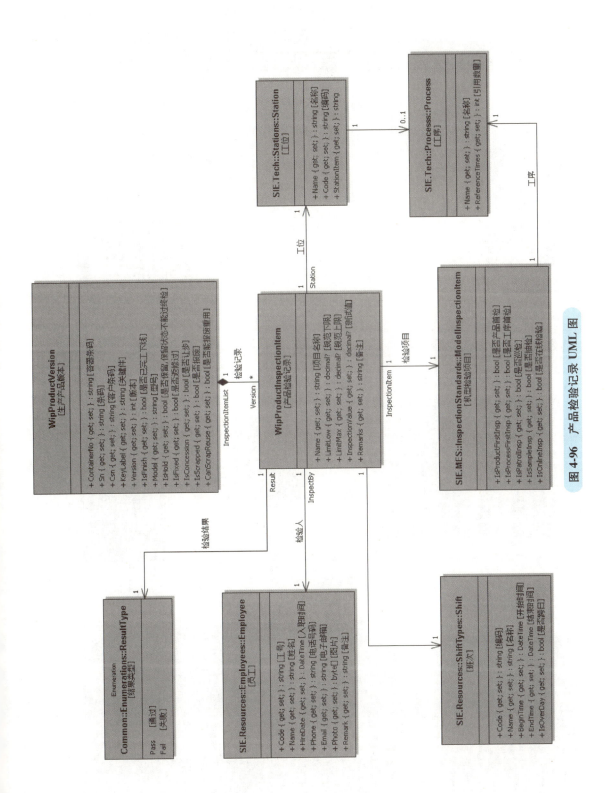

图 4-96 产品检验记录 UML 图

MES开发与应用

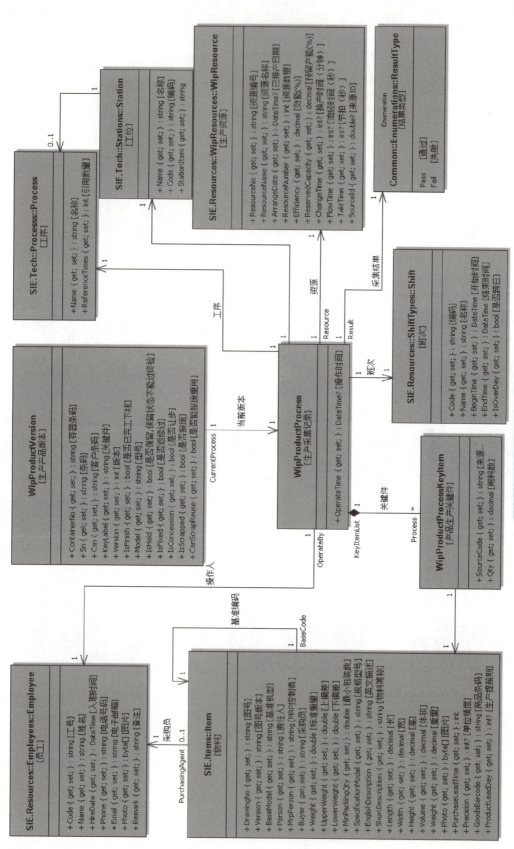

图 4-97 生产采集记录 UML 图

192

模块4 生产执行模块

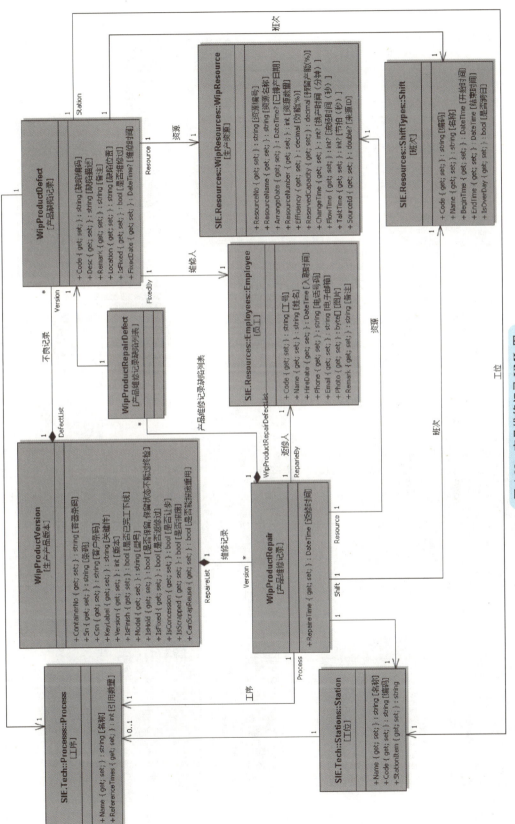

图 4-98 产品维修记录 UML 图

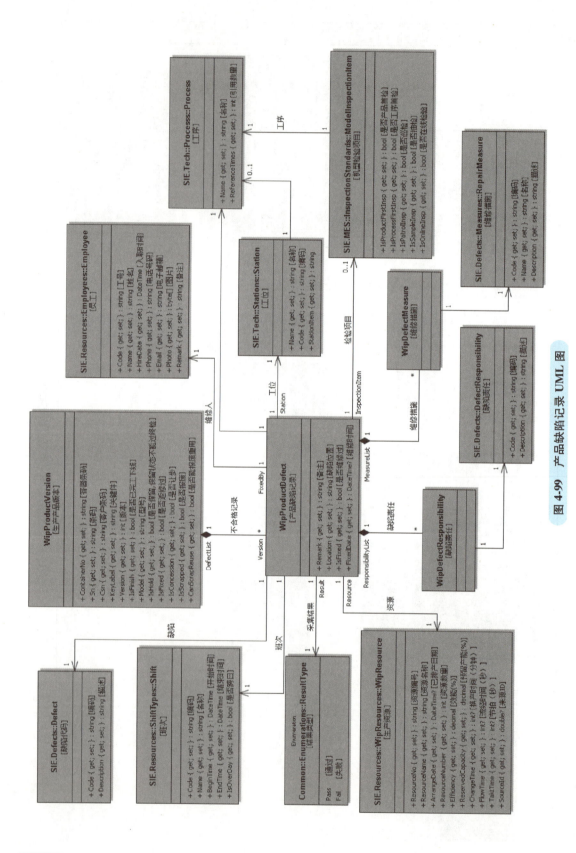

图 4-99 产品缺陷记录 UML 图

生产采集运行时产品（product）代表单个或一批产品，记录信息有物料、工单、运行时工艺路线（routing）、数量、是否扣押、不合格数量、报废数量、是否为不合格品等。

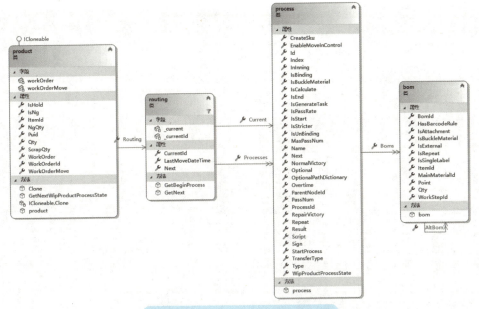

图 4-100　生产采集运行时 UML 图

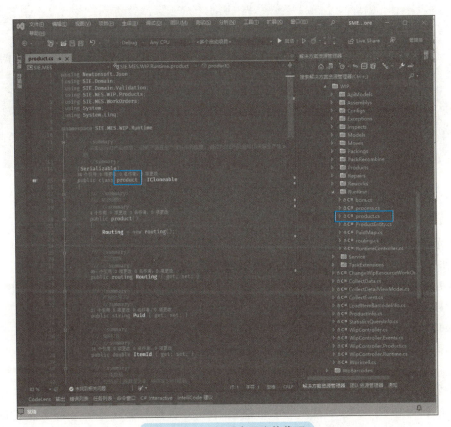

图 4-101　运行时产品实体代码

图 4-102 是运行时工艺路线的实体代码。运行时工艺路线记录信息有：当前运行时工序、所有运行时工序列表、后工序列表。其中，获取上线工序列表是重要的方法。

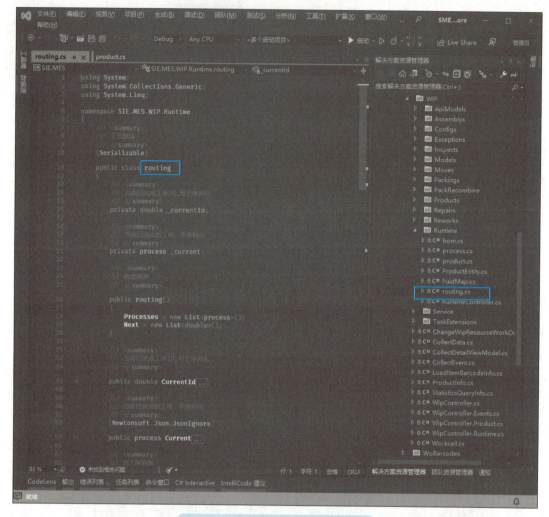

图 4-102 运行时工艺路线实体代码

图 4-103 是运行时工序的实体代码。运行时工序记录的数据来源于工艺路线中工序的信息。相关字段的作用可以参考 5.4.2 节工艺路线模块开发步骤的内容。

运行时工序还记录了运行时工序 BOM 列表。

图 4-104 是运行时工序 BOM 的实体代码。运行时工序 BOM 记录物料信息、用量、替代料等信息。数据的来源是工单工序 BOM。

图 4-105 是生产采集运行时的存储结构说明。存储数据时，将 product 用 Json 序列化成字符串，拆分成 50 个字符字段，每个字段长度为 2000 字符，用 ProductEntity 实体进行存储。

为什么不用 blob 类型进行存储？如果表中有 blob 类型字段，会导致表查询很慢。Oracle 字符类型最长可以到 4000 字符，考虑可能会有中文字符，所以每个字符字段长度为 2000 字符。

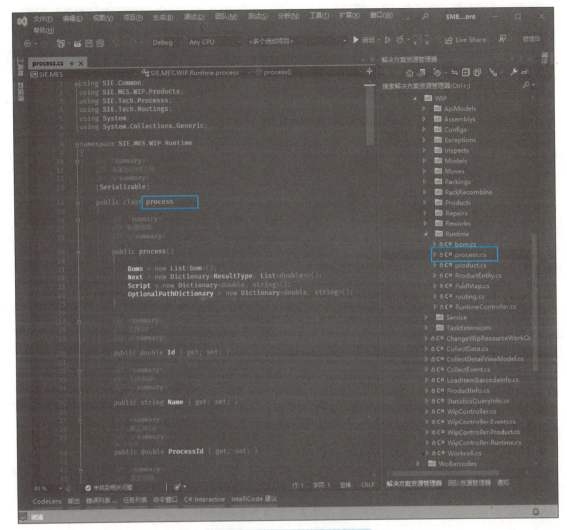

图 4-103　运行时工序实体代码

最后是设计生产采集运行时的目的。当产品条码上线时，将条码的工艺路线、工序、工序 BOM 信息进行序列化存储，当后续工序过站时，就不用去查表的数据，以达到提高程序效率的目的。运行时，数据在条码完工后，就会删除表的数据，这样能减少数据量，提高程序效率。

2. 过站采集程序逻辑概览

图 4-106 是过站采集程序时序图。该图说明了使用者在使用过站采集客户端时，输入条码并按下回车键后运行的过站采集逻辑时序关系。首先有一个 OnBarcodeChanged 方法，这个是条码扫描后的处理方法，然后会去验证批次条码，主要逻辑是调用后台批次转入逻辑。

图 4-107 是过站采集的 WipController.Move 方法的主要流程。

3. 过站采集核心逻辑

本节主要通过代码示例与解析来进行过站采集的核心逻辑说明。图 4-108 和图 4-109 分别为验证工作单元信息 ValidateWorkcellEx 方法和它调用的 ValidateWorkcell 方法的代码。

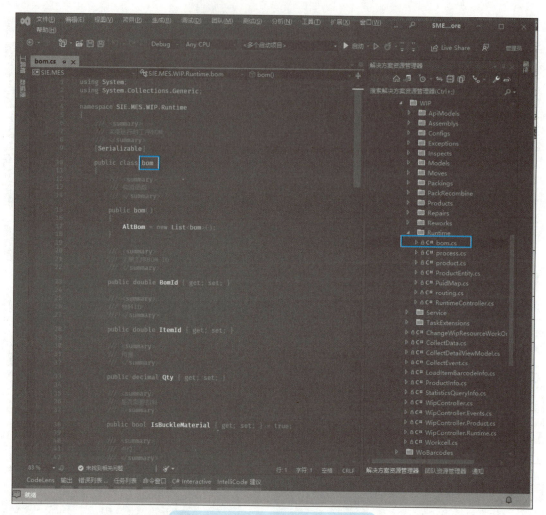

图 4-104 运行时工序 BOM 实体代码

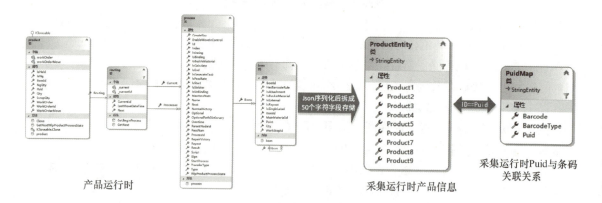

图 4-105 生产采集运行时的存储结构说明

验证工位与工序、产线的关系是否正确。当关系不正确时,提示工位正确的工序、产线。

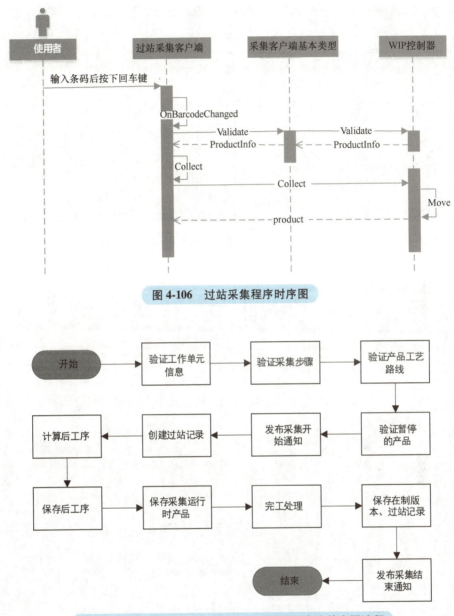

图 4-106 过站采集程序时序图

图 4-107 过站采集的 WipController.Move 方法的主要流程

图 4-110 是验证采集步骤 ValidateCollectStep 方法的代码。采集步骤是在"工序基础资料"的"采集步骤"标签中配置。它主要用于判断采集步骤数量与扫描的条码数是否相同。

图 4-111 是验证产品工艺路线 ValidateProduct 方法的代码。获取生产采集运行时产品（product）使用 RuntimeController.FindProduct 方法。product 为空则代表产品条码未上线，调用 CreateNewProduct 创建，会检查当前工序是否为上线工序，并将所有上线工序加入到后工序列表中。

该代码验证当前工序是否在生产采集运行时产品的后工序列表中，验证是否超过工序最大过站次数。

MES开发与应用

```
/// <summary>
/// 验证工作单元信息
/// </summary>
/// <param name="workcell">工作单元信息</param>
/// <returns>工序</returns>
/// <exception cref="EntityNotFoundException">资源未找到、工序未找到、工位未找到、用户未找到</exception>
/// <exception cref="ValidationException">工位关联产线不正确、工位关联工序不正确</exception>
//1 个引用 | 0 项更改 | 0 名作者, 0 项更改
public virtual void ValidateWorkcellEx(Workcell workcell)
{
    var station = Query<Station>().Where(t => t.Id == workcell.StationId &&
        t.ResourceId == workcell.ResourceId && t.ProcessId ==
        workcell.ProcessId).Count();
    if (station == 0)
        ValidateWorkcell(workcell);
}
```

图 4-108　验证工作单元信息 ValidateWorkcellEx 方法

```
/// <summary>
/// 验证工作单元信息
/// </summary>
/// <param name="workcell">工作单元信息</param>
/// <returns>工序</returns>
/// <exception cref="EntityNotFoundException">资源未找到、工序未找到、工位未找到、用户未找到</exception>
/// <exception cref="ValidationException">工位关联产线不正确、工位关联工序不正确</exception>
//3 个引用 | 0 项更改 | 0 名作者, 0 项更改
public virtual Process ValidateWorkcell(Workcell workcell)
{
    var line = GetById<WipResourceMove>(workcell.ResourceId);
    if (line == null)
        throw new EntityNotFoundException(typeof(WipResource),
            workcell.ResourceId);
    var process = GetById<Process>(workcell.ProcessId);
    if (process == null)
        throw new EntityNotFoundException(typeof(Process), workcell.ProcessId);

    var station = GetById<Station>(workcell.StationId);
    if (station == null)
        throw new EntityNotFoundException(typeof(Station), workcell.StationId);

    var user = GetById<EmployeeMove>(workcell.EmployeeId);
    if (user == null)
        throw new EntityNotFoundException(typeof(Employee), workcell.EmployeeId);

    if (station.ResourceId != line.Id)
        throw new ValidationException("工位[{0}]关联的资源不是[{1}], 应该是
            [{2}]".L10nFormat(station.Name, line.Name, station.Resource.Name));
    if (station.ProcessId != process.Id)
        throw new ValidationException("工位[{0}]关联的工序不是[{1}], 应该是
            [{2}]".L10nFormat(station.Name, process.Name, station.Process.Name));

    return process;
}
```

图 4-109　ValidateWorkcell 方法的代码

图 4-112 是验证扣押的产品 ValidateHoldProductEx 方法的代码。如果当前产品被扣押，在 FQC 工序则不允许过站。

```csharp
/// <summary>
/// 验证采集步骤
/// </summary>
/// <param name="barcodes">条码数组</param>
/// <param name="steps">采集步骤数组</param>
/// <param name="collectBarcode">采集步骤（前端传入）</param>
/// <param name="noValidateStep">不验证采集步骤</param>
/// <returns>采集条码集合</returns>
/// <exception cref="ValidationException">条码与采集步骤不一致，条码为空</exception>
2 个引用 0 项更改 0 名作者，0 项更改 4 个传入变更
protected virtual IList<CollectBarcode> ValidateCollectStep(string[] barcodes, ProcessCollectStep[] steps,
  CollectBarcode collectBarcode, bool noValidateStep)
{
    var result = new List<CollectBarcode>();
    if (noValidateStep)
        result.Add(collectBarcode);
    else
    {
        if (barcodes.Length != steps.Length)
            throw new ValidationException("条码与采集步骤不一致".L10N());
        for (int i = 0; i < barcodes.Length; i++)
        {
            if (barcodes[i].IsNullOrWhiteSpace())
                throw new ValidationException("条码类型：{0} 的条码不允许为空".L10nFormat
                  (EnumViewModel.EnumToLabel(steps[i].BarcodeType)));
            result.Add(new CollectBarcode { Code = barcodes[i], Type = steps[i].BarcodeType });
        }
    }
    return result;
}
```

图 4-110　验证采集步骤 ValidateCollectStep 方法的代码

```csharp
/// <summary>
/// 验证采集运行的产品的工艺路线
/// </summary>
/// <param name="barcode">条码</param>
/// <param name="workcell">工作单元</param>
/// <returns>采集运行的产品</returns>
5 个引用 0 项更改 0 名作者，0 项更改 4 个传入变更
protected virtual product ValidateProduct(CollectBarcode barcode, Workcell workcell)
{
    var product = RuntimeController.FindProduct(barcode);
    var version = FindLastWipProductVersion(barcode);
    if (product == null) //可能未上线，或者数据已清空
    {
        if (version == null) ////没有生产记录，创建新产品
        {
            if (barcode.Type == BarcodeType.SN)
            {
                var rconfig = ConfigService.GetConfig(new CheckBcRangeStateConfig());
                if (rconfig != null && rconfig.IsCheck)
                {
                    var sn = RT.Service.Resolve<BarcodeController>().GetBarcode(barcode.Code);
                    if (sn.Range.State == ReceiveState.NoReceive)
                        throw new ValidationException("[{0}]未领用,不允许上线".L10nFormat(barcode));
                }
            }
            product = CreateNewProduct(barcode, workcell);
        }
        else if (version.IsFinish)
        {
            //if (version.IsScrapped) ////报废的尝试重用创建新产品
            //    product = CreateScrapReuseProduct(version, barcode, workcell);
            //else
            //{
                //完成的尝试创建新版本
                product = CreateVersionProduct(version.Product, barcode, workcell);
            //}
        }
        else if (version.IsScrapped)
        {
            product = CreateScrapReuseProduct(version, barcode, workcell);
        }
        else
        {
            //根据version还原product
            product = RecoverProduct(version);
        }
    }
    else
```

图 4-111　验证产品工艺路线 ValidateProduct 方法的代码

图 4-112 验证扣押的产品 ValidateHoldProductEx 方法的代码

图 4-113 是条码关联 Puid（即 MapBarcodes 方法），在多采集步骤时，将后面的条码也关联到同一个 Puid。应用的场景如上线使用组件条码，在某个工序配置采集组件条码和生产条码。在这时就可以将生产条码与原来的生产运行时 product 关联起来。

图 4-113 条码关联 Puid（MapBarcodes 方法）的代码

图 4-114 是创建过站记录：CreateWipProductProcess 方法的代码。它的作用如下：①对当前生产资源在当前时间所排的班次取值；②创建生产采集记录（WipProductProcess）；③更新产品等级和处理产品报废（运用 UpdateProductGrade 方法）；④若为维修工序，则更新为已修复；⑤若检验工序不合格，则更新 product 为"不良"；⑥若工序配置为创建 SKU，则进行 SKU 创建（新增 ItemLabel，在包装时要使用到）；⑦调用 OnWipProductProcessFinished 方法（此方法留给子类实现）；⑧更新生产产品版本（WipProductVersion 生产通用报表）的当前工序。

图 4-115 是计算后工序：ComputeNextProcess 方法的代码。它的作用如下：①调用 DetermineInning 方法，判断是否还在局中，如果还在局中，则返回；②当前工序为工艺路线的最后

```csharp
/// <summary>
/// 
/// </summary>
/// <param name="product"></param>
/// <param name="version"></param>
/// <param name="barcodes"></param>
/// <param name="collectData"></param>
/// <param name="workcell"></param>
/// <returns></returns>
1 个引用|1 名作者，1 项更改|4 个传入变更
protected virtual WipProductProcess CreateWipProductProcess(product product, WipProductVersion version,
  IList<CollectBarcode> barcodes, CollectData collectData, Workcell workcell)
{
    debug
    var currentTime = RF.Find<WipProductProcess>().GetDbTime();
    var shift = RT.Service.Resolve<WipResourceController>().GetWipResourceShift(workcell.ResourceId, currentTime);

    debug

    WipProductProcess wipProductProcess = new WipProductProcess();
    wipProductProcess.GenerateId();
    wipProductProcess.ProcessId = workcell.ProcessId;
    wipProductProcess.ResourceId = workcell.ResourceId;
    wipProductProcess.Result = collectData.Result;
    wipProductProcess.StationId = workcell.StationId;
    wipProductProcess.OperateById = workcell.EmployeeId;
    wipProductProcess.OperateTime = currentTime;
    wipProductProcess.Shift = shift;
    wipProductProcess.Barcode = barcodes.LastOrDefault().Code;
    wipProductProcess.State = collectData.State;
    wipProductProcess.Version = version;

    var wipProduct = version.Product;

    foreach (var barcode in barcodes)...
```

图 4-114　创建过站记录：CreateWipProductProcess 方法的代码

一个工序，且采集结果为通过时，完工下线；③将后工序列表（product. Routing. Next）清空；④将当前工序的采集次数+1；⑤若当前工序可重复过站，则将当前工序加入后工序列表中；⑥调用 ComputeNextProcess 方法，递归计算后工序，当采集结果为“通过”或“失败”时，在当前运行时工序的 Next 字典中找到以采集结果为 Key 的值，取第一个工序；当采集结果为“Custom”时，要根据采集参数中配置的脚本运行结果找到后工序（这个逻辑是在批次采集中使用）；⑦如果后序是可选工序，则继续调用 ComputeNextProcess 方法，递归计算后工序。

```csharp
/// <summary>
/// 计算后工序
/// </summary>
/// <param name="product"></param>
/// <param name="result"></param>
/// <param name="collectData"></param>
4 个引用|0 项更改|0 名作者，0 项更改
internal virtual void ComputeNextProcess(product product, ResultType result, CollectData collectData)
{
    if (collectData != null && DetermineInning(product, result, collectData))
        return;
    if (product.Routing.Current.IsEnd && result == ResultType.Pass)
        return; //完成下线
    product.Routing.Next.Clear();
    product.Routing.Current.PassNum += 1;//更新下一工序集合时将当前工序采集次数+1
    var processList = product.Routing.Processes.Where(p => p.ProcessId == product.Routing.Current.ProcessId &&
      p.Id != product.Routing.Current.Id).ToList();
    foreach (var process in processList)
    {
        process.PassNum += 1;
    }
    if (product.Routing.Current.Repeat)
        product.Routing.Next.Add(product.Routing.Current.Id);
    ComputeNextProcess(product.Routing.Current, product, result, collectData);
```

图 4-115　计算后工序：ComputeNextProcess 方法的代码

图 4-116 是保存后工序：SaveNextProcess 方法的代码。它的作用如下：①取所有后工序列表；②取后工序列表中非可选的，非当前的工序；③如果上一步无法获取到工序，则从后续工序列表中选择当前工序非可选的，工序是当前工序的；④当前生产产品（WipProductVersion 生产通用报表）没有完工下线，则更新下一工序的值。

图 4-116　保存后工序：SaveNextProcess 方法的代码

图 4-117 为保存采集运行时产品的代码。如果当前产品没有报废，则保存采集运行时产品。

图 4-117　保存采集运行时产品的代码

图 4-118 为完工处理和保存采集记录的代码。

图 4-118　完工处理和保存采集记录的代码

完工处理：①当前工序为结束工序、没有在制品、当前采集结果为“Pass”（通过）；②当前生产产品版本（WipProductVersion 生产通用报表）“是否完工下线 IsFinish”更新为“true”。“下一工序 NextProcess”更新为“null”；③调用 RuntimeController. RemoveProduct 方法，删除所有采集运行时数据。

保存采集记录：①保存采集记录“WipProductProcess”；②保存生产产品版本（WipProductVersion 生产通用报表对应的表）。

图 4-119 为采集完成事件处理的代码。

①将“发放”的工单状态更新为“生产中”；②发布“首件投产通知”“工单开始生产”的事件总线通知；③上线工序则更新工单上线数量；④完工工序则更新工单完工数量，发布“下线工序通知”的事件总线通知；⑤发布“采集完成通知”的事件总线通知。

```
protected virtual void OnCollected(CollectEventData data)
{
    debug

    if (data.Product.WorkOrderMove.State == Core.WorkOrders.WorkOrderState.Release)
    {
        RT.Service.Resolve<WorkOrderController>().StartProducing(data.Product.WorkOrderId);

        debug

        //更新子工单为上线时，将所属的组合板工单也更新为"生产中"
        if (data.Product.WorkOrderMove.PanelWorkOrderId.HasValue)...

        //// 首件投产通知
        RT.EventBus.Publish(new WipFirstArticleEvent(data));
        debug
        RT.EventBus.Publish(new WorkOrderProductingEvent() { WorkOrder = data.Product.WorkOrder });
        debug
    }

    if (data.CollectData.State == WipProductProcessState.Finish) //需要工序完成时才触发
    {
        var current = data.Product.Routing.Current;
        if (current.IsStart)
        {
            //// 工序采集记录数量为1，则产品刚上线，上线数量+1，大于1则产品为维修跳站，上线数量不累加
            if (RT.Service.Resolve<WipProductVersionController>().GetWipProductProcessCountBySn(data.Barcodes
                [0].Code, data.Barcodes[0].Type) == 1)...
        }

        if (current.IsEnd && !current.InInning && data.CollectData.Result == ResultType.Pass)...

        // 采集完成通知
        RT.EventBus.Publish(new WipCollectedEvent(data));

        debug
    }
    debug
```

图 4-119 采集完成事件处理的代码

练习与思考

单项选择题

1. 以下哪个不是需求分析的步骤（　　）。

A. 业务场景描述　　B. 业务流程说明

C. 关键业务说明　　D. 字段说明

2. 下面与电子装配业务场景描述不正确的是（　　）。
A. 制品经过 SMT、DIP、组装三大工段
B. 装配的点位又多又复杂
C. 物料防错和追溯要求高
D. 在系统中建立多层级包装关系
3. 下面与包装管理业务场景描述不正确的是（　　）。
A. 需要预先维护产品包装规格信息
B. 建立多层级包装关系，最后按最小包装入库
C. 按实际业务需求执行扫码、称重、装盒、贴标签、入箱、贴标记、码垛等操作
D. 打包员依据产品包装规格信息打印产品包装标签

模块5　MES综合开发实践

模块导读

在本模块中,我们将了解 MES 需求分析、MES 功能设计、MES 物料管理模块开发、MES 工艺路线模块开发、MES 单体采集模块开发等理论知识,并进行 MES 的部署与调试开发实践活动,更加深入认识 MES 软件开发。

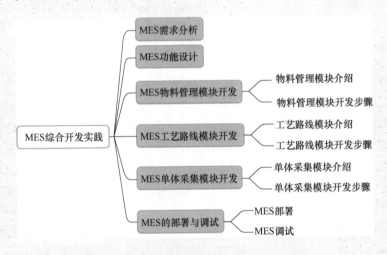

任务 5.1　认识 MES 需求分析

任务目标

1. 了解需求分析的概念。
2. 了解需求分析的主要步骤和方法。
3. 了解需求分析的主要输出。
4. 了解 MES 需求分析要做什么、输出什么。

任务描述

需求分析是软件计划阶段的重要活动,也是软件生命周期中的一个重要环节。本任务主要介绍需求分析的概念、主要步骤和方法、主要输出,以生产业务为主确定后续 MES 综合开发实践将要实现的需求,以便支撑后续的设计、开发等任务。

任务分析

在本任务中,需要了解需求分析的概念、需求分析的主要步骤和方法、需求分析的主要输出,从 MES 的需求出发,说明需求分析要做什么、输出什么,能够对 MES 需求分析有深层次的理解。

知识准备

1. 需求分析的概念

需求是由特定协议或其他强制性规范确定的项目必须满足的条件或能力,或者产品、服务或成果必须具备的条件或能力,包括发起人、客户和其他关系人的已被量化且经书面记录的需要和期望。

需求分析也称软件需求分析、系统需求分析或需求分析工程等,是开发人员经过深入细致的调研和分析,准确理解用户和项目的功能、性能、可靠性等具体要求,将用户非形式的需求表述转化为完整的需求定义,从而确定系统必须做什么的过程。

需求分析是分析系统在功能上需要实现什么,而不是考虑如何去实现。需求分析的目标是把用户对待开发软件提出的要求或需要进行分析与整理,确认后形成描述完整、清晰与规范的文档,确定软件需要实现哪些功能,完成哪些工作。

2. 软件系统需求分类

软件系统需求具体可分为业务功能需求、系统功能需求、设计约束需求等方面内容,具体如下:

1)业务功能需求:软件系统必须完成的业务功能,即为了向它的用户提供有用的功能,产品必须执行的动作。这部分工作将分散的用户零散的需求采用结构化的方法进行定义,以便支撑后续的设计、开发、测试。业务功能需求是软件需求的主体,开发人员需要亲自与用户进行交流,核实用户需求,从软件帮助用户完成事务的角度上充分描述外部行为,形成软件需求规格说明书。

2)系统功能需求:软件系统必须具备的功能、性能、属性,包括系统性能(功能速度、响应时间、恢复时间等)、可靠性、易用性、安全性、移植、部署等方面的内容需求,软件设计必须遵循的相关标准、规范、用户界面设计的具体细节、未来可能的扩充方案等。

3)设计约束需求:影响系统实现的各种设计约束,包括开发语言、数据完整性方针、资源的限制、运行的环境要求等。例如,要求待开发软件必须使用 Oracle 数据库系统完成数据管理功能,运行时必须基于 Linux 环境等。

3. 需求分析阶段

软件需求分析阶段的工作,可以分为四个方面:需求获取、需求分析、编写需求规格说明书,以及需求评审,具体如下:

(1)需求获取 从系统角度来理解软件,确定对所开发系统的综合要求,并提出这些需求的实现条件,以及需求应该达到的标准。常用的获取需求的方法包括以下几种:

1)用户访谈:通过与用户直接交谈来获取信息,典型做法是向被访者提出预设和即兴的问题，并记录他们的回答内容。

2）焦点小组：由一位受过训练的主持人引导预先选定的用户和主题专家（SME）进行互动式讨论。焦点小组的参加者往往是同职能、同领域，或有相似背景的人。焦点小组是"一对多"的群体访谈，最终是为了获取整个焦点小组更有价值的集体意见。

3）问卷调查：设计一系列书面问题，向众多受访者快速收集信息。

4）工作跟随：走进用户的工作场所，一边观察一边听用户讲述，直接观察个人在各自的环境中如何执行工作和实施流程。

5）文件分析：通过分析现有文档，识别与需求相关的信息，挖掘需求。

6）原型法：在实际制造产品之前，先造出实用模型，据此征求对需求的早期反馈。

7）标杆对照：将实际或计划做法与行业内或行业外的可比组织的做法进行比较，以便识别最佳实践，形成改进意见，并为绩效考核提供依据。

（2）需求分析　首先逐步细化所有的软件功能，找出系统各元素间的联系、接口特性和设计上的限制，然后分析它们是否满足需求，剔除不合理的部分，增加需要的部分，最后综合成系统的解决方案，给出要开发的系统的详细逻辑模型。

（3）编写需求规格说明书　编制描述需求的文档（即需求规格说明书）。注意：需求分析阶段的成果是需求规格说明书，向下一阶段提交。

（4）需求评审　对功能的正确性、完整性和清晰性，以及其他需求进行评价。评审通过才可进行下一阶段的工作，否则重新进行需求分析。

4. 需求分析方法

目前，软件需求的分析与设计方法较多。从开发过程及特点出发，软件开发一般采用软件生命周期的开发方法，有时采用开发原型以帮助了解用户需求。在软件分析与设计时，自上而下由全局出发全面规划分析，然后逐步设计实现。从系统分析出发，可将需求分析方法大致分为功能分解方法、结构化分析方法、信息建模方法和面向对象的分析方法。

（1）功能分解方法　将新系统作为多功能模块的组合。各功能可分解为若干子功能及接口，子功能再继续分解，便可得到系统的雏形，即功能分解——功能、子功能、功能接口。

（2）结构化分析方法　结构化分析方法是一种从问题空间到某种表示的映射方法，是结构化方法中重要且被普遍接受的表示系统，由数据流图和数据词典构成并表示。此分析法又称为数据流法。它的基本策略是跟踪数据流，即研究问题域中数据流动方式及在各个环节上所进行的处理，从而发现数据流和加工。结构化分析可定义为数据流、数据处理或加工、数据存储、端点、处理说明和数据字典。

（3）信息建模方法　它从数据角度建立现实世界的模型。大型软件较复杂，很难直接对其进行分析和设计，常借助模型。模型是开发中常用的工具，系统包括数据处理、事务管理和决策支持。实质上，也可看成由一系列有序模型构成的。有序模型通常为功能模型、信息模型、数据模型、控制模型和决策模型。有序是指这些模型是分别在系统的不同开发阶段及开发层次一同建立的。建立系统常用的基本工具是 ER 图。经过改进后称为信息建模法，后来又发展为语义数据建模方法，并引入了许多面向对象的特点。信息建模可定义为实体或对象、属性、关系、父类型/子类型和关联对象。此方法的核心概念是实体和关系，基本要素由实体、属性和联系构成。该方法的基本策略是从现实中找出实体，然后用属性进行描述。

（4）面向对象的分析方法　面向对象的分析方法的关键是识别问题域内的对象，分析它们之间的关系，并建立三类模型，即对象模型、动态模型和功能模型。面向对象主要考虑类或对象、结构与连接、继承和封装、消息通信，它们表示面向对象的分析中几项最重要特征。类的对象是对问题域中事物的完整映射,包括事物的数据特征(即属性)和行为特征(即服务)。

5. 需求分析输出

软件需求分析的重要输出为软件需求规格说明书(Software Requirements Specification,SRS),它是在需求分析阶段需要完成的文档,是软件需求分析的最终结果。它的作用主要是:作为软件人员与用户之间事实上的技术合同说明;作为软件人员进行下一步设计和编码的基础;作为测试和验收的依据。SRS 必须用统一格式的文档进行描述,为了使需求分析描述具有统一的风格,可以采用已有的能满足项目需要的模板,也可以根据项目特点和软件开发小组的特点对标准进行适当的改动,形成自己的模板。软件需求说明主要包括需求的业务场景描述、业务流程说明、关键业务说明和定义功能清单等内容。

1)业务场景描述:将收集的用户需求形成具体场景并进行描述。

2)业务流程说明:把业务场景划分成一个个业务流程节点,串联起来形成功能流程图,并依次对各业务流程节点进行说明。

3)关键业务说明:对于关键的业务,要单独进行描述,并进行具体逻辑说明。

4)定义功能清单:将全部业务场景划分为具体的功能点,并说明功能的作用。

此外,还可附加业务需求概述、外部接口说明、软件运行所需的硬件设备与软件工具、软件开发限制等内容。

6. MES 需求分析示例

MES 需求调研的用户对象主要为生产计划员、工艺工程师、制造工程师、品质工程师等生产相关人员,分析的主要业务场景有物料管理、工单管理、工艺路线管理、单体采集、多批次采集等生产场景。在 MES 需求分析实践中,可依照需求分析阶段的工作步骤,选择合适的方法进行需求分析,并输出软件需求规格说明书。

现以 MES 的工单管理业务场景为例,做如下需求说明书示例:

(1)工单管理业务说明

1)目标/宗旨:工单管理,链接计划部门与生产部门——计划部门下达工单、生产部门依据工单生成的任务单安排生产,同时工单展现即时生产情况。

2)业务场景说明见表 5-1。

表 5-1 业务场景说明

序号	名称	行业	适用特性
1	工单管理	通用	接收 ERP 工单(主生产计划),或按照销售订单开立工单,工单须有明确的起止时间和交期,可指派到具体车间或由车间计划进行拆分,指派到具体车间级产线;工单包含小批量、量产等类型
2	返工工单管理	通用	产品完工发现问题或需要改制等情况需创建返工工单,并指定返工工单管理,返工 BOM 等

3)岗位职责说明见表 5-2。

表 5-2 岗位职责说明

序号	岗位缩写	岗位名称	岗位职责
1	QC	质检员	主要负责实际质量控制,如检验、抽检、确认等工作
2	QA	品质保证工程师	偏重于质量管理体系的建立和维护、客户和认证机构质量体系审核工作、质量培训工作等

(续)

序号	岗位缩写	岗位名称	岗位职责
3	QE	品质工程师	主要负责从样品到量产整个生产过程的产品质量控制,寻求通过测试、控制及改进流程以提升产品质量;负责解决产品生产过程中出现的质量问题,处理品质异常及品质改善;产品的品质状况跟进,处理客户投诉并提供解决措施
4	PE	工艺工程师	负责产品制造工艺的设计和贯彻、新产品导入(NPI)或者组织创新(OI)制作、标准工时(Standard Time)的制订、生产流程的改善等
5	ME	制造工程师	负责产线维护、设备保养、静电放电(esd)防护、软体维护等
6	IE	工业工程师	负责质量管理及作业指导等
7	PMC	生产计划员	负责编排生产计划,并下达到各生产单位

(2)工单管理作业场景

1)业务场景描述。

业务概述。计划部生产计划员(PMC)通过下达 APS 计划订单、手工创建工单、批量导入工单、工单拆分等方式创建工单,在生产执行的过程实现工单全过程闭环管理(派工、准备、执行、完工/关闭),根据计划排程后的生产任务,指导产前准备(人、机、料、法)及生产,根据实际执行过程反馈工单状态;对异常工单进行批次拆分维修拆工单返工;计划或重大生产异常时指导生产工单停工暂停、工单停工退料、工单关闭等,进行生产临时切换。

目标与价值。通过规范工单信息(包括工单主数据、工艺路线、工序 BOM、包装规则、打印设置、属性、状态等),提高工单信息的完整性,满足不同人群对工单信息的了解需求;通过自动调用并关联工单对应信息(可保留详细信息),指导生产准备与执行;通过条码及过程采集,实时闭环管理,实时更新计划,实现订单闭环管理;通过多维工单数据统计与分析(如效率、质量、成本、计划达成率等),帮助工厂削减因人工统计带来的人力资源成本和效率浪费,并显著提升生产统计数据的真实性、及时性和准确性。

2)工单管理作业流程图如图 5-1 所示。

3)流程步骤说明见表 5-3。

表 5-3 流程步骤说明

序号	节点	步骤说明	处理方式	输入文档	输出文档	负责部门/岗位	监控要点
1	基础数据	系统实施前需提前维护以下基础数据:物料、工艺路线、编码规则、产品 BOM、生产资源	MES			技术部门	
2	工单管理	计划部门通过创建工单,将编制的生产计划单下发给生产部门执行 依赖基础数据:物料、工艺路线、编码规则、产品 BOM、生产资源	MES	工单批量导入模板		计划部门	

（续）

序号	节点	步骤说明	处理方式	输入文档	输出文档	负责部门/岗位	监控要点
3	是否返工工单	判断工单的工单类型是否为"返工"类型 若为返工工单，需要进行返工条码管控，否则正常进行后续的生产执行操作即可	MES			生产部门	
4	关联原产品条码	对于返工工单，需要对返工条码进行管控 若直接使用原工单条码进行生产，则需要通过维护Excel条码导入模板再进行导入	MES	原工单条码导入模板		生产部门	
5	工单暂停/取消/关闭	依据客户需求或实际生产条件制约（如设备异常），对发放的工单做生产暂停处理，同时对已开始生产的产品做出适当安排 依据客户需求，对于未投入实际生产的工单进行取消操作 面对客户可接受的工单尾数或超订单生产的半成品工单尾数，可以采取关单处理	MES	暂停/取消/关闭	暂停/取消/关闭状态的工单	生产部门	
6	工单产量状态更新	MES依据生产执行实际完工数更新工单状态及产量，并在计划订单存在的情况下同步相关信息至计划订单	MES	生产报工	工单产量状态	生产部门	

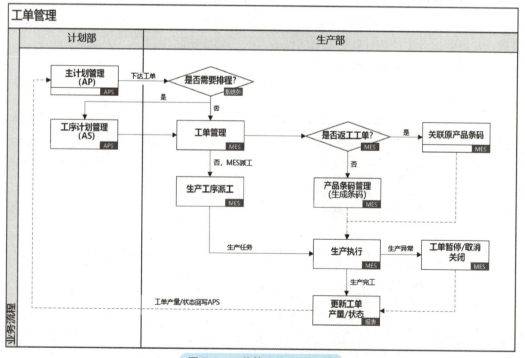

图 5-1　工单管理作业流程图

4）关键业务情形见表5-4。

表5-4 关键业务情形

序号	业务情形	描述/方案
1	工单暂停	依据客户需求减少生产数或实际生产条件制约（如设备异常、短期无法投产），对发放的工单做生产暂停处理，同时对已开始生产的产品做出适当安排 根据修改工单工艺路线需要，暂停工单，并在修改工单工艺路线后通过恢复工单，使工单恢复发放状态
2	手工关闭工单	面对客户可接受的工单尾数或超订单生产的半成品工单尾数，可以采取强制关闭工单的处理措施
3	工单产量状态更新	更新工单产量状态： 在生产执行完成或生产执行撤销时，均触发更新 MES 工单产量状态 更新计划订单产量状态： 在生产执行完成或生产执行撤销时，均触发更新 APS 计划订单/ERP 工单的产量状态，往对应进度表写入工单相关生产执行信息
4	异常工单处理	在半成品生产任务出现尾数但不影响最终成品产出或客户接受成品少量尾数的情况下，可以对工单进行关闭处理 在生产过程中出现设备、模具等异常需修复，短期内可恢复生产的情况下，可以暂停工单，原材料临时放置于现场仓 在生产过程中出现设备、模具等异常需修复，需要较长时间进行修复的情况下，可以暂停工单，原材料退仓，修复完成后再发放工单，重新领料生产 若批次生产过程中出现报废品，在允许批次拆合的情况下，扫描批次条码入站，需手动调整转出数量及转入批次拆分数量，生成子批次，再做转出
5	条码管理	单体条码：对原材料进行一码一料管理，每次扫描生产条码后都需扫描原材料的单体条码 生产条码：扫描生产条码入站后，再扫描已入站的生产条码出站即可 批次条码（不允许拆合）：扫描批次条码入站，再扫描已入站的批次条码，生成转出批次，即可完成出站 批次条码（允许拆合）：扫描批次条码入站，通过预设数量、手动调整转出数量及转入批次拆分数量对转入批次扣减，以切换转入批次做转出，最后校验转出批次数量等于转入批次拆分总数，方可出站成功。

5）涉及功能清单见表5-5。

表5-5 涉及功能清单

序号	功能名称	功能说明	终端	系统支持	备注
1	物料	为物料管理提供物料的基本信息	PC	是	B/S
2	产品工艺路线设置	创建工单时通过产品编码匹配对应工单类型的工艺路线	PC	是	B/S
3	机型工艺路线设置	创建工单时通过产品机型匹配对应工单类型的工艺路线	PC	否	B/S
4	产线工艺路线设置	创建工单时通过工单所属产线匹配对应工单类型的工艺路线	PC	是	B/S
5	编码规则	根据不同的编码生成方式，设置个性化的编码规则，制订工单号的生成依据	PC	是	B/S

（续）

序号	功能名称	功能说明	终端	系统支持	备注
6	产品BOM	定义产品生产所需的物料清单及产品属性	PC	是	B/S
7	生产资源	方便、快捷地建立排程资源模型，为车间排程提供资源基础数据，数据源于企业模型和设备台账	PC	是	B/S 或 C/S
8	工单	由一个和多个作业组成的简单作业计划，是计划部门下达任务、生产部门领受任务的依据	PC	是	B/S
9	条码打印	指工单生产条码的打印，打印时选择好条码规则、打印模板即可	PC	是	B/S
10	条码领用	工厂需对生产条码进行严格管控，以避免生产条码窜用、乱用；条码领用功能记录生产条码的领用状态、领用人、领用时间	PC	是	B/S
11	条码补打	在条码丢失、破损、存在污迹无法扫描时，需要补打条码以替换原条码，保证正常扫码	PC	是	B/S
12	条码报废	生产过程中存在报废的零部件，不能在生产中流转，需要将对应的条码报废，报废后不能扫码成功	PC	是	B/S
13	条码打印日志	指生产记录条码报废、补打的日志，便于以后查询追踪	PC	是	B/S

6）涉及硬件集成见表5-6。

表5-6　涉及硬件集成

硬件分类	硬件名称	相关要求	数据交互要求
打印设备	条码打印机	支持打印常规标签条码	—

7）系统接口集成见表5-7。

表5-7　系统接口集成

序号	接口名称	数据方向	接口说明	交互方式
1	批量导入工单	Excel→MES	通过Excel工单导入模板批量导入工单	文件导入
2	APS下达工单	APS→MES	APS进行新工单创建、旧工单信息变更时，同步新建或者更新MES工单信息	数据推送
3	ERP下达工单	ERP→MES	ERP系统进行新工单创建、旧工单信息变更时，同步新建或者更新MES工单信息	数据推送
4	更新APS计划订单产量状态	MES→APS	MES工单生产执行完成时，回写工单产量状态给APS计划订单	数据推送
5	更新ERP系统工单产量状态	MES→ERP	MES工单生产执行完成时，回写工单产量状态给ERP工单	数据推送

8）适用业务范围。该业务场景适用于以下情形：

① ERP 系统工单通过接口推送给 MES 创建或修改 MES 工单数量、状态等信息，且根据 MES 工单的生产报工，完工数据采集自动更新 ERP 系统与 MES 的工单产量与状态。

② APS 工单通过接口推送给 MES 创建或修改 MES 工单数量、状态等信息，且根据 MES 工单的生产报工，完工数据采集自动更新 APS 与 MES 工单产量与状态。

③ 某些特殊情形下，如 ERP 系统异常临时无法使用，可以先在 MES 批量导入工单或手工创建工单进行生产，后续再补齐相关数据。

④ 对于生产过程中通过员工自检、互检或者质检员巡检等方式发现的无法通过返修工序进行维修的不合格产品，需创建返工工单来解决。

⑤ 对于生产完成后在终检、入库检、出库检乃至客户退货发生的不合格产品需创建返工工单来解决。

⑥ 对于工程 ECN 变更，需要仓库盘点的 ECN 变更涉及的库存品，如需改制也需创建返工工单来解决。

9）实施前置要求见表 5-8。

表 5-8 实施前置要求

序号	要求分类	要求描述	是否必须	责任方
1	信息数据	提供物料、产品 BOM、生产资源、工艺路线等基础资料	必须	用户
2	格式标准	按数据模板要求进行基础数据制订与收集	必须	用户

根据上述工单管理业务场景的需求规格说明书示例，可依次进行其余业务场景的需求分析，如：物料管理、工艺路线管理、单体采集、多批次采集等生产场景的需求分析与需求规格说明书编制。

练习与思考

单项选择题

1. 关于需求分析，以下说法错误的是（ ）。
   A. 需求分析也称软件需求分析、系统需求分析或需求分析工程等
   B. 它是开发人员经过深入细致的调研和分析，准确理解用户和项目的功能、性能、可靠性等具体要求的过程
   C. 它是将用户非形式的需求表述转化为完整的需求定义，从而确定系统必须做什么的过程
   D. 需求分析可以实现任何想要实现的功能

2. 关于功能分解方法，以下说法正确的是（ ）。
   A. 将新系统作为多功能模块的组合
   B. 由数据流图和数据词典构成并表示
   C. 信息建模可定义为实体或对象、属性、关系、父类型/子类型和关联对象
   D. 面向对象的分析方法的关键是识别问题域内的对象，分析它们之间的关系，并建立三类模型，即对象模型、动态模型和功能模型

任务 5.2　认识 MES 功能设计

任务目标

1. 了解功能设计的概念。
2. 了解功能设计的常见工具。
3. 了解功能设计的主要输出。
4. 了解 MES 功能设计要做什么、输出什么。

任务描述

软件功能设计是在需求分析的基础上进行产品开发定位的重要过程。本任务主要介绍功能设计的概念、常见工具、主要输出，以生产业务为主确定后续 MES 综合开发实践将要实现的功能，以便支撑后续的开发任务。

任务分析

在本任务中，需要了解软件功能设计的概念、功能设计的常见工具、功能设计的主要输出，从 MES 将实现的功能出发，说明功能设计要做什么、输出什么，能够对 MES 功能设计有深层次的理解。

知识准备

1. 功能设计概念

功能设计是按照产品定位的初步要求，在对用户需求及现有产品进行功能调查分析的基础上，对所定位产品应具备的目标功能系统进行概念性构建的创造活动。软件功能设计是从软件需求规格说明书出发，根据需求分析阶段确定的功能，设计软件系统的整体结构，划分功能模块，确定每个模块的实现算法，以及编写具体的代码，形成软件的具体设计方案的过程。也就是在需求分析阶段明确软件是"做什么"的基础上，功能设计解决软件"怎么做"的问题。

2. 功能设计阶段

结构化设计方将把功能设计阶段分为概要设计和详细设计两个部分：

1）概要设计：采用结构化的设计方法来确定软件的系统结构，主要任务是通过分析需求规格说明对软件进行功能分解，确定软件的总体结构。

2）详细设计：进行各模块内部的具体设计，任务是为软件结构图中的每个模块确定实现的算法和局部数据结构，设计出每个模块的逻辑结构，并用某种工具描述出来。

3. 原型设计工具

在功能设计阶段，常常需要使用一些工具制作出静态稿或者原型来表达设计思想。目前市面上主流的软件原型设计工具有协同设计 Pixso、摹客、Axure、XD 和 sketch 等软件，它们既可以做 Web 原型，也可以做 PC 端或者移动端原型。

4. 功能设计输出

软件设计阶段结束时输出的工作成果是软件设计说明书，它描述软件系统的组成模块结构、模块间的调用关系,以及每个模块的输入、输出和详细的过程。软件设计说明书主要包括功能点描述、界面设计与说明、界面参数说明、功能逻辑说明等内容,具体如下:

1) 功能点描述:功能设计涵盖的功能单元与介绍。
2) 界面设计与说明:功能界面原型图与相关说明。
3) 界面参数说明:功能界面的按钮、字段、输入输出说明。
4) 功能逻辑说明:功能内外部逻辑说明。

此外,还可附加功能概述、相关接口设计、系统出错处理设计等内容。

5. MES 功能设计示例

在对主要业务场景进行需求分析的基础上,MES 功能设计的主要功能模块有物料管理、工单管理、工艺路线管理、单体采集、多批次采集等。在 MES 功能设计实践中,可采用合适的原型设计工具,在需求分析的基础上输出软件功能设计说明书。

现以 MES 工艺路线管理业务场景的工艺路线功能为例,做如下功能设计说明书示例:

(1) 用户故事　为规范产品的工艺流程,指导制造单位按照规定的作业流程完成生产任务,工艺人员通常会根据产品种类来制订标准工艺路线。

(2) 功能点描述　将整个工艺路线功能划分为四个区域:

1) 工序信息:依据产品族分类工序信息,在产品族下进行工序的新增、删除、修改操作,单击刷新按钮可查看最新数据。
2) 工艺路线信息:依据产品族将工艺路线分成多个文件夹,在对应产品族下进行工艺路线的新增、删除、修改操作,单击刷新按钮可获取最新数据。
3) 工艺流程:工艺路线设计区,通过拖拉、移动、连线的方式对工序进行组装搭配,定义一些工序自动排布的快捷键,方便用户在设计时使用。
4) 工序属性配置:配置工艺路线中工序的属性及添加、删除工序 BOM。

(3) 功能界面设计与说明　工艺路线功能主界面如图 5-2 所示。

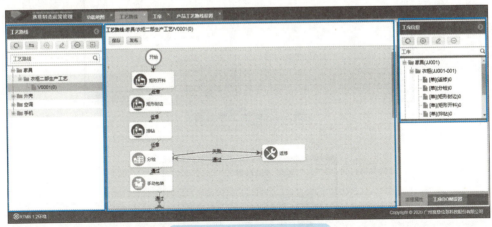

图 5-2　工艺路线功能主界面

界面说明:工序信息区用于工序维护和选择操作,工序信息区分批次和单体类型的工序;工艺路线信息区用于工艺路线名称配置操作;工序相关功能维护区用于工序相关功能维护操作;工艺流程区用于工艺路线维护操作,不同类型的工序无法创建工艺路线。

新增工序页面如图 5-3 所示,修改工序页面如图 5-4 所示,流程属性标签如图 5-5 所示,工序 BOM 设置标签如图 5-6 所示。

图 5-3　新增工序页面

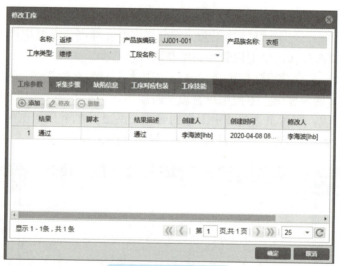

图 5-4　修改工序页面

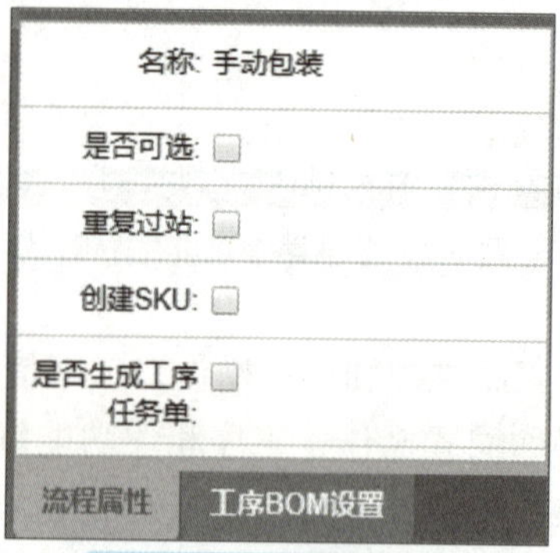

图 5-5　流程属性标签

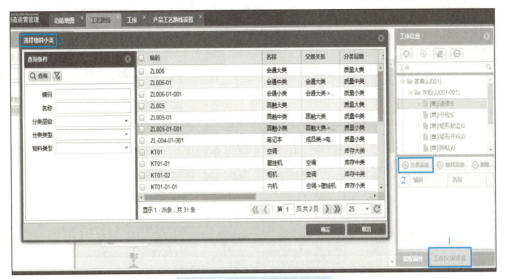

图 5-6 工序 BOM 设置标签

（4）业务逻辑　添加工艺路线业务逻辑如图 5-7 所示。

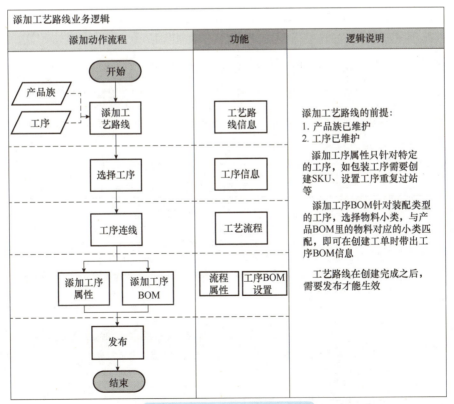

图 5-7 添加工艺路线业务逻辑

(5) 参数说明　工艺路线主界面功能说明见表 5-9。

表 5-9　工艺路线主界面功能说明

分区	类型	默认值	是否必录	备注
工序信息	文本框		否	输入产品族名称来查找工序
工艺路线信息	文本框		否	输入产品族名称来查找工艺路线
流程属性	文本框		否	输入属性名称查找流程属性项

(6) 界面字段说明　工艺路线中工序 BOM 设置界面字段说明见表 5-10。

表 5-10　工艺路线中工序 BOM 设置界面字段说明

字段名	字段类型	长度（字符）	是否必录	字段说明
编码	数字	20	否	针对有工序 BOM 的装配工序，选择物料小类
名称	字段	20	否	针对有工序 BOM 的装配工序，选择物料小类

(7) 功能逻辑说明　工艺路线中工序信息区和工艺路线信息区功能逻辑说明见表 5-11 和表 5-12。

表 5-11　工艺路线中工序信息区功能逻辑说明

功能	逻辑说明
添加	选中"产品族"添加，则添加工序，工序不能重复
修改	修改功能支持修改编码、名称、所属资源、关联工序，保存时验证编码和名称的唯一性
删除	删除多余或者错误添加的工序信息，删除后，工序功能里的对应工序信息也同步删除
刷新	框架通用功能，刷新工序信息

表 5-12　工艺路线中工艺路线信息区功能逻辑说明

功能	逻辑说明
添加	选中"产品族"添加，则添加工艺路线名称，名称不能重复 选中"名称"添加，则添加工艺路线，默认以"V0001（0）"命名 存在多个工艺路线时，系统可以设置默认的工艺路线。操作步骤选中"V0001（0）"，单击右键，选择"设置默认"命令
修改	修改功能修改名称和描述，名称不能重复
删除	删除多余或者错误添加的工艺路线，若为已创建未发布的工艺路线版本，则需先删除版本，再删除工艺路线
刷新	框架通用功能，刷新工艺路线信息

工艺路线中工艺流程区和工序相关功能维护区功能逻辑说明见表 5-13 和表 5-14。

表 5-13　工艺路线中工艺流程区功能逻辑说明

功能	逻辑说明
左右居中	针对两个以上工序，同时选中，单击左右居中按钮，按预设配置自动排布工序位置
上下居中	针对两个以上工序，同时选中，单击上下居中按钮，按预设配置自动排布工序位置
横向分布	针对三个以上工序，同时选中，单击横向分布按钮，按预设配置将工序横向等间距排布
纵向分布	针对三个以上工序，同时选中，单击纵向分布按钮，按预设配置将工序纵向等间距排布
保存	保存当前更改
发布	工艺路线编辑完成之后发布才能生效，发布时验证以下内容： 1. 工序参数是否完成连线，如未完成连线，则报错提示"验证不通过，工序：××工序还有×个参数未进行连线" 2. 同名称的工序在工艺路线中只能存在一个 3. 检验工序失败结果只能连接到维修类型工序 4. 维修失败结果不可以直接结束 5. 包装工序必须创建 SKU

表 5-14　工艺路线中工序相关功能维护区功能逻辑说明

功能	逻辑说明
是否可选	是指当前工序采集是否可以跳站
重复过站	是指当前工序采集可以重复扫描
创建 SKU	最后一道工序必须是包装采集才能勾选此项（SKU 是指当 WMS 的条码表与 MES 的不是同一个时，如果 MES 的条码下线了不把条码写到 WMS，WMS 就没办法入库）
工序 BOM-添加	针对装配类型工序，此处添加的工序 BOM 是物料小类，与产品 BOM 里的物料对应的小类匹配，即可在创建工单时带出工序 BOM 信息
工序 BOM-删除	删除多选或错误选择的工序 BOM

根据上述工艺路线业务场景，工艺路线的功能设计说明书示例，可依次对其余业务场景的各功能进行功能逻辑说明，如：物料管理的物料功能，工单管理的工单功能，工艺路线的产品族、工序、产品工艺路线设置、产线工艺路线设置、产品工艺路线、工单修改工艺路线功能，单体采集的 CS 上料采集、CS 检验采集、CS 过站采集、CS 维修采集、CS 包装采集功能，多批次采集的 CS 批次上料采集、CS 批次检验采集、CS 批次过站采集、CS 批次维修采集、CS 批次包装采集功能等 MES 功能点的功能设计说明书编制。

练习与思考

多项选择题

1. 功能设计阶段可以分为两个步骤，分别是（　　）。
  A. 概要设计　　　　　　　　　B. 详细设计
  C. 需求分析　　　　　　　　　D. 解决方案
2. 目前市面上有主流的软件原型设计工具有（　　）。
  A. Pixso 协同设计　　　　　　B. 摹客
  C. Axure　　　　　　　　　　D. Visiso

任务 5.3　认识 MES 物料管理模块开发

 任务目标

1. 了解物料模块中各实体的数据结构和各实体间的关系。
2. 了解物料模块的基本开发步骤和基本视图配置的实现。
3. 了解物料模块各子标签的原理及添加方式。
4. 了解扩展视图与默认列表视图的区别。
5. 了解修改按钮逻辑涉及的相关文件及如何重写按钮。

 任务描述

本任务主要介绍物料模块的数据库设计、基本开发步骤和 UI 开发中的一些要点，包括基本视图配置、子标签、扩展视图和按钮的重写。

 任务分析

在本任务中，需要了解物料模块中的实体与实体关系、如何进行建模后的代码生成及基本视图配置、子标签的种类与添加方式、扩展视图的作用和使用方法、按钮的文件格式及如何重写按钮，能够对物料模块的开发有更清晰的理解。

 知识准备

5.3.1　物料管理模块介绍

物料是生产标准化的基础，通过对物料进行编码，实现生产一料一号；为后续根据 BOM 进行物料追溯、工单物料配送等业务需求的实现提供数据支持；物料数据通常由上游 ERP 系统同步而来，车间配送的物料信息也来源于此。物料的基本分类为原材料、半成品、成品三种，而车间配送大部分情况下配送的都是原材料或者半成品。物料管理模块功能流程如图 5-8 所示。

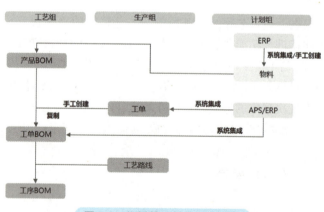

图 5-8　物料管理模块功能流程

物料管理模块涉及的系统功能菜单主要有物料、BOM 等。现对图 5-8 涉及的系统功能菜单节点做如下说明：

（1）物料　为物料管理提供物料的基本信息，是 MES 中核心的基础数据。

（2）BOM　建立三层的 BOM 结构关系，分别适用于不同维度的业务场景，具体如下：

1）产品 BOM：常规产品机型层级的物料清单。

2）工单 BOM：更细一层级的针对某一特定工单的物料清单。适用于定制化的订单生产，以及有替代料场景的生产场景。

3）工序 BOM：细分到工序的最小物料清单，用于指导工序上料及物料防错。

5.3.2 物料管理模块开发步骤

物料管理模块开发大致流程为首先进行数据建模，然后生成代码并进行基本的视图配置，最后根据需求来对视图进行扩展或者对相关逻辑进行修改。

1. 物料管理模块数据库设计

图 5-9 为物料 UML 图，它展示了物料的属性、枚举属性和实体关系，这些都是和物料特点相关的信息。

图 5-10 为分类维护 UML 图，它展示了物料的分类所含信息，从业务上来说，每个物料存在三条分类类型，分别是库存类别、质量类别和齐套类型。

图 5-11 为物料包装规则 UML 图，它记录了与包装相关的信息，其中多条包装规则明细作为子实体列表。

物料管理模块功能开发：数据库设计

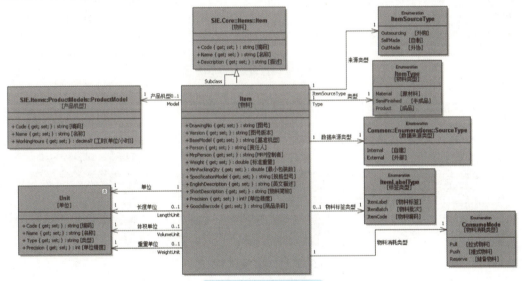

图 5-9 物料 UML 图

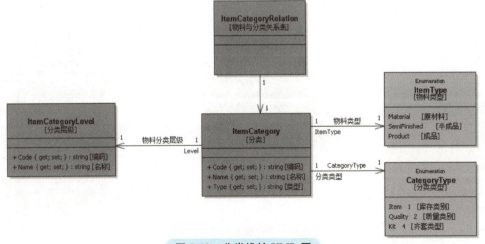

图 5-10 分类维护 UML 图

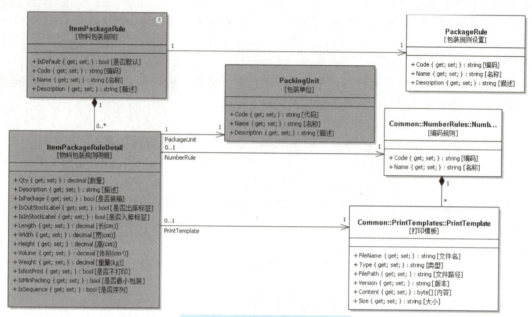

图 5-11 物料包装规则 UML 图

图 5-12 为打印设置 UML 图，它记录了打印模板的相关信息。

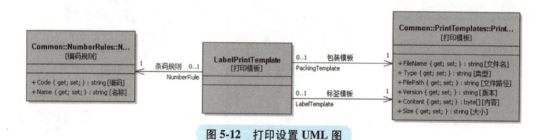

图 5-12 打印设置 UML 图

图 5-13 为生产批次规则 UML 图，它记录了物料批次规则的相关信息，且引用对应的物料。

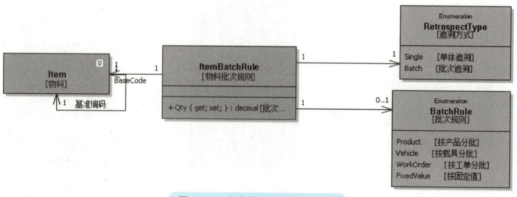

图 5-13 生产批次规则 UML 图

图 5-14 为物料与各子标签的关系图，它简化了实体的属性和枚举属性，重点突出物料与各子实体间的关系。

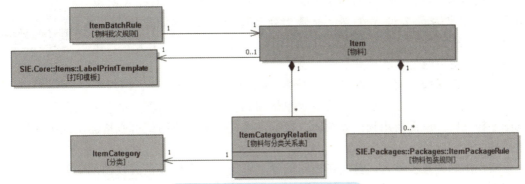

图 5-14 物料与各子标签的关系图

2. 基本开发与视图配置

数据建模后的基本开发步骤为先把上一节中所建的各实体的 UML 用代码模板一键生成对象实体类及对应的视图配置类，然后把生成的类文件放到对应的文件路径下，最后运行代码，把对应模块"物料"添加到菜单中。此时，单击物料模块，即可看见配置后的物料的基本 UI。

对基础视图配置进行扩展，如控制该列只读、修改列宽等，可以在基础视图配置代码中调用相应的方法，对其进行相应的扩展。物料视图配置扩展前代码如图 5-15 所示，物料视图配置扩展后代码如图 5-16 所示。

物料管理模块功能开发：基本开发与视图配置

```
protected override void ConfigListView()
{
    View.Property(p => p.Code);
    View.Property(p => p.Name);
    View.Property(p => p.SpecificationModel);
    View.Property(p => p.UnitId);
    View.Property(p => p.Type);
    View.Property(p => p.State);
    View.Property(p => p.SourceType);
}
```

图 5-15 物料视图配置扩展前代码

```
protected override void ConfigListView()
{
    View.Property(p => p.Code).HasLabel("物料编码").Readonly(p => p.PersistenceStatus != PersistenceStatus.New).FixColumn()
        .UseListSetting(e => { e.HelpInfo = "根据(配置项一物料编码生成规则)生成物料编码,配置项为空可手动编辑,编辑后变为只读状态!"; });
    View.Property(p => p.Name).HasLabel("物料名称");
    View.Property(p => p.SpecificationModel);
    View.Property(p => p.UnitId).HasLabel("基本计量单位");
    View.Property(p => p.Type).HasLabel("基本分类").ShowInList(width: 90)
        .DefaultValue((int)ItemType.Product).UseEnumEditor(e =>
    {
        p.AllowBlank = false;
        p.XType = "itemTypeComboList";
    });
    View.Property(p => p.ItemSourceType).ShowInList(width: 90);
    View.Property(p => p.State).Readonly();
    View.Property(p => p.SourceType);
}
```

图 5-16 物料视图配置扩展后代码

3. 子标签与扩展视图

在默认表格视图方法内，添加完主标签要显示的属性后，可以继续添加子标签。添加子标签有三种方式：AssociateChildrenProperty 方法用来对现有对象的扩展，支持 1 对 N 关系，根据返回类型，以及 lamda 表达式中调用的后台方法返回的实体列表来显示数据；AttachChildrenProperty 方法表示在 B 对象上有 A 对象的引用，常用来表示 1 对 N 关系，显示为列表视图；AttachDetailChildrenProperty 方法表示在 B 对象上有 A 对象的引用，常用来表示 1 对 1 关系，在 A 上附加 B（也可能是自己）并显示为表单视图。

当需要显示某模块时，先在其视图配置类中运行默认视图方法，再判断显示哪种视图配置。基本的视图配置有表单视图和表格视图。当默认的基本视图配置不能满足视图多样性时，就需要用到扩展视图。按特定格式声明和使用就可以按需实现视图配置的灵活选择。

扩展视图的配置步骤是，首先在视图配置类中定义一个代表扩展视图的字符串，然后在默认视图中为该字符串定义一个扩展视图，并添加判断为该扩展视图后调用的视图配置方法，接着在该调用方法中添加需要显示的实体属性。

做好视图配置逻辑的编写后，在添加该实体类模块时，申明对应的扩展视图，即可在运行默认视图方法时判断运行对应的视图配置方法，最后在 UI 中显示为对应的视图。

4. 按钮文件格式及重写

按钮对应有一个 .js 文件（JavaScript）和一个 .cs 文件（C#），且两个文件同名。单击按钮后会执行 .js 文件的逻辑。通常在 .js 文件写前端相关代码，而在 .cs 文件写后端相关代码。当遇到 .js 文件中的"this.view.execute"代码时，将执行同名 .cs 文件中的 Execute 方法，并在执行完后返回 .js 文件继续执行。按钮 .js 文件代码示例如图 5-17 所示，按钮 .cs 文件代码示例如图 5-18 所示。

```javascript
SIE.defineCommand('SIE.Web.Items.Items.Commands.ItemAddCommand', {
    extend: 'SIE.cmd.Add',
    meta: { text: "添加", group: "edit" },
    onItemCreated: function (entity) {
        var model = entity.data;
        var me = this;
        this.view.execute({
            data: model,
            success: function (res) {
                var data = res.Result;
                //添加三条分类维护信息
                var itemCategoryList = data.ItemCategoryList;
                var childView = me.view.getChildren()[1];
                var store = childView.getData();
                for (var i = 0; i < itemCategoryList.length; i++) {
                    var newEntity = new childView._model();
                    newEntity.data = itemCategoryList[i];
                    store.add(newEntity);
                }
            }
        }, me.view);
    }
});
```

图 5-17 按钮 .js 文件代码示例

当想要按钮触发的同时实现需要的客制化逻辑时，需要对相关按钮进行重写。重写时要思考重写逻辑，并把对应逻辑重写在对应文件的对应方法中。

```
protected override object Excute(ViewArgs args, string scope)
{
    var item = args.Data.ToJsonObject<Item>();
    var itemCategoryList = item.GetLazyList(ItemExtCategoryListProperty.ItemCategoryListProperty);
    if (itemCategoryList == null) return false;
    foreach (EnumViewModel enumViewModel in EnumViewModel.GetByEnumType(typeof(CategoryType)))
    {
        ItemCategoryRelation categoryRelation = new ItemCategoryRelation();
        categoryRelation.GenerateId();
        categoryRelation.Type = (CategoryType)enumViewModel.EnumValue;
        itemCategoryList.Add(categoryRelation);
    }
    return item;
}
```

图 5-18　按钮.cs 文件代码示例

练习与思考

一、单项选择题

以下哪种添加子标签的方式仅支持 1 对 1 关系（　　）。

A. AssociateChildrenProperty 方法

B. AttachDetailChildrenProperty 方法

C. AttachChildrenProperty 方法

D. 以上方法都能支持 1 对 N 关系

二、判断题

在 UML 图中实体不能引用自己，即不能引用同一种实体。（　　）

三、填空题

在本课程的示例里，实体继承的基类是_____。

任务 5.4　认识 MES 工艺路线模块开发

任务目标

1. 了解 MES 工艺路线模块的功能组成。
2. 了解 MES 工艺路线模块的开发步骤。

任务描述

了解 MES 工艺路线模块的功能组成和开发步骤。

任务分析

在本任务中，需要认识到 MES 工艺路线模块的功能组成和开发步骤，涉及的系统功能菜单主要有产品族、工序、工艺路线、产品工艺路线设置、产线工艺路线设置、产品工艺路线、工单工艺路线（修改工艺路线按钮）等。

 知识准备

5.4.1 工艺路线模块介绍

生产制造过程是将不同的部件或原材料按照特定的工艺路线加工成产品的过程。创建工艺路线的前提是定义产线工序和工位,根据产品或产线的不同,对应的工艺路线也不相同。工艺路线管理通过将纸质化、表格化的工艺路线相关信息进行系统化、规范化管理,从而提升内部工艺文件管控水平。图 5-19 为工艺路线模块功能流程。

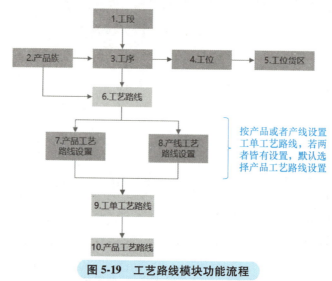

图 5-19 工艺路线模块功能流程

现对图 5-19 涉及的系统功能菜单节点做如下介绍:

1) 工段:针对生产比较复杂、规模较大、人数较多的车间,通常会将工艺路线分为多个工段,以定义工艺路线工序所属工段来实现,工段代表的是一个生产单位和管理单位。

2) 产品族:是以产品平台为基础,通过添加不同的个性模块,满足不同客户个性化需求的一组相关产品。例如:××空调为一个产品族,空调 A 型号、空调 B 型号为产品族下的产品机型。

3) 工序:其功能定义具体加工工序信息,是组成工艺路线的最小单位。工艺员需要对组成整个生产过程的各加工段定义工序名称和特性,以便在加工制造过程中能够按照工序来分配生产要素和生产任务,加强劳动分工与协作,制订劳动定额。

4) 工位:是生产过程中最基本的单元,一个工序中可能包含一个以上的工位。生产管理者依据工位来布置工位现场,安排工作成员和人数,生产采集也是针对工位来进行的。

5) 工位货区:是用于储存工位消耗物料的临时库存地,此功能维护仓库(线边仓)可以配送哪些物料到产线指定工位的标准。

6) 工艺路线:将多个工序按照先后顺序组合在一起,定义开始、结束及工序间的联系,为生产制造提供过程指导。可按产线或产品型号两种方式定义某个部件将要执行的工艺路线。正常情况下,特定产品型号的所有工单、单件产品都将按这个工艺路线执行生产过程控制。

7) 产品工艺路线设置:此功能的前提是已创建物料和工艺路线数据,设置产品的工艺路线,以便在生成工单时直接按照产品带出工艺路线。

8）产线工艺路线设置：此功能的前提是已创建企业模型-产线和工艺路线数据，设置产线的工艺路线，以便在生成工单时直接按照产线带出工艺路线。

9）工单工艺路线：当工单创建后，如果需要对这个工单做特殊的工艺路线管控，在工单投产前可以对这一个工单工艺路线做相应调整，以适应生产的需要。

10）产品工艺路线：当产品的某个单件需要特殊流程时，可对某个单件产品进行工艺路线调整。

备注：若已设置产品 A 和产线 1 的工艺路线，现将产品 A 下发到产线 1 上生产，在创建工单时，优先取产品工艺路线，若未设置产品工艺路线，则按照产线工艺路线指导生产。

5.4.2 工艺路线模块开发步骤

1. 工艺路线概论

（1）工艺路线内容　图 5-20 所示为工艺路线内容图。工艺路线内容包含产品族、工序、工艺路线、工单工艺路线、产品工艺路线、产品及产线工艺路线设置。

工艺路线模块开发步骤：工艺路线

工艺路线是指产品生产过程中以一定的连续工作步骤顺序来完成生产流程。MES 工艺路线根据管控的颗粒度分为三级。

1）工艺路线：可按产线或产品型号两种方式定义某个部件将要执行的工艺路线。正常情况下特定产品型号的所有工单、单件产品都将按这个工艺路线执行生产过程控制。

2）工单工艺路线：当工单创建后，如果需要对这个工单做特殊的工艺路线管控，在工单投产前可以对这个工单工艺路线做相应调整，以适应生产的需要。

3）单件产品工艺路线：当产品的某个单件需要特殊流程时，可对某个单件产品进行工艺路线调整。

（2）工艺路线关系说明　从代码类图角度分析，工艺路线〈Routing〉类引用了工序〈Process〉类，以一个工艺路线包含多个工序的关系存在。产品工艺路线〈ProductRouting〉与产线工艺路线〈ResourceRouting〉两个类均直接引用工艺路线〈Routing〉类作为它的子对象，并都创建了主外键的关系。图 5-21 所示为工艺路线类关系图。

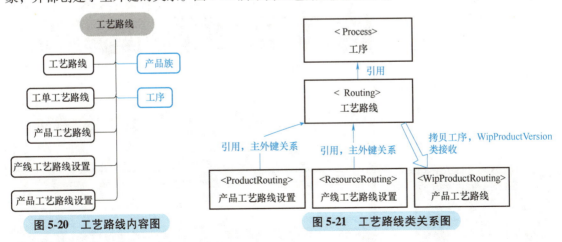

图 5-20　工艺路线内容图　　　　图 5-21　工艺路线类关系图

产品工艺路线〈WipProductRouting〉则是直接拷贝工艺路线中的工序，并使用〈WipProductVersion〉运行时版本类作为接收拷贝的工序。

（3）工艺路线相关技术　前端技术主要使用了 6.0 以上版本的 Ext. js、SMOM 后端配置界面生成前端界面的技术及 SIE. js。其中，SMOM 后端配置界面生成前端界面的技术在整个系统用得最多，它主要由后端生成对应的 Ext. js 交予框架模块 JS 负责执行。图 5-22 为前端技术图。

后端技术使用了 Model-first 的 ORM、IOC 控制反转、DDD 模型、数据池技术、C#6.0、.net core 3.1 框架以及 .net standard2.0 框架等技术。图 5-23 为后端技术图。

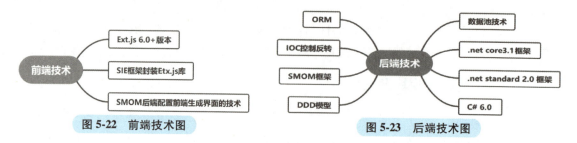

图 5-22　前端技术图　　　　　图 5-23　后端技术图

后端技术 ORM 的 Model-first 是主要的使用技术，它用于将实体类转为数据库表，将对实体类型的查询转为不同数据库的 T-SQL 语句，并提供事务级别的查询、更新等功能。

2. 产品族开发

（1）设计产品族数据库表　在系统中，工艺路线都是建立在产品族之下的，产品族可以定义为某个公司的产品，也可定义为多个产品的组合，用于区别不同的工艺路线。因为产品族可分为不同的产品族小类，它们存在一对多的关系。在系统中工艺路线均按产品族分类作为文件夹目录进行展示。

ER 图展示了产品族与产品族小类的关系。图 5-24 为 ER 图。从 ER 图可以看出，产品族主要有编码和名称两个字段，它们属于基础数据的范畴。通过 ER 图可以生成对应的产品族类图，用于后续的开发。

如何通过工具设计数据库类？首先，打开 EAP. ModelFirst，创建 ProductFamily 类图，添加字段后，单击"确定"按钮保存。其次，通过图 5-25 所示的生成实体类步骤，自动生成实体代码，将生成的文件加入到项目中。

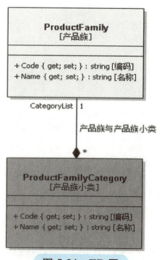

图 5-24　ER 图

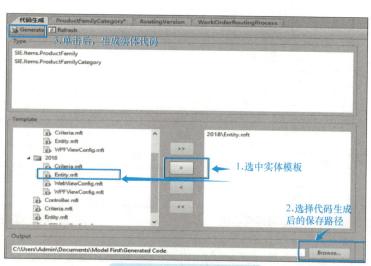

图 5-25　生成实体类步骤图

生成实体类步骤如下：

1）选中实体模板，单击">"按钮。

2）选择代码生成后的保存路径。

3）单击"Generate"按钮，等待一会即可生成实体代码。

（2）编写产品族前后端代码　首先，通过 EAP.ModelFirst 生成后端实体类代码后放置于后端代码目录，如图 5-26 所示。接下来，开始配置前端界面，前端代码目录如图 5-27 所示。可以看到一个 Commands 目录，该目录放置命令相关的代码。此外，在该框架中，凡是前端的 .js 文件均需设置如图 5-28 所示的属性。

图 5-26　后端代码目录

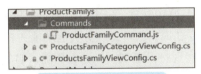

图 5-27　前端代码目录

以 ViewConfig 后缀结尾的均为实体对应的界面配置文件，需要配置哪些命令、哪些行为，以及界面字段会被写到该界面配置文件上。如果这个功能要配置命令，则需在重写基类的 ConfigListView 之后，编写 UseDefaultCommans 配置框架默认的新增、修改、删

图 5-28　.js 文件属性设置

除、保存命令和使用 UseCommans（）加入自定义命令"ProductFamilyCommand"。ConfigListView 通过运用 View.Property（）将要显示 UI 的属性配置好。ShowInlist（）是指定该属性在列表视图时显示的列宽。它通过 AttachChildrenProperty（）关联在子界签列表。ViewConfig 代码如图 5-29 所示，在代码所示界面配置文件中，配置了使用行内编辑并配置默认命令按钮，同时使用一个自定义命令。命令配置如图 5-30 所示。

```
protected override void ConfigListView()
{
    View.InlineEdit().UseDefaultCommands().UseCommands(ProductFamilyCommand);
    View.Property(p => p.Code).ShowInList(150).Readonly(p => p.PersistenceStatus != PersistenceStatus.New)
        .UseListSetting(e => { e.HelpInfo = "新增状态可编辑"; });
    View.Property(p => p.Name).ShowInList(150);
    View.Property(p => p.Category).UsePagingLookUpEditor((m, e) =>
    {
        Dictionary<string, string> keyValues = new Dictionary<string, string>();
        keyValues.Add(nameof(e.CategoryCode), nameof(e.Category.Code));
        m.DicLinkField = keyValues;
    }).ShowInList(150);
    View.Property(p => p.CategoryCode).ShowInList(150);
    View.Property(p => p.CreateByName);
    View.Property(p => p.CreateDate).ShowInList(150);
    View.Property(p => p.UpdateByName);
    View.Property(p => p.UpdateDate).ShowInList(150);
    View.AttachChildrenProperty(typeof(ProductModel), w =>
    {
        var args = w as ChildPagingDataArgs;
        var productFamily = args.Parent as ProductFamily;
        var productModelList = new EntityList<ProductModel>();
        if (productFamily != null)
        {
            var ctl = RT.Service.Resolve<ItemController>();
            productModelList = ctl.GetProductModels(productFamily.Id, (List<OrderInfo>)args.SortInfo, args.PagingInfo);
        }
        return productModelList;
    }, ProductModelViewConfig.ModelWithFamilyView).HasLabel("产品机型");
}
```

图 5-29　ViewConfig 代码

```
/// <summary>
/// 产品族分类命令
/// </summary>
const string ProductFamilyCommand = "SIE.Web.Items.ProductFamilys.Commands.ProductFamilyCommand";

/// <summary>
/// 列表视图配置
/// </summary>
0 个引用 | 0 项更改 | 0 名作者, 0 项更改
protected override void ConfigListView()
{
    View.InlineEdit().UseDefaultCommands().UseCommands(ProductFamilyCommand);
```

配置使用行内编辑并配置默认命令按钮,并且使用自定义命令

图 5-30 命令配置

图 5-30 中配置了一个自定义命令 ProductFamilys.Commands.,它可编写一个前端 JS 命令,它的作用是单击时打开产品族分类的功能,核心是在重写 Execute 方法中使用 CRT.Workbench.addPage 函数,实现打开新的 tab 标签功能。自定义命令代码如图 5-31 所示。

```
SIE.defineCommand('SIE.Web.Items.ProductFamilys.Commands.ProductFamilyCommand', {
    meta: { text: "族分类维护", group: "edit" },
    execute: function (listView, source) {
        CRT.Workbench.addPage({
            entityType: 'SIE.Items.ProductFamilyCategory',
            module: listView.module,
            title: '产品族分类维护'.L10N(),
            isAggt: true
        });
    }
});
```

图 5-31 自定义命令代码

通过这个产品族开发,我们学会将业务功能转换为数据库表对象;学习了通过工具生成 ORM 实体类;学习了可以通过配置 ViewConfig 文件,实现默认增加、删除、修改、查找功能命令,了解使用默认命令、自定义命令的方法。

3. 工序

(1) 概念　工序是完成产品加工的基本单位。若干工序组成工艺路线,定义工序的基础信息、采集步骤、缺陷信息,以及工序对应的包装层级等。它的作用在于为工艺路线和生产采集提供基础数据。工序是用于生产采集的基本数据入口。在生产采集过程中,根据不同的工序,系统会定位指定人员(具有权限)来完成数据采集。其功能关系图如图 5-32 所示。

接下来介绍工序的界面功能字段。工序界面如图 5-33 所示,可以分别对主列表字段与子列表字段进行说明。

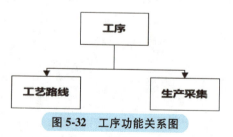

图 5-32 工序功能关系图

1) 主列表字段说明。

产品族编码及名称:数据来源于产品族,代表产品定义分类层级。

工序类型:目前工序分为单件工序和批次工序。单件工序包括装配、检验、维修、包装、返工,批次工序包括批次装配、批次检验、批次维修、批次包装。

工段名称:数据来源于工段基础信息维护。

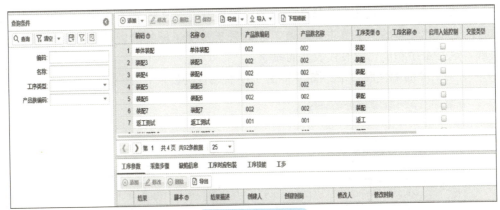

图 5-33　工序界面

2）子列表字段说明。

结果：用于定义工序的流程分支，如检验工序，一般存在两条分支——检验成功或失败。

结果描述：分支执行的结果描述。

脚本：只有在批次检验工序，且工序参数设置为自定义时，才需要维护脚本字段。

（2）工序数据库设计　工序的数据库表是从 ER 图生成的实体类生成的。工序作为生产采集的关键基础数据，主要有名称和引用次数两个字段。工序与工序参数存在着一对多的关系，工序还与采集步骤、工序与员工关系存在关联。一个工序在生产的过程可能会出现多个缺陷信息（即工序与缺陷存在一对多的关系），故工序与缺陷应存在一个子列表。工序与员工的关系可以说是工序对员工权限的过滤。例如，A 员工可采集工序 1，但 B 员工不能采集工序 1，即通过此关系表记录。从图 5-34 中我们不仅要会看一对多的关系及一对一的关系，还要学会联想它在代码中会被用于做什么逻辑控制。

工序 ER 图如图 5-34 所示。

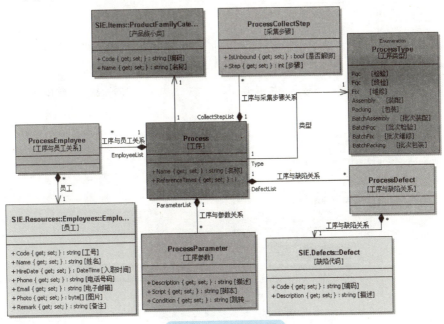

图 5-34　工序 ER 图

(3）工序功能开发　由工序功能前后端的代码目录（图 5-35 和图 5-36）可以发现工序功能开发代码还是比较多的，本节主要选取工序的采集步骤子标签的置顶、上移、下移命令来进行讲解，这是工序功能比较有代表性的命令。

图 5-35 为工序前端代码目录，图 5-36 为工序后端代码目录。

图 5-35　工序前端代码目录

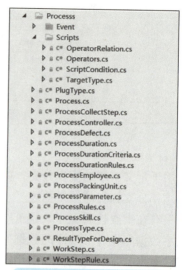

图 5-36　工序后端代码目录

工序功能采集步骤子标签的置顶、上移、下移命令按钮如图 5-37 所示。在系统里，命令按钮都是放置在目录 \MES\Web 相关项目中，这里主要使用了图 5-38 所示的四个命令。比较特别的是，工序采集步骤实体配置需要开启排序功能才可以正确地开发。采集步骤实体配置如图 5-39 所示。

图 5-37　置顶、上移、下移命令按钮

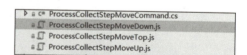

图 5-38　命令代码

```
/// <summary>
/// 采集步骤 实体配置
/// </summary>
0 个引用 | 0 项更改 | 0 名作者, 0 项更改
internal class ProcessCollectStepConfig : EntityConfig<ProcessCollectStep>
{
    /// <summary>
    /// 配置数据库的映射
    /// </summary>
    0 个引用 | 0 项更改 | 0 名作者, 0 项更改
    protected override void ConfigMeta()
    {
        Meta.MapTable("TECH_PROC_STEP").MapAllProperties();
        Meta.EnableSort();    启用排序功能
        Meta.EnablePhantoms();
        Meta.Property(ProcessCollectStep.ProcessIdProperty).ColumnMeta.HasIndex();
    }
}
```

图 5-39　采集步骤实体配置

上移的 js 命令代码如图 5-40 所示。

1) 继承框架的 MoveUpCommand 的命令。

2) 重写 Execute 方法。

3) 通过新箱子将当前选中行与上一行的 INDEX_互换，INDEX_需要实体配置启用排序功能之后才有。

4) 交换采集步骤 Step 对象。

5) 变更当前选中项。

6) 执行界面的 Execute 方法提交变更的数据到后端处理保存。

```
SIE.defineCommand('SIE.Web.Tech.Processs.Commands.ProcessCollectStepMoveUp', {
    extend: 'SIE.Web.Common.Sort.Commands.MoveUpCommand',   1.集成框架命令
    meta: { text:"上移", group:"edit", iconCls:"icon-ArrowLongUp icon-blue" },
    execute: function (listView, source) {     2.重写Execute方法
        var me = listView;
        var data = listView.getData();
        var items = data.data.items;
        var entity = listView.getCurrent();
        var index = this.getItemsIndex(items, entity);
        //交换序列位置        3.通过新"箱子"将当前选中行与上一行的"INDEX_"互换
        var dataindex = 0;
        dataindex = items[index].data.INDEX_;
        items[index].data.INDEX_ = items[index - 1].data.INDEX_;
        items[index - 1].data.INDEX_ = dataindex;
        items[index].dirty = true;
        items[index - 1].dirty = true;

        //Step交换    4.交换Step对象
        var stepindex = items[index].data.Step;
        items[index].data.Step = items[index - 1].data.Step;
        items[index - 1].data.Step = stepindex;

        items.splice(index, 1);
        items.splice(index - 1, 0, entity);
        this.setItems(data, items);

        //当前选中    5.变更当前选中项
        listView.setCurrent(null);
        listView.setCurrent(entity);

        var EntityMetadataList = [];
        EntityMetadataList.push(items[index - 1].data);
        EntityMetadataList.push(items[index].data);
        listView.execute({    6.执行界面Execute方法提交到后端处理保存
            data: EntityMetadataList,
            success: function (res) {
                return true;
            }
```

图 5-40　上移的 js 命令代码

图 5-41 是下移的 js 命令代码，下列的 js 命令代码大致逻辑与上移是相似的，本节不展开讲解，大家将它和上移做下对比并领悟，会更易理解。

图 5-42 是置顶的 js 命令代码。它也继承了 SIE 框架的 MoveTopCommand 移动命令。该代码的主要逻辑是将当前选中的 Step 的 INDEX_置为当前列表第一个的 INDEX_，并放入一个新的数组中，然后将其他的 Step 的 INDEX_进行更新。将当前的 Step 通过 splice 函数插入第一个位置，而新的数组则抛给后端进行保存。

图 5-43 是后端对应创建的接收命令声明，它是通过 JsCommand（） 绑定前端对应 js 命令的声明。

图 5-44 是执行方法代码，提交到后台后，不管是上移、下移、置顶都是通过执行方法进行保存。它的关键点有以下三个：

1) 将 args.Data 数据反序列化成采集步骤集合。

```javascript
SIE.defineCommand('SIE.Web.Tech.Processs.Commands.ProcessCollectStepMoveDown', {
    extend: 'SIE.Web.Common.Sort.Commands.MoveDownCommand',
    meta: { text: "下移", group: "edit", iconCls: "icon-ArrowLongDown icon-blue" },
    execute: function (listView, source) {
        var me = listView;
        var data = listView.getData();
        var items = data.data.items;
        var entity = listView.getCurrent();
        var index = this.getItemsIndex(items, entity);
        //交换序列位置
        var dataindex = 0;
        dataindex = items[index].data.INDEX_;
        items[index].data.INDEX_ = items[index + 1].data.INDEX_;
        items[index + 1].data.INDEX_ = dataindex;
        items[index].dirty = true;
        items[index + 1].dirty = true;

        //Step交换
        var stepindex = items[index].data.Step;
        items[index].data.Step = items[index + 1].data.Step;
        items[index + 1].data.Step = stepindex;

        items.splice(index, 1);
        items.splice(index + 1, 0, entity);
        this.setItems(data, items);

        //当前选中
        listView.setCurrent(null);
        listView.setCurrent(entity);

        var EntityMetadataList = [];
        EntityMetadataList.push(items[index].data);
        EntityMetadataList.push(items[index + 1].data);
        listView.execute({
            data: EntityMetadataList,
            success: function (res) {
                return true;
```

图 5-41 下移的 js 命令代码

```javascript
SIE.defineCommand('SIE.Web.Tech.Processs.Commands.ProcessCollectStepMoveTop', {
    extend: 'SIE.Web.Common.Sort.Commands.MoveTopCommand',
    meta: { text: "置顶", group: "edit", iconCls: "icon-AlignTop icon-blue" },
    execute: function (listView, source) {
        var me = listView;
        var data = listView.getData();
        var items = data.data.items;
        var entity = listView.getCurrent();
        var index = this.getItemsIndex(items, entity);
        items[index].data.INDEX_ = items[0].data.INDEX_;
        items[index].data.Step = items[0].data.Step;

        var EntityMetadataList = [];
        EntityMetadataList.push(items[index].data);
        //重新排序
        for (var i = 0; i < index; i++) {
            items[i].data.INDEX_ = items[i].data.INDEX_ + 1;
            items[i].data.Step = items[i].data.Step + 1;
            EntityMetadataList.push(items[i].data);
        }
        items.splice(index, 1);
        items.splice(0, 0, entity);
        this.setItems(data, items);

        listView.setCurrent(null);
        listView.setCurrent(entity);

        listView.execute({
            data: EntityMetadataList,
            success: function (res) {
                return true;
            }
        });
    },
});
```

图 5-42 置顶的 js 命令代码

```
/// <summary>下移
[JsCommand("SIB.Web.Tech.Processs.Commands.ProcessCollectStepMoveDown")]
0 个引用|0 项更改|0 名作者, 0 项更改
public class ProcessCollectStepMoveDownCommand : ViewCommand
{
    /// <summary>执行方法
    0 个引用|0 项更改|0 名作者, 0 项更改
    protected override object Excute(ViewArgs args, string scope)...
}

/// <summary>上移
[JsCommand("SIB.Web.Tech.Processs.Commands.ProcessCollectStepMoveUp")]
0 个引用|0 项更改|0 名作者, 0 项更改
public class ProcessCollectStepMoveUpCommand : MoveUpCommand
{
    /// <summary>执行方法
    0 个引用|0 项更改|0 名作者, 0 项更改
    protected override object Excute(ViewArgs args, string scope)...
}

/// <summary>置顶
[JsCommand("SIB.Web.Tech.Processs.Commands.ProcessCollectStepMoveTop")]
0 个引用|0 项更改|0 名作者, 0 项更改
public class ProcessCollectStepMoveTopCommand : MoveTopCommand
{
    /// <summary>执行方法
    0 个引用|0 项更改|0 名作者, 0 项更改
    protected override object Excute(ViewArgs args, string scope)...
}

/// <summary>置底
[JsCommand("SIB.Web.Tech.Processs.Commands.ProcessCollectStepMoveBottom")]
0 个引用|0 项更改|0 名作者, 0 项更改
public class ProcessCollectStepMoveBottomCommand : MoveBottomCommand
{
    /// <summary>执行方法
    0 个引用|0 项更改|0 名作者, 0 项更改
    protected override object Excute(ViewArgs args, string scope)...
}
```

图 5-43　后端对应创建的接收命令声明

2)校验采集步骤集合中是否存在任意一个工序为空的,若是则不进行保存。

3)如果创建人 ID 小于或等于 0,则设置数据状态为新增。如果不存在数据状态为新建的,则将前端传过来的数组保存并返回"true"。

```
/// <summary>执行方法
0 个引用|0 项更改|0 名作者, 0 项更改
protected override object Excute(ViewArgs args, string scope)
{
    var itemList = args.Data.ToJsonObject<List<ProcessCollectStep>>();
    var resList = itemList.AsEntityList();
    if (resList.Count == 0 || resList.Any(p => p.Process == null)) return true;
    resList.ForEach(p =>
    {
        if (p.CreateBy <= 0)
        {
            p.PersistenceStatus = PersistenceStatus.New;
        }
    });
    if (!resList.Any(p => p.PersistenceStatus == PersistenceStatus.New))
    {
        RF.Save(resList);
    }
    return true;
}
```

图 5-44　执行方法代码

本节讲解了工序是什么,以及它对整个工艺路线模块的作用;通过 ER 图分析学习了工序关联的对象,以及工序类与其他类的关系;学习了工序功能的前、后端代码及代码目录框架;还学习了对工序采集步骤顺序的上移、下移、置顶等命令的开发。

4. 工艺路线

(1)工艺路线概念　工艺路线是指工单产品以某种生产步骤来完成生产流程,通过连线方式将已有的工序进行关联来定义路线流转顺序。如图 5-45 所示为工艺路线功能关系图。

工艺路线的主要功能有产品族分类、流程属性、工序BOM设置和其他操作，如图5-46所示。

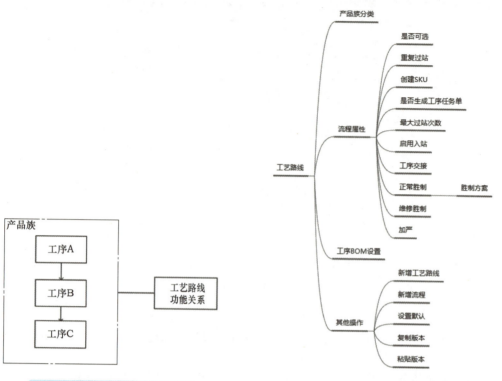

图 5-45　工艺路线功能关系图

图 5-46　工艺路线的主要功能

注："胜制"表示检验 n 次，需要 m 次合格才能通过此工序（$n>m$）；"加严"表示加强检验。

从工艺路线功能界面可以清楚地看到该路线由哪些工序组成，这种可视化设计给业务人员带来了很大便利。可视化的工艺路线配置让工艺管理变得更加简单直观，满足工艺管理对柔性化的生产工艺要求，可以快捷高效地调整工艺路线，以应对企业的生产工艺变更。图 5-47 所示为工艺路线界面。

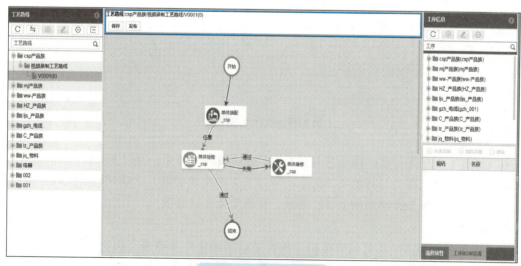

图 5-47　工艺路线界面

(2) 工艺路线数据库设计 工艺路线 ER 图如图 5-48 所示，从图中可以看到工艺路线的主实体类是忽略外键的，同时其关联了之前课程用到的产品族，并引用了工艺路线版本这个类。它本身只有两个字段：名称和描述。工艺路线在数据库设计方面相对简单一些。

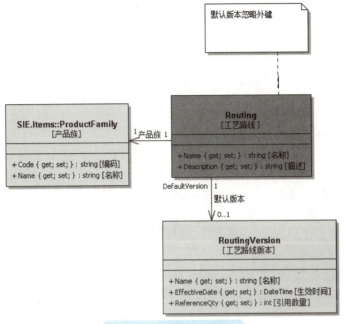

图 5-48 工艺路线 ER 图

(3) 工艺路线代码开发 由工艺路线代码开发的前后端开发目录可见，工艺路线开发代码是比较多的，而且工艺路线很多界面功能是需要比较复杂的逻辑与大量的相关 js 文件实现的。原因是它的界面本来就因客制化脱离了框架的默认布局，再者它还显示了与流程图一样的路线，这一部分需要很多前端知识才可开发出来。

后端代码有导入处理、工序 BOM、验证规则、提交前事件等相关代码。前端代码主要是界面操作命令的相关 js。图 5-49 是工艺路线代码目录。

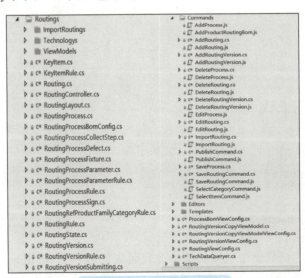

图 5-49 工艺路线代码目录

接下来讲解工艺路线界面客制化的定制步骤。

1）在定义模块时，给 BlocksTemplate 指定一个 RoutingTemplate 的文件，模块初始化代码如图 5-50 所示。

```
private void App_ModuleOperations(object sender, EventArgs e)
{
    CommonModel.Modules.AddModules(new WebModuleMeta()
    {
        Label = "工序",
        EntityType = typeof(Process),
        UIGenerator = "SIE.Web.Tech.Processs.ProcessAuthUIGenerator"
    }, new WebModuleMeta()
    {
        Label = "工位",
        EntityType = typeof(Station),
    }, new WebModuleMeta()
    {
        Label = "工艺路线",
        EntityType = typeof(Routing),
        BlocksTemplate = typeof(RoutingTemplate), //通过定义模板，实现客制化界面开发
    }, new WebModuleMeta()
```

图 5-50　模块初始化代码

2）编写模板文件 RoutingTemplate 代码，如图 5-51 所示。

3）编写 RoutingLayout 工艺路线布局代码，如图 5-52~图 5-54 所示。

```
/// <summary>
/// 定义块
/// </summary>
/// <returns>聚合块</returns>
0 个引用 | 0 项更改 | 0 名作者, 0 项更改
protected override AggtBlocks DefineBlocks()
{
    var result = base.DefineBlocks();
    result.Layout = new LayoutMeta("SIE.Tech.layouts.RoutingLayout")
    return result;
}
```

图 5-51　模板文件 RoutingTemplate 代码

```
/**
 * 工艺路线布局
 * @class SIE.Tech.layouts.RoutingLayout
 * @constructor
 */
Ext.define('SIE.Tech.layouts.RoutingLayout', {
    extend: 'SIE.autoUI.layouts.Common',
    /**
     * 父主视图
     * @property {ListLogicalView} mainView
     */
    mainView: null,

    /**
     * 工序树控件
     * @property {SIE.Tech.ProcessTreeControl} processControl
     */
    processControl: null,

    /**
     * 工艺路线树控件
     * @property {SIE.Tech.RoutingTreeControl} routingControl
     */
    routingControl: null,

    /**
     * 工艺路线设计控件
     * @property {SIE.Tech.RoutingDesignControl} designControl
     */
    designControl: null,

    /**
     * 工序属性控件
     * @property {SIE.Tech.PropertyControl} propertyControl
     */
    propertyControl: null,

    /**
     * 子页签，不包含属性页签
     * @property
     */
    childControls: [],
```

图 5-52　工艺路线布局代码-1

图 5-55 是新增工艺路线命令代码。该命令代码先创建一个 AddRouting.js 前端命令声明，以及后端 AddRouting.cs 命令，再按新增工艺路线命令代码图编写相应的代码。具体分析可看

注释。另外，修改工艺路线的命令也按新增的类似操作即可。

```
/**
 * 工艺路线布局
 * @method layout
 * @for SIE.Tech.layouts.RoutingLayout
 * @param {{}} regions 聚合块
 * @returns {container} 界面控件
 */
layout: function (regions) {
    var me = this;
    var mainView = regions.main._view;
    me.mainView = mainView;
    mainView.layout = me;
    me.processControl = Ext.create('SIE.Tech.ProcessTreeControl', {
        mainView: me.mainView
    });
    me.routingControl = Ext.create('SIE.Tech.RoutingTreeControl', {
        mainView: me.mainView
    });
    me.designControl = Ext.create('SIE.Tech.RoutingDesignControl', {
        mainView: me.mainView
    });
    var items = SIE.Web.Tech.Common.Routings.PropertyExt.getPropertyConfigs();
    me.propertyControl = Ext.create('SIE.Tech.PropertyControl', {
        mainView: me.mainView,
        items: items
    });
    var childItems = [];   //子页签
    childItems.push({
        title: '流程属性'.L10N(),
        layout: 'fit',
        items: me.propertyControl
    });
    var configs = SIE.Web.Tech.Common.Routings.RoutingProcessChildExtension.getChildControlConfig();
    configs.forEach(function (config) {
        var control = Ext.create(config.type, {
            mainView: me.mainView
        });
        childItems.push({
            title: config.title,
            layout: 'fit',
            items: control
        });
        me.childControls.push(control);
        SIE.Web.Tech.Common.Routings.RoutingProcessChildExtension.controls.push(control);
    });
```

图 5-53　工艺路线布局代码-2

```
        me.registerEvents();
        var tabpanel = Ext.create('Ext.tab.Panel', {
            border: false,
            tabPosition: 'bottom',
            region: 'south',
            split: true,
            flex: 1,
            defaults: {
                scrollable: true,
                closable: false,
                border: false
            },
            items: childItems
        });
        return Ext.widget('container', {
            layout: 'border',
            that: me,
            items: [me.designControl, {
                region: 'west',
                width: 270,
                minWidth: 200,
                maxWidth: 300,
                border: 0,
                layout: 'fit',
                autoScroll: true,
                split: true,
                collapsible: true,
                title: '工艺路线'.L10N(),
                items: me.routingControl
            }, {
                region: 'east',
                width: 270,
                minWidth: 200,
                maxWidth: 350,
                border: 0,
                title: '工序信息'.L10N(),
                collapsible: true,
                split: true,
                layout: 'border',
                items: [me.processControl, tabpanel]
            }]
        });
    },
```

图 5-54　工艺路线布局代码-3

```
SIE.defineCommand('SIE.Web.Tech.Routings.Commands.AddRouting', {
    extend: 'SIE.cmd.Command',
    meta: { text: "", group: "edit", iconCls: "icon-PlaylistCheck icon-blue" },
    execute: function (view, source,win) {
        var iptdata = {
            CategoryId: source.categoryId,
            Name: source.name,
            Description: source.desc
        };
        view.execute({
            command: Ext.getClassName(this),
            data: iptdata,
            success: function (res) {
                //在树中添加工艺路线节点
                var routing = res.Result;
                var categroyNode = source.Category;
                var node = categroyNode.appendChild(routing);
                var treePanel = categroyNode.getOwnerTree();
                treePanel.getSelectionModel().select(node);
                var treeview = treePanel.getView();
                categroyNode.expand();
                node.expand();
                treeview.focusRow(node);
                treePanel.fireEvent('itemclick', treeview, node, treeview.getNodeByRecord(node), treeview
                if (win != null)
                    win.close();
            }
        });
    }
```

```
/// <summary>
/// 添加工艺路线命令
/// </summary>
[JsCommand("SIE.Web.Tech.Routings.Commands.AddRouting")]
[AllowAnonymous]
0 个引用|0 项更改|0 名作者，0 项更改
public class AddRouting : ViewCommand
{
    /// <summary>
    /// 添加工艺路线命令执行方法
    /// </summary>
    /// <param name="args">视图参数</param>
    /// <param name="scope">作用域</param>
    /// <returns>执行结果</returns>
    0 个引用|0 项更改|0 名作者，0 项更改
    protected override object Excute(ViewArgs args, string scope)
    {
        var routing = args.Data.ToJsonObject<Routing>();
        routing.PersistenceStatus = PersistenceStatus.New;
        RF.Save(routing);
        return new
        {
            Id = routing.Id,
            CategoryId = routing.CategoryId,
            Name = routing.Name,
            Description = routing.Description,
            DefaultVersionId = routing.DefaultVersionId,
            text = routing.Name,
            leaf = false,
        };
    }
```

图 5-55　新增工艺路线命令代码

本小节我们了解了工艺路线的含义，学习了工艺路线的作用、工艺路线包含的属性及功能，了解了工艺路线代码目录结构和工艺路线实体配置的特殊点，通过示例学习工艺路线命令开发。

5. 工艺路线设置

（1）不同维度工艺路线设置　在 MES 中，工艺路线可通过多个颗粒度（工单、产线、产品）进行设置。如果由产品和产线都可设置的，系统会优先按产品来设置工艺路线。图 5-56 是工艺路线设置颗粒度。

通过图 5-56 我们可以了解三种不同颗粒度工艺路线设置的含义。图 5-57 是产品工艺路线设置界面，图 5-58 是产线工艺路线设置界面，图 5-59 是工单工艺路线设置界面，图 5-60 是工单工艺路线修改界面。

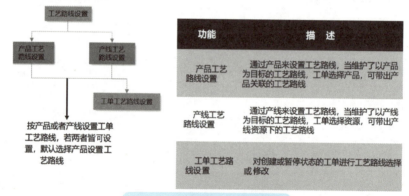

图 5-56　工艺路线设置颗粒度

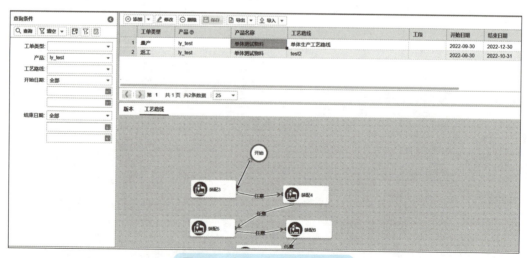

图 5-57　产品工艺路线设置界面

产品工艺路线设置功能主要通过在列表选择产品与工艺路线后保存绑定关系，这样就给一个产品指定了相关的工艺路线，同时通过开始时间和结束时间控制该产品使用绑定的工艺路线的时间范围。未到开始时间无法使用到工单，超过结束时间也是如此。

图 5-58 产线工艺路线设置界面

产线工艺路线设置通过列表设置产线与工艺路线的关系后保存到数据库，后续在创建和修改工单时使用，同时通过开始时间和结束时间控制该产线使用绑定的工艺路线的时间范围。未到开始时间无法使用到工单，超过结束时间也是如此。

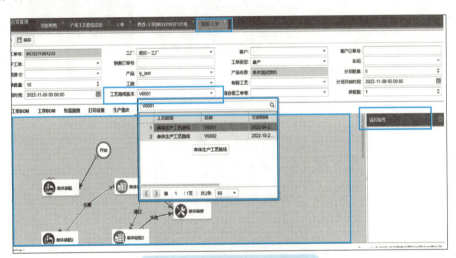

图 5-59 工单工艺路线设置界面

工单工艺路线设置在创建工单时，依据用户选择的产品和产线带出工艺路线版本，用户选择之后确定该工单使用的工艺路线，并带出该工艺路线的流程图及流程属性。

工单工艺路线修改需要在工单暂停的状态下，此时修改工艺路线的按钮才会亮起。单击该按钮可弹出如图 5-60 所示的窗口。通过单击可以修改工艺路线中的工序走向并且增减工序，确定后需要工单重新生成见效。

（2）工艺路线设置数据库设计　产品工艺路线 ER 图如图 5-61 所示，可以看到，产品工艺路线只有两个字段是由设计产生的，其他均是引用来的。开始时间和结束时间就是限制工艺路线的启用和禁用时间。

产线工艺路线 ER 图如图 5-62 所示，可以看到它和产品工艺路线 ER 图都有开始时间和结束时间，用于限制该产线与工艺路线绑定关系的启用和失效时间。ER 图总体表示出这个类的设计就是一个第三方表记录工艺路线与产线的关系，同时加了两个时间字段。

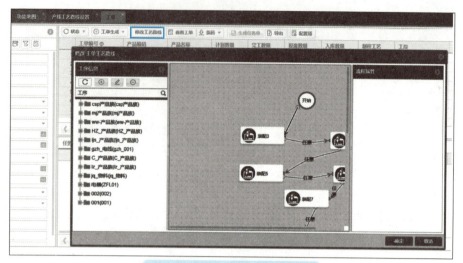

图 5-60　工单工艺路线修改界面

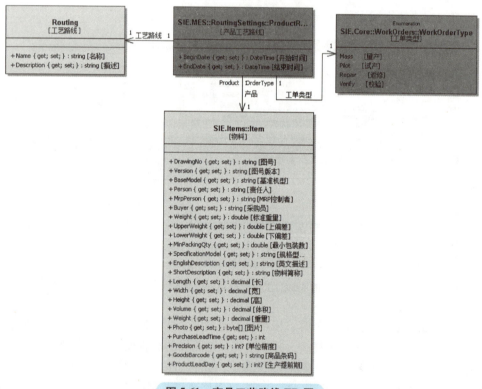

图 5-61　产品工艺路线 ER 图

工单工艺路线 ER 图表示工单绑定工艺路线后，将工艺路线的工序拆分后存入工单工序清单中。后续都是使用工单工序清单创建采集工艺路线，一个工单可以对应多个工序清单。图 5-63 是工单工艺路线 ER 图。

(3) 工艺路线设置代码开发　首先介绍在工艺路线设置代码开发中修改工单工艺路线的代码。图 5-64 是修改工单工艺路线代码目录。

图 5-64 列举了工单工艺路线设置中实体类放置位置及修改工单工艺路线的命令文件。

模块5 MES综合开发实践

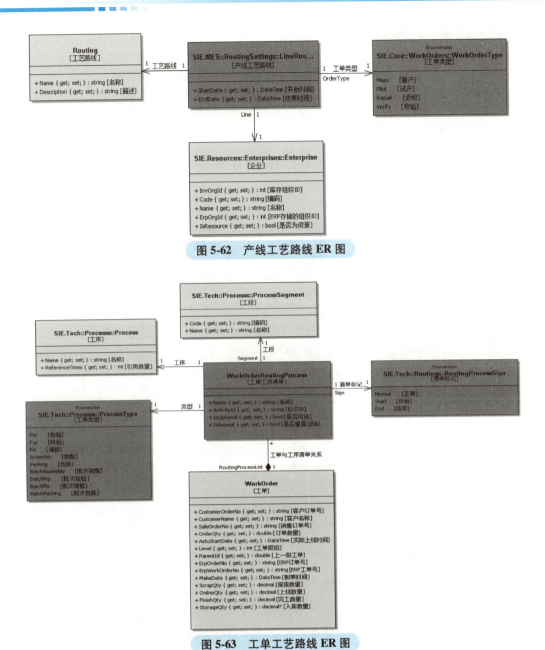

图 5-62 产线工艺路线 ER 图

图 5-63 工单工艺路线 ER 图

图 5-64 修改工单工艺路线代码目录

修改工单工艺路线核心前端代码如下:

UpdateRoutingControl.js,作用为初始化工单工艺路线编辑控件。
UpdateRoutingCommand.js,作用为定义命令并弹出工艺路线修改窗口。

修改工艺路线核心后端代码如下:

UpdateRoutingCommand.cs,作用为接收前端 JS 传递参数保存到数据库。

修改工艺路线代码如图 5-65 所示。

```
/// <summary>
/// 修改工艺路线执行方法
/// </summary>
/// <param name="args">视图参数</param>
/// <param name="scope">作用域</param>
/// <returns>保存结果</returns>
protected override object Excute(ViewArgs args, string scope)
{
    var res = args.Data.ToJsonObject<WorkOrderLayout>();
    var layout = res.Layout;
    IContainer container = new ContainerModel();
    container.Deserialize(layout);
    container.ValidateSave();
    RT.Service.Resolve<WorkOrderController>().UpdateLayout(res.WorkOrderId, layout);
    return true;
}

/// <summary>
/// 工单工艺路线
/// </summary>
class WorkOrderLayout
{
    /// <summary>
    /// 工单ID（此处不能删掉set;否则序列化错误）
    /// </summary>
#pragma warning disable S1144 // Unused private types or members should be removed
    public double WorkOrderId { get; set; }
#pragma warning restore S1144 // Unused private types or members should be removed

    /// <summary>
    /// 布局（此处不能删掉set;否则序列化错误）
    /// </summary>
#pragma warning disable S1144 // Unused private types or members should be removed
    public string Layout { get; set; }
#pragma warning restore S1144 // Unused private types or members should be removed
}
```

图 5-65 修改工艺路线代码

图 5-65 框中的代码表示后端接收完参数后交由控制器的 UpdateLayout( ) 进行更新。UpdateLayout( ) 方法内容如图 5-66 所示。

工单修改工艺路线的大致内容如上所述,若需要更多细节,可以参考如下代码:

```
Modules \SMES \MES \SIE.MES \WorkOrders \WorkOrderController.cs
Modules \SMES \MES \SIE.Web.MES \WorkOrders \Commands \UpdateRouting-Command.cs
```

```
/// <summary>
/// 更新工艺路线
/// </summary>
/// <param name="workOrderId">工单Id</param>
/// <param name="layout">工艺路线布局</param>
1 个引用|0 项更改|0 名作者,0 项更改|1 个传入变更
public virtual void UpdateLayout(double workOrderId, string layout)
{
    var workOrder = RF.GetById<WorkOrder>(workOrderId);
    if (workOrder == null)
        throw new EntityNotFoundException(typeof(WorkOrder), workOrderId);
    using (var tran = DB.TransactionScope(MesCoreEntityDataProvider.ConnectionStringName))
    {
        workOrder.RoutingProcessList.Clear();
        UpdateRoutingProcessList(workOrder, layout);
        ////创建已上线的未修改过产品工艺路线,的产品工艺路线信息
        CreateProductRouting(workOrder.Id, workOrder.Layout.Layout);
        workOrder.Layout.Layout = layout;
        RF.Save(workOrder.Layout);
        ////更新工序BOM
        foreach (var processBom in workOrder.ProcessBomList)
        {
            var process = workOrder.RoutingProcessList.FirstOrDefault(p => p.ProcessId == processBom.ProcessId);
            if (process == null)
                processBom.PersistenceStatus = PersistenceStatus.Deleted;
            else
                processBom.RoutingProcessId = process.Id;
            RF.Save(processBom);
        }
        RF.Save(workOrder);
        SaveWorkOrderLog(workOrder.Id, WorkOrderLogType.UpdateRouting, "修改工艺路线".L10N());
        tran.Complete();
    }
}
```

图 5-66　UpdateLayout() 方法内容

接下来介绍产品工艺路线设置代码开发。图 5-67 是产品工艺路线设置后端代码目录，图 5-68 是产品工艺路线设置前端代码目录。

图 5-67　产品工艺路线设置后端代码目录

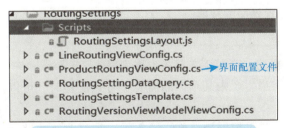

图 5-68　产品工艺路线设置前端代码目录

按上述目录正常地编写实体类文件和界面配置文件。然后进入界面配置文件，对界面要显示的字段、子标签等进行配置。设置步骤如下：

1）使用重写 ConfigView() 方法后，使用 View.UseDefaultCommands() 命令配置默认的

新增、修改、保存、删除按钮命令。

2)使用系统的 UseImportCommands 配置默认导入命令。

3)通过 View.Property( ) 方法配置要显示的属性。

4)通过使用 Readonty( ) 设置列表上的属性为只读状态。

5)通过 UseDataSource( ) 方法定义产品属性的数据源。

6)通过 AttachChildrenProperty( ) 附加工艺路线版本子实体作为版本子标签列表。

图 5-69 是配置产品工艺路线设置 UI 代码。

```
protected override void ConfigView()
{
    View.UseDefaultCommands();    配置使用默认命令
}

/// <summary>
/// 列表视图配置
/// </summary>
0 个引用|0 项更改|0 名作者,0 项更改
protected override void ConfigListView()
{
    View.UseImportCommands();    配置使用默认导入命令
    View.Property(p => p.OrderType);
    View.Property(p => p.Product).UsePagingLookUpEditor((m, e) =>
    {
        Dictionary<string, string> dic = new Dictionary<string, string>();
        dic.Add(nameof(e.ProductName), nameof(e.Product.Name));
        m.DicLinkField = dic;
    }).UseDataSource((source, pagingInfo, keyword) =>    定义的产品数据源
    {
        List<ItemType> itemTypeList = new List<ItemType>() { ItemType.Product, ItemType.SemiFinished };
        List<int> itemTypeValueList = itemTypeList.Select(p => (int)p).ToList();
        return RT.Service.Resolve<ItemController>().GetItemsFormType(itemTypeValueList, State.Enable, string.Format("{0}%", keyword), pagingInfo);
    }).UseListSetting(e => { e.HelpInfo = "显示半成品可用的物料信息"; }).ShowInList(150);
    View.Property(p => p.ProductName).HasLabel("产品名称").ShowInList(150).Readonly();
    View.Property(p => p.Routing).UsePagingLookUpEditor();
    View.Property(p => p.ProcessSegment);
    View.Property(p => p.StartDate).DefaultValue(DateTime.Now.ToString("yyyy/MM/dd")).UseDateEditor();
    View.Property(p => p.EndDate).UseDateEditor();
    View.AttachChildrenProperty(typeof(RoutingVersionViewModel), obj =>    附加子实体(工艺路线版本)数据源与视图
    {
        var arg = obj as ChildPagingDataArgs;
        var productRouting = arg.Parent as ProductRouting;
        if (productRouting == null)
            return new EntityList<RoutingVersionViewModel>();
        return RT.Service.Resolve<RoutingSettingController>().GetRoutingVersionViewModels(productRouting.Id, arg.SortInfo, arg.PagingInfo);
    }, ViewConfig.ListView, true).HasLabel("版本");
}
```

图 5-69 配置产品工艺路线设置 UI 代码

本小节对工艺路线设置进行了讲解,工艺路线的设置存在不同的颗粒度,可针对产线,也可针对产品。通过学习,我们了解了不同颗粒度工艺路线设置的界面操作,还学习了工艺路线不同颗粒度设置的数据库表设计,了解了它们之间的关系与重要字段。通过对工单修改工艺路线前后端代码的学习,我们分析了产品工艺路线设置的界面配置代码,掌握了一定的通过后台界面配置界面的技能。

6. 产品工艺路线

(1)产品工艺路线概念 产品工艺路线也称为单体工艺路线,它是工单工艺路线的复本,只作用于某个单件产品。当生产中某个产品需要走特殊流程时,可以对单件产品工艺路线做定义。

产品工艺路线的作用是可根据最小单位(条码)来修改工艺路线,解决工单的工艺路线不能修改的问题,并可查看"条码"的采集信息和流转信息。图 5-70 是产品工艺路线模块关系图。

(2)产品工艺路线数据库设计 根据图 5-71 可以分析产品工艺路线与生产产品版本、工单、产品工艺路线布局、产品工艺路线变更事件等的关系,可以看出它们都是一对一的关系。

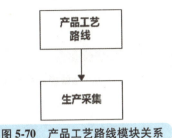

图 5-70　产品工艺路线模块关系

产品工艺路线实际上会被用于过站时的工艺路线。产品工艺路线本身并无更多的属性，均是将生产产品版本、工单、产品工艺路线布局作为子属性引用，生成主外键关系。

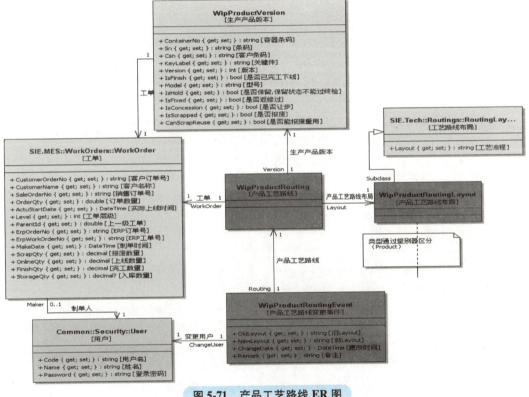

图 5-71　产品工艺路线 ER 图

（3）产品工艺路线代码开发　产品工艺路线后端代码目录如图 5-72 所示。

图 5-72　产品工艺路线后端代码目录

同样的，产品工艺路线的界面是客制化的，所以也需要自定义创建 Template。产品工艺路线模块配置代码如图 5-73 所示，ProductRoutingTemplate 文件内容如图 5-74 所示。

从图 5-73 可以看到客制化使用了 ProductRoutingTemplate 类，这个类生成一个条件块。代码如图 5-75 所示。

```
, new WebModuleMeta()
{
    Label = "产品工艺路线",
    EntityType = typeof(WipProductRouting),
    BlocksTemplate = typeof(ProductRoutingTemplate),     模块初始化使用自定义Template
new WebModuleMeta()
```

图 5-73　产品工艺路线模块配置代码

```
AggtBlocks createQueryBlocks()
{
    var conditionBlock = new ConditionBlock(typeof(BarcodeCriteria), ProductBarcodeCriteriaViewConfig.ProductRoutingView);
    var entityMeta = CommonModel.Entities.Get(conditionBlock.EntityType);
    var aggtBlocks = this.DefineAggtBlocks(entityMeta, conditionBlock);
    return aggtBlocks;
}
```

图 5-74　ProductRoutingTemplate 文件内容

```
class ProductRoutingTemplate : CodeBlocksTemplate
{
    protected override AggtBlocks DefineBlocks()
    {
        AggtBlocks result = new AggtBlocks
        {
            MainBlock = new Block(typeof(Barcode), BarcodeViewConfig.BarcodeViewGroup)
        };
        result.Surrounders.Add(new AggtBlocks()
        {
            MainBlock = new CommonSurroundBlock(typeof(WipProductProcessKeyItem), ViewConfig.ListView
        });
        result.Surrounders.Add(new AggtBlocks()
        {
            MainBlock = new CommonSurroundBlock(typeof(WipProductTestResult), ViewConfig.ListView
        });
        result.Surrounders.Add(new AggtBlocks()
        {
            MainBlock = new CommonSurroundBlock(typeof(BomViewModel), ViewConfig.ListView
        });
        result.Surrounders.Add(new AggtBlocks()
        {
            MainBlock = new CommonSurroundBlock(typeof(WipProductDefect), ViewConfig.ListView
        });
        result.Surrounders.Add(new AggtBlocks()
        {
            MainBlock = new CommonSurroundBlock(typeof(WipProductRepair), ViewConfig.ListView
        });
        result.Surrounders.Add(new AggtBlocks()
        {
            MainBlock = new CommonSurroundBlock(typeof(WipProductRoutingEvent), ViewConfig.ListView
        });
        result.Surrounders.Add(createQueryBlocks());
        result.Layout = new LayoutMeta("SIE.Web.MES.ProductRoutings.ProductRoutingLayout");
        return result;
    }
}
```

图 5-75　ProductRoutingTemplate 类代码

通过以上这些代码，基本可以客制化出产品工艺路线的相关大体布局框架。想要做到系统中的样子，还需要更多的 js 文件，如 ProductRoutingLayout.js。

产品工艺路线生产逻辑如下：

1）条码生成之后，将会调用该生成产品的工艺路线方法。

2）按工单的工艺路线计算下一工序、生成产品 BOM 等，再添加到运行时 runtimeProcess 的工序列表中。

3）创建运行时版本、过站需要的工艺路线。

图 5-76 是生成产品工艺路线的代码。

产品工艺路线的详细代码可参考路径：Modules \ SMES \ MES \ SIE.MES \ WIP \ Products。

```
void GenerateRouting(IContainer container, product product )
{
    product.Routing.Processes.Clear();
    bool isPassRate = false;
    StringBuilder sb = new StringBuilder();
    foreach (var activity in container.Activitys.Where(p => p.Type == ActivityType.Interaction))
    {
        var process = RF.GetById<Process>(activity.ProcessId);
        if (process == null)
            throw new ValidationException("工序：{0} 不存在".L10nFormat(activity.Text));
        if (isPassRate && activity.IsPassRate)...
        if (activity.IsPassRate)...
        //生成工序
        process runtimeProcess = CrearteProcess(activity, process);
        var beginRule = activity.EndRules.FirstOrDefault(p => p.BeginActivity.Type == ActivityType.Initial);
        if (beginRule != null)
            runtimeProcess.Sign = RoutingProcessSign.Start;
        var endRule = activity.BeginRules.FirstOrDefault(p => p.EndActivity.Type == ActivityType.Completion);
        if (endRule != null)
            runtimeProcess.Sign |= RoutingProcessSign.End;
        if (beginRule == null && endRule == null)
            runtimeProcess.Sign = RoutingProcessSign.Normal;

        SetNextProcess(activity, runtimeProcess);

        if (activity.ProcessState == ProcessState.Current)...
        BuildProcessBom(activity, runtimeProcess);

        product.Routing.Processes.Add(runtimeProcess);
    }
    ////假如当前工序是开始工序，先给开始指定的工序，再计算其他工序
    var beginActivity = container.Activitys.FirstOrDefault(p => p.Type == ActivityType.Initial && p.ProcessState == ProcessState.Current);
    if (beginActivity != null)
    {
        var nextProcessId = beginActivity.BeginRules.FirstOrDefault().EndActivity.Index;
        product.Routing.Next.Clear();
        var nextProcess = product.Routing.Processes.FirstOrDefault(p => p.Id == nextProcessId);
        product.Routing.Next.Add(nextProcess.Id);
    }
    else//当前工序不是开始工序，直接计算下一工序
    {
        RT.Service.Resolve<WipController>().ComputeNextProcess(product, ResultType.Pass, null);
    }
}
```

图 5-76　生成产品工艺路线的代码

本小节主要了解产品工艺路线的含义及其在生产采集中的作用，学习界面相关功能；并且学习了产品工艺路线界面的客制化代码及系统生成产品工艺路线的代码。

练习与思考

一、单项选择题

1．一个检验岗位有多名检验人员，在绘制工艺路线时，此工序需要设置：（　　）。

　　A．是否可选：勾选　　　　　　　　B．是否可选：不勾选
　　C．重复过站：勾选　　　　　　　　D．重复过站：不勾选

2．一个特殊的检验岗位仅有部分产品需要执行检验，在绘制工艺路线时，此工序需要设置：（　　）。

　　A．是否可选：勾选　　　　　　　　B．是否可选：不勾选
　　C．重复过站：勾选　　　　　　　　D．重复过站：不勾选

3. 在 MES 中，工艺路线管控有几种方式（　　）。
A. 1　　　　　B. 2　　　　　C. 3　　　　　D. 4

二、简答题

简述开发产品工艺路线界面是如何配置列表的字段显示及新增、修改、删除、保存、导入按钮命令的。

任务 5.5　认识 MES 单体采集模块开发

任务目标

1. 了解 MES 单体采集模块的功能组成。
2. 了解 MES 单体采集模块的开发步骤。

任务描述

了解 MES 单体采集模块的功能组成和开发步骤。

任务分析

在本任务中，需要认识到 MES 单体采集模块的功能组成和开发步骤，涉及的系统功能菜单主要有上料采集、检验采集、过站采集、维修采集、包装采集。

知识准备

5.5.1　单体采集模块介绍

在生产执行过程中，需要设置采集点采集产品条码信息，记录产品生产流程中的信息。根据工序类型的不同，采集点需配置的采集功能有所差异。产品按照工艺路线设定的工序先后顺序生产，需要系统防止跳站、错站、漏站等管控的业务场景会使用单体采集。单体采集主要适用于离散组装行业中单体价值较大、装配工艺复杂、需要按单件进行追溯和管理的情况。图 5-77 是单体采集模块功能流程。

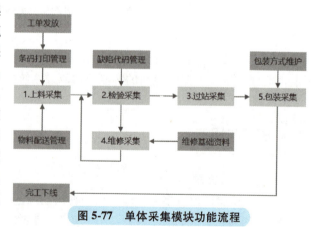

图 5-77　单体采集模块功能流程

单体采集管理按各行业应用经验总结分为上料、检验、过站、包装、维修共 5 种工序采集类型。单体采集模块涉及的系统功能菜单主要有上料采集、检验采集、过站采集、维修采集、包装采集等。

1. 上料采集

上料采集功能包含上料采集和装配采集两种模式，图 5-78 是上料采集功能关系图。

1）上料采集：适用于生产前，提前把物料拖运到产线旁边进行工位上料，以便装配采集后续使用。

2）装配采集：根据工单的工序 BOM，以及界面当前选择的工序进行扫描采集，采集后根据工序 BOM 自动扣减工位物料。

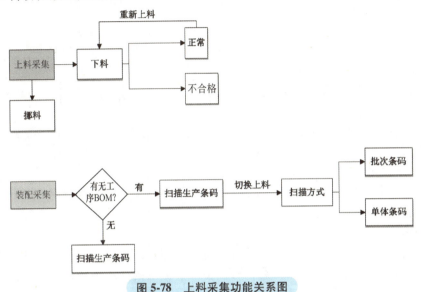

图 5-78 上料采集功能关系图

2. 检验采集

生产线上通过扫描生产条码带出该产品的信息，对检验的结果进行采集，将检验的结果记录到系统，当检验通过或失败时，该产品会流转到相应的工序；需要根据实际检验结果，记录缺陷原因。检验和维修采集相关功能如图 5-79 所示。

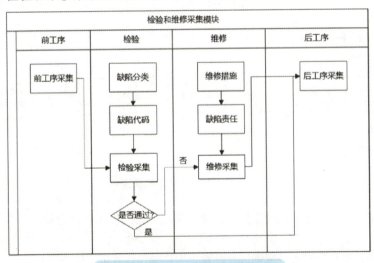

图 5-79 检验和维修采集功能关系

1）前工序采集：指检验工序的前工序。若有前工序，则前工序扫描过站后才能进行检验采集；若没有前工序，则第一个就为检验工序。

2）缺陷分类：对缺陷信息进行分类，以便查询、统计。

3）缺陷代码：在系统中维护缺陷信息，为每个缺陷分配唯一的代码，以便查询、统计。

4）缺陷责任：维修时为缺陷指定责任组织。

5）后工序采集：检验通过或维修完成后会流转到下一工序执行，也可能没有后工序。

6）维修措施：维修时采取的措施记录。

7）维修采集：详见下文。

3. 过站采集

过站采集适用于不需上料操作的装配工序在生产过程中进行的防错校验，采集方式为条码采集。过站采集实现了工艺路线的工序过站任务，通过扫描产品条码，记录产品的装配、过站信息，防止跳站、漏站等错误发生。过站采集功能关系如图5-80所示。

图 5-80　过站采集功能关系

1）工单发放：只有"发放"或者"生产中"状态的工单可以进行生产采集。

2）条码打印：条码是工单产品信息的载体。此功能为打印工单生产条码，可选择不同的条码生成规则、条码模板进行打印。

4. 维修采集

维修采集用于不合格产品的维修，检验不通过会把该产品流转到维修工序。维修工位通过扫描生产条码带出需维修的产品信息，对检验采集提出的缺陷做维修处理，提交维修措施或者换料。检验和维修采集相关功能参考图5-79所示。

5. 包装采集

包装是生产流程中最后一道程序，通常指的是对合格成品贴标签、打包，然后装入纸箱、栈板等一系列的流程。包装采集功能实现了按包装层级关系对产品进行打包，辅助作业员完成采集操作；对需要进行包装的产品，自动生成和打印出包装条码。包装采集功能关系如图5-81所示。

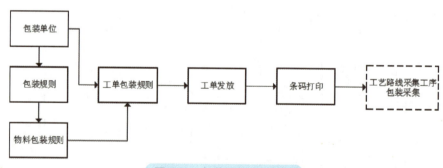

图 5-81　包装采集功能关系

1）包装单位：本功能主要用于维护包装单位信息，为包装规则设置的主信息提供数据来源。

2）包装规则：本功能对包装规则进行设置，为物料包装规则提供数据来源。

5.5.2　单体采集模块开发步骤

单体采集模块开发步骤

单体采集模块按功能菜单分为过站采集、上料采集、检验采集、维修采集和包装采集，下面逐个阐述每个功能的开发步骤。

1. 过站采集

下文从过站采集功能介绍、界面视图开发和采集逻辑开发三个方面进行讲解。

（1）过站采集功能介绍　过站采集功能主要用于在某一工作单元上完成过站工序后对某个在制品条码进行信息采集，并将这些信息记录到系统中。在制品条码是由工单执行条码打印后生成的，所以在制品条码扫描后可展示出与其相关的工单信息，它在界面中已做出了标注。工作单元视图区域用来设置操作人员、产线、工序及工位的信息，它也已经在视图界面里做出了标注。

此外，还有其他一些功能视图，主要用来放置一些自定义的功能按钮，其中有作业指导书、重新开始按钮、切换在制工单、配置项按钮，下方还有提示消息栏、错误消息栏，绿色框代表的是条码扫描框，主要用来扫描条码使用。条码扫描通过后，会在采集记录列表中展示。过站采集功能界面如图 5-82 所示。

图 5-82　过站采集功能界面

（2）界面视图开发　过站采集功能界面视图模型继承采集功能通用的视图模型，关联装配采集控制器类，还有功能相关的配置类特性标签。过站采集功能界面视图模型如图 5-83 所示。

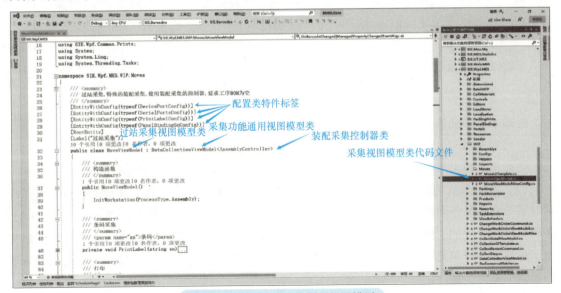

图 5-83　过站采集功能界面视图模型

过站采集功能界面配置视图如图 5-84 所示，它主要实现过站采集功能界面的布局和操作命令。

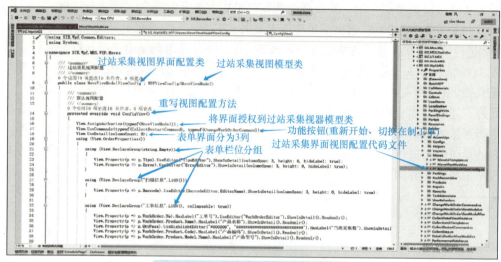

图 5-84 过站采集功能界面配置视图

（3）采集逻辑开发　过站采集条码扫描变更事件的处理如图 5-85 所示。

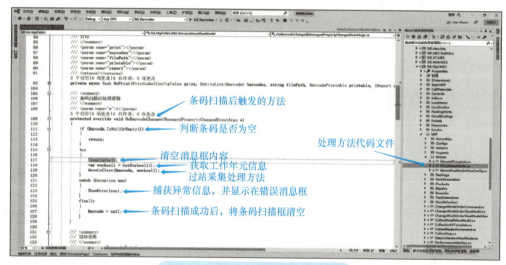

图 5-85 条码扫描变更事件的处理

过站采集功能核心逻辑如图 5-86 所示。

2. 上料采集

下面从上料采集功能介绍、界面视图开发和采集逻辑开发三个方面进行讲解。

（1）上料采集功能介绍　上料采集功能主要用于在某一工作单元上完成上料或装配工序后对某个在制品条码进行信息采集，并将这些信息记录到系统中。在制品条码是由工单执行条码打印后生成的，所以在制品条码扫描后可展示出与其相关的工单信息，它在界面中已做出了标注。工作单元视图区域用来设置操作人员、产线、工序及工位的信息，它也已经在视图界面里做出了标注。

此外，还有其他一些功能视图，主要用来放置一些自定义的功能按钮，其中有作业指导书、重新开始按钮，切换在制工单、工位叫料、配置项按钮，下方还有提示消息栏、错误消息栏，绿色框代表的是条码扫描框，主要用来扫描条码使用。上料按钮和装备采集按钮用来切换两种不同扫描模式，上料按钮主要用来扫描物料条码使用，物料条码扫描后，代表物料已经上料到设置好的工位，并且在上料明细的下方列表中展示。上料采集功能界面如图 5-87 所示。

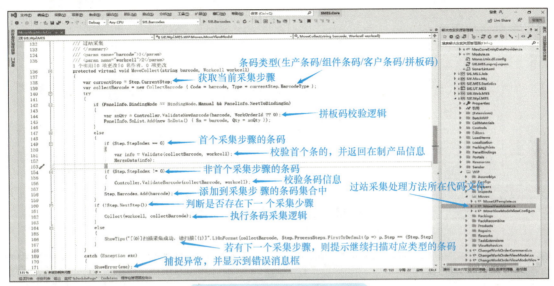

图 5-86　过站采集功能核心逻辑

图 5-87　上料采集功能界面

（2）界面视图开发　上料采集界面视图模型继承采集功能通用的视图模型，关联装配采集控制器类、上料功能接口，还有功能相关的配置类特性标签。上料采集功能界面视图模型如图 5-88 所示。

上料采集功能界面配置视图如图 5-89 所示，它主要实现上料采集功能界面的布局和相关命令操作。

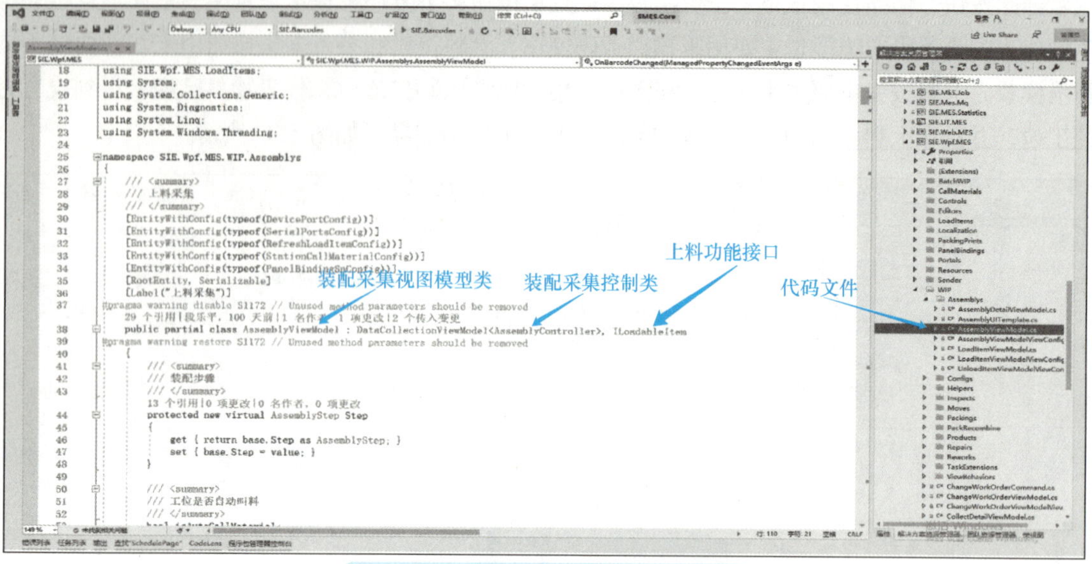

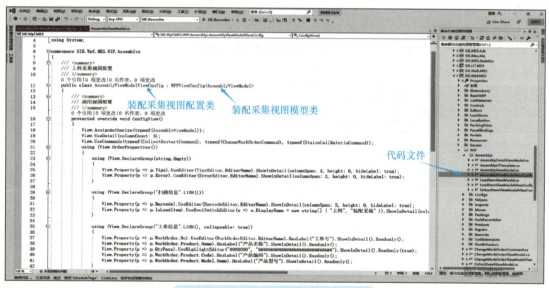

图 5-88 上料采集功能界面视图模型

图 5-89 上料采集功能界面配置视图

(3) 采集逻辑开发　上料采集条码扫描变更事件的处理如图 5-90 所示。

上料扫描模式逻辑如图 5-91 所示。装配采集模式逻辑如图 5-92 和图 5-93 所示。

3. 检验采集

下面从检验采集功能介绍、界面视图开发和采集逻辑开发三个方面进行讲解。

(1) 检验采集功能介绍　检验采集功能界面包括功能操作按钮、提示消息栏、错误消息栏、条码扫描框、工单信息、已选中的缺陷代码、缺陷分类、缺陷代码列表。提示消息栏信息用绿色字体显示，错误消息栏信息用红色字体显示，扫描区域会根据扫描的信息做对应的采集逻辑处理。检验采集功能界面如图 5-94 所示。

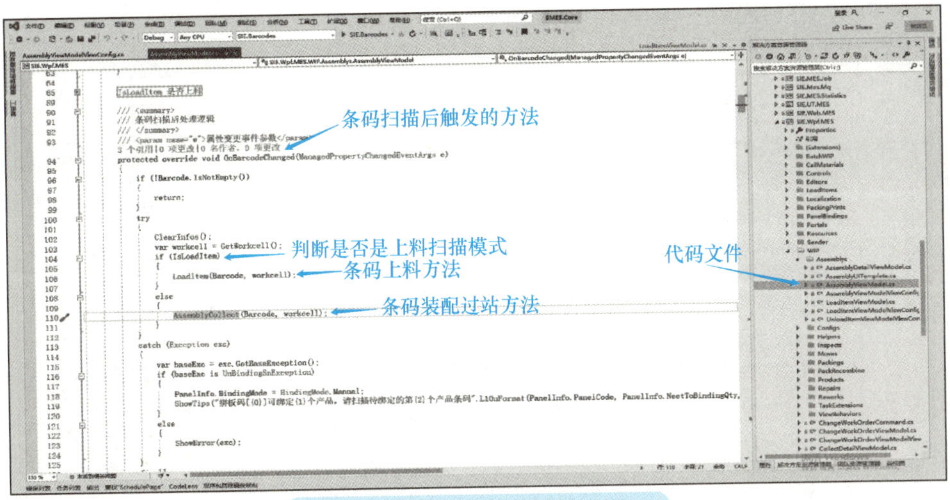

模块5 MES综合开发实践

图 5-90 条码扫描变更事件的处理

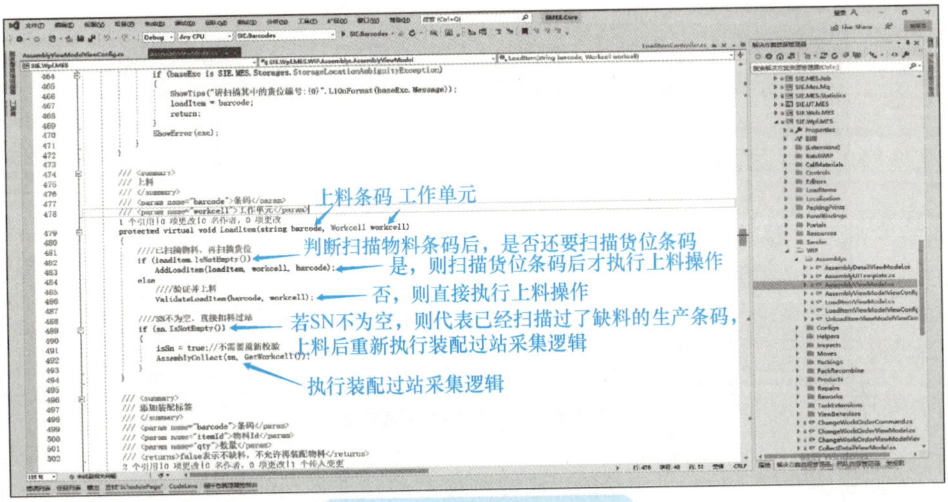

图 5-91 上料扫描模式逻辑

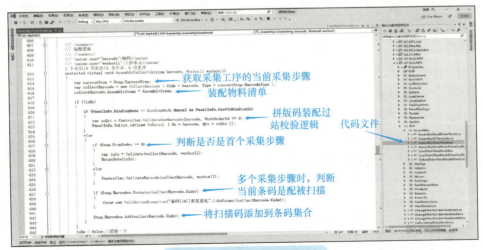

图 5-92 装配采集模式逻辑 1

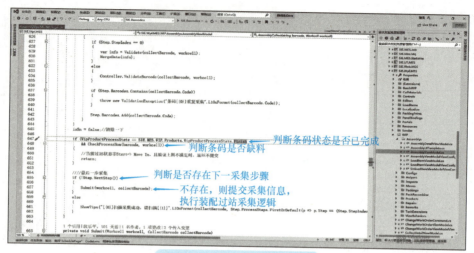

图 5-93 装配采集模式逻辑 2

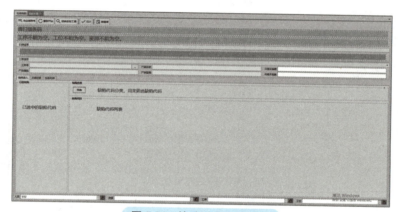

图 5-94 检验采集功能界面

（2）界面视图开发　检验采集功能界面视图模型继承采集功能通用的视图模型，关联检验采集控制器类，还有功能相关的配置类特性标签。检验采集功能界面视图模型如图 5-95 所示。

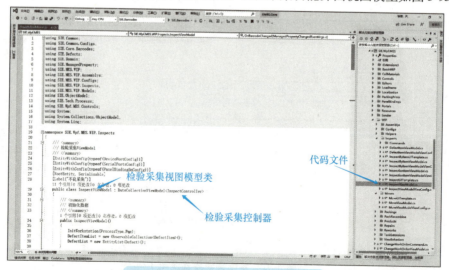

图 5-95 检验采集功能界面视图模型

检验采集功能界面配置视图如图 5-96 所示，它主要实现检验采集功能界面的布局和相关命令操作。

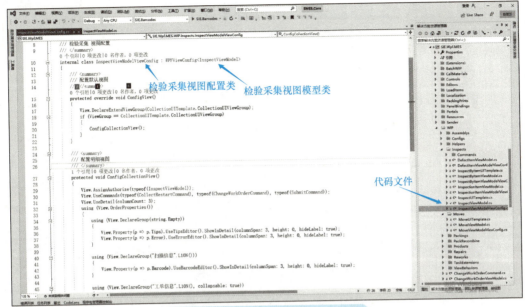

图 5-96　检验采集功能界面配置视图

（3）采集逻辑开发　检验采集条码扫描变更事件的处理如图 5-97 所示。

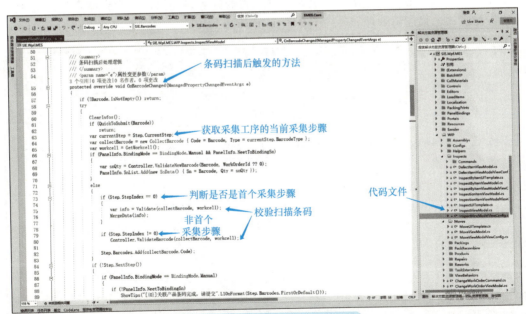

图 5-97　条码扫描变更事件的处理

检验采集功能核心逻辑，如图 5-98 所示。

4. 维修采集

下面从维修采集功能介绍、界面视图开发和采集逻辑开发三个方面进行讲解。

MES开发与应用

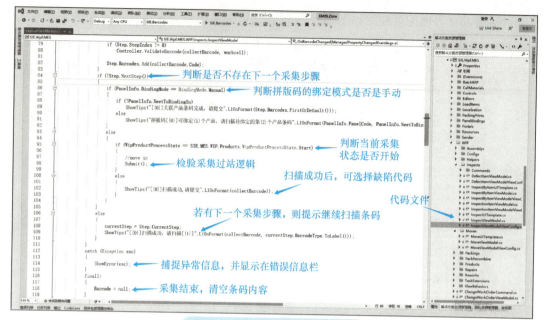

图 5-98　检验采集功能核心逻辑

（1）维修采集功能介绍　如图 5-99 是维修采集功能界面，它包括功能操作按钮、提示消息栏、错误消息栏、条码扫描框、上料和维修两种扫描模式、工单信息、不良信息视图、换料信息视图和工作单元区，提示消息栏信息用绿色字体显示，错误消息栏信息用红色字体显示，工作单元区域绑定当前操作人员及人员对应的资源等，扫描区域会根据选择的是上料还是维修做对应的采集逻辑处理。

图 5-99　维修采集功能界面

（2）界面视图开发　维修采集功能界面视图模型继承采集功能通用的视图模型，关联维修采集控制器类、上料接口，还有功能相关的配置类特性标签。维修采集功能界面视图模型如图 5-100 所示。

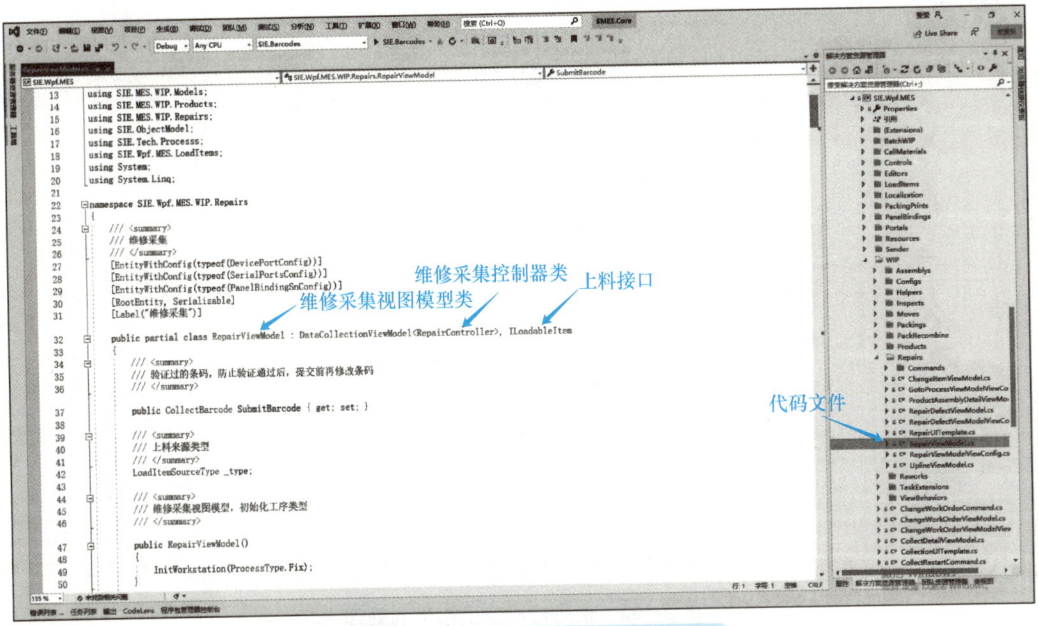

图 5-100　维修采集功能界面视图模型

维修采集功能界面配置视图如图 5-101 所示，它主要实现维修采集功能界面的布局和相关命令操作。

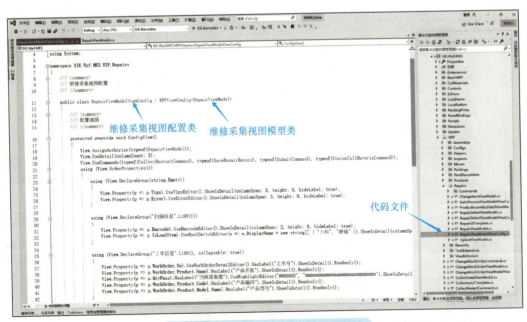

图 5-101　维修采集功能界面配置视图

（3）采集逻辑开发　维修采集条码扫描变更事件的处理如图 5-102 所示。
维修上料采集扫描模式逻辑如图 5-103；维修采集模式逻辑如图 5-104 和图 5-105 所示。

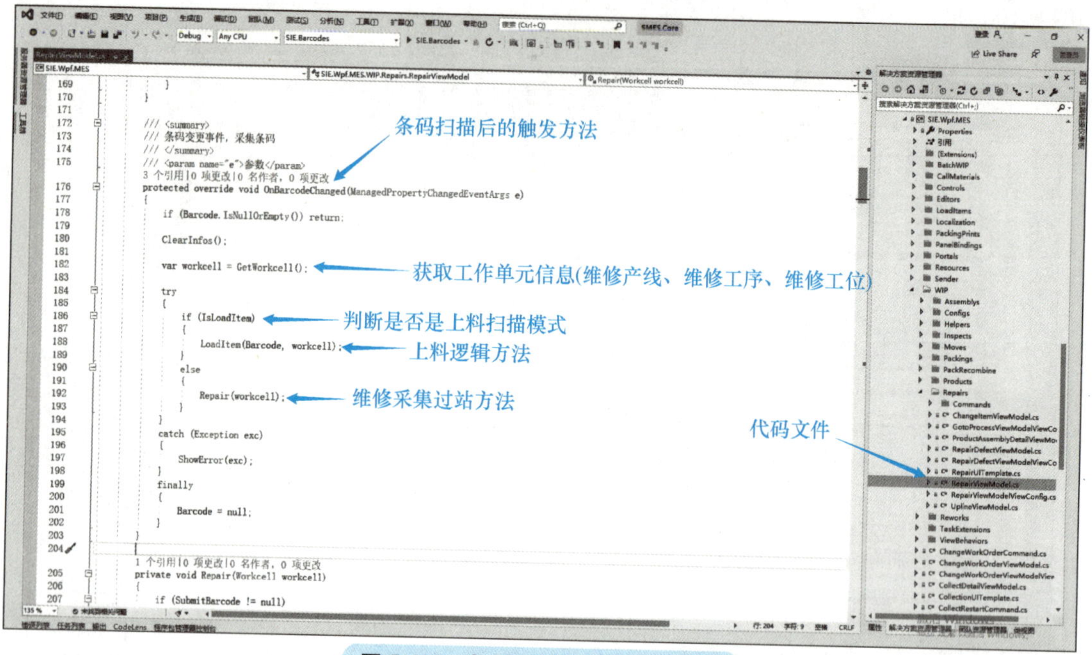

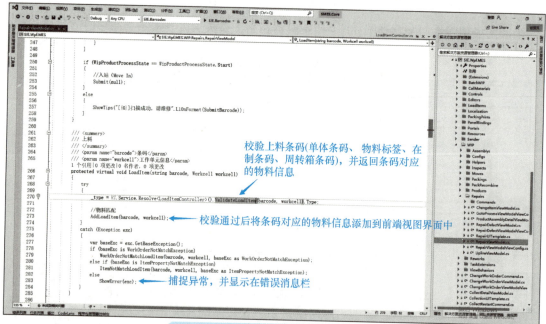

图 5-102 条码扫描变更事件的处理

图 5-103 维修上料采集扫描模式逻辑

5. 包装采集

下面从包装采集功能介绍、界面视图开发和采集逻辑开发三个方面进行讲解。

（1）包装采集功能介绍　在做包装采集之前，要先维护物料的包装规则，包装规则在"物料"功能的子标签"物料包装规则"中进行维护。物料包装规则维护界面如图 5-106 所示。

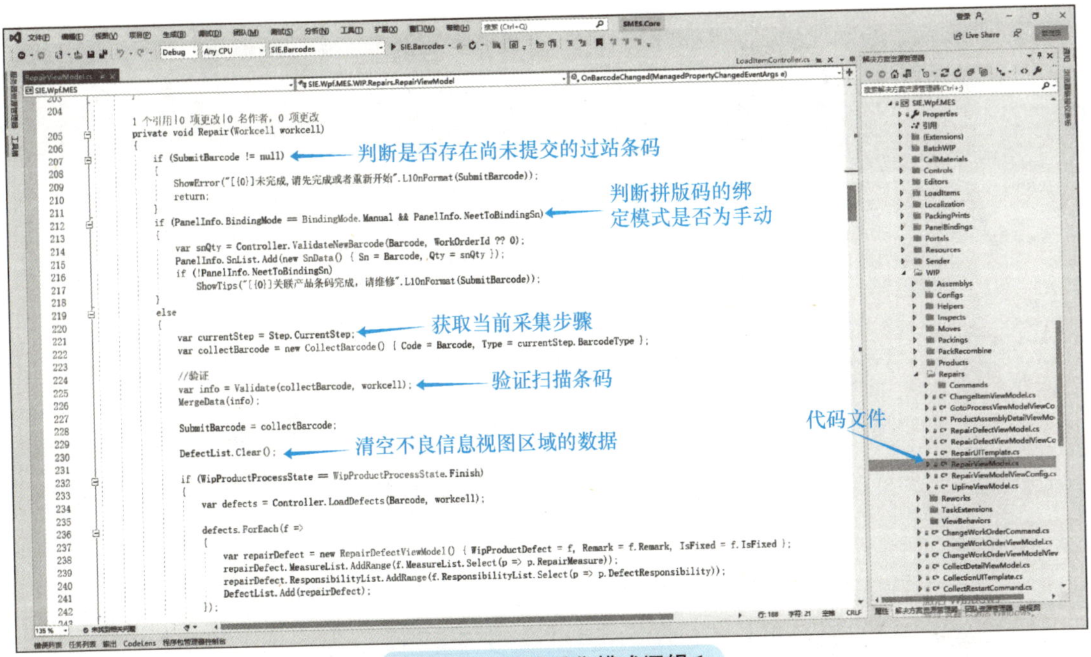

图 5-104 维修采集模式逻辑 1

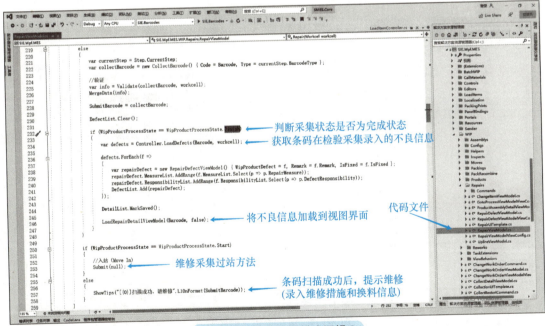

图 5-105 维修采集模式逻辑 2

图 5-107 是包装采集功能界面，它包括功能操作按钮、包装清单、提示消息栏、错误消息栏、条码扫描框、正常和加入两种扫描模式、工单信息、包装规则视图和工作单元区，提示消息栏信息用绿色字体显示，错误消息栏信息用红色字体显示，工作单元区域绑定当前操作人员及人员对应的资源等，扫描区域会根据选择的是正常还是加入，做对应的采集逻辑处理。

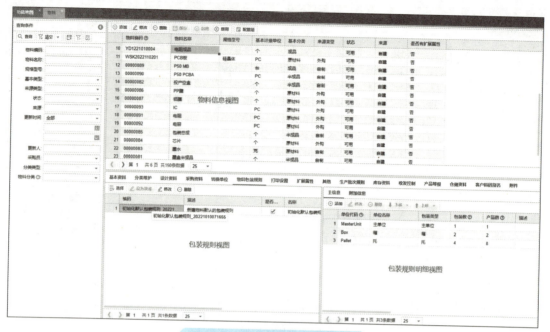

图 5-106 物料包装规则维护界面

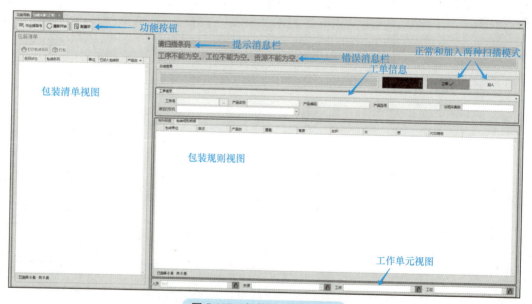

图 5-107 包装采集功能界面

(2) 界面视图开发　包装采集功能界面视图模型如图 5-108 所示,它继承采集功能通用的视图模型,关联包装采集控制器类,还有功能相关的配置类特性标签。

包装采集功能界面配置视图如图 5-109 所示,它主要实现包装采集功能界面的布局和相关命令操作。

(3) 采集逻辑开发　包装采集条码扫描变更事件的处理如图 5-110 所示。

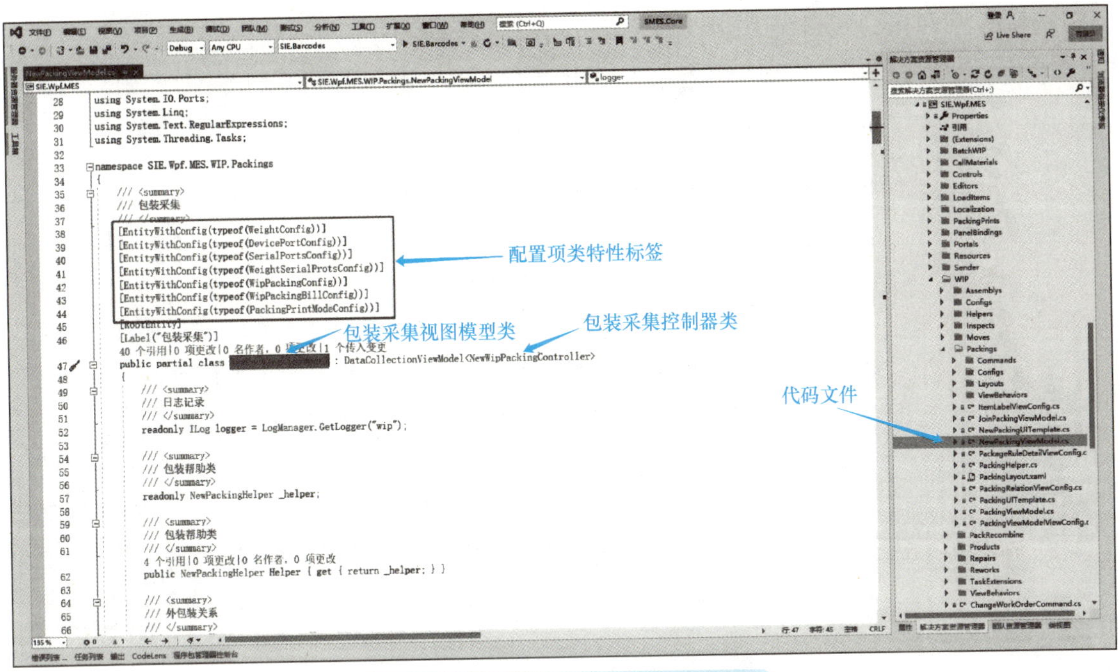

图 5-108 包装采集功能界面视图模型

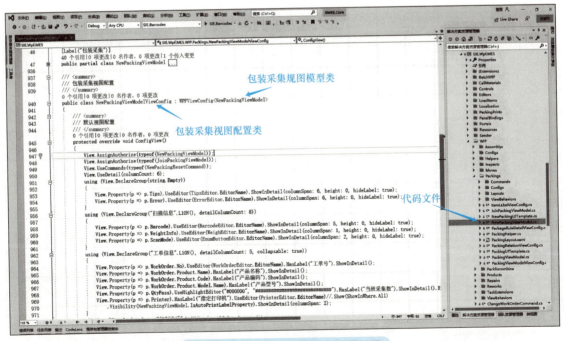

图 5-109 包装采集功能界面配置视图

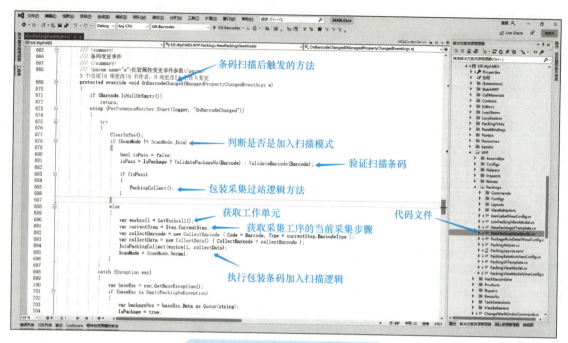

图 5-110　条码扫描变更事件的处理

加入扫描逻辑如图 5-111 所示。正常扫描逻辑如图 5-112 所示。

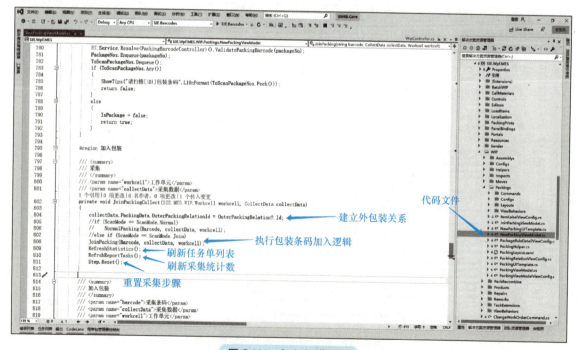

图 5-111　加入扫描逻辑

包装采集扫描完成后,可以在"包装清单查询"功能中查看包装详情,包装清单查询如图 5-113 所示。

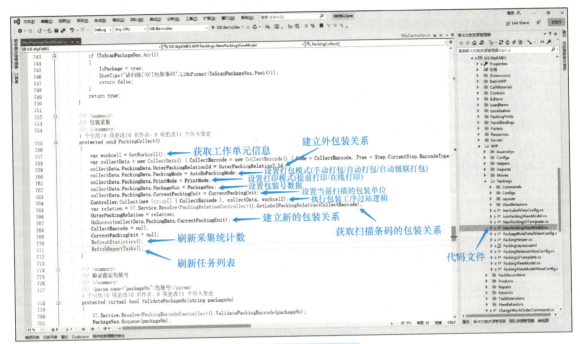

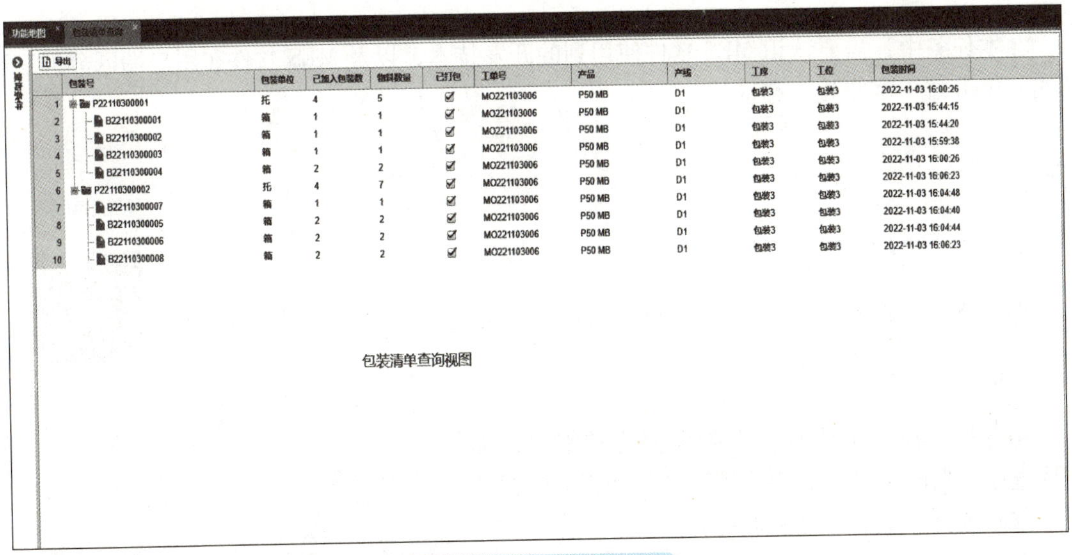

图 5-112 正常扫描逻辑

图 5-113 包装清单查询

练习与思考

一、多选题
维修采集的扫描模式包括（   ）。
A. 上料   B. 正常   C. 维修   D. 加入

二、判断题
包装采集包括上料和维修采集两种扫描模式。（   ）

三、填空题
单体采集模块的采集功能，视图模型继承_____。

四、简答题
单体采集模块包括哪些采集功能？

任务 5.6　认识 MES 的部署与调试

任务目标

1. 了解 MES 的部署。
2. 了解 MES 的调试。

任务描述

认识 MES 软件会使用到的开发技术，以及 MES 软件用户端的组成部分。

任务分析

在本任务中，需要认识 MES 软件使用到的开发技术，以及 MES 软件在用户端区分的三种模式，Web 端、客户端、移动端。

知识准备

5.6.1　MES 部署

MES 部署共包括 13 项内容，详见微课具体介绍。

5.6.2　MES 调试

MES 调试在整个代码开发阶段都比较重要，本节从直连数据库调试、启用代理调试和 Api 接口调试三个方面进行介绍。详见微课内容。

MES调试：
启用代理和
Api接口调试

MES部署

MES调试：
直连数据
库调试

练习与思考

一、单项选择题

关于 BS 直连数据库调试,以下说法错误的是(　　)。
 A. RedisCache 配置的 Redis 服务 IP 和端口是否正确对 BS 调试无影响
 B. DataPortal.Mode 设置为 Local
 C. 需要配置数据库连接
 D. 将功能对应的工程 dll 直接或者间接引用到 WebClient,就能进行功能调试

二、多项选择题

MES 系统的调试包括(　　)。
 A. BS 直连调试　　　　B. CS 直连调试　　　　C. Api 接口调试
 D. BS 启用代理调试　　E. CS 启用代理调试

三、判断题

MES 直连数据库调试工程 WpfClient 可以直接或者间接地引用网页端工程 dll。(　　)

四、填空题

启用代码调试需要把客户端调试工程配置文件的配置节点 DataPortal.Mode 设置为_____。

参 考 文 献

[1] 刘红军，杨乐彬，任鹏，等. 实施现场质量管理提升工序能力控制指数［J］. 莱钢科技，2005（3）：80-81.
[2] 张淑芬. C#程序设计教程［M］. 2版. 北京：清华大学出版社，2017.
[3] 赵爽，李玉光，黄永生. ASP.NET 程序设计教程［M］. 北京：清华大学出版社，2016.
[4] 陈娜，付沛. C#程序设计教程［M］. 北京：人民邮电出版社，2019.
[5] 赵宇. H5 开发实践教程［M］. 北京：人民邮电出版社，2021.